「21世纪经济管理新形态教材」

·信息管理与信息系统系列·

# 管理系统模拟

金淳 ◎ 主编

**MANAGEMENT SYSTEM SIMULATION**

清华大学出版社

北京

## 内 容 简 介

管理系统模拟是计算机模拟技术在经济管理领域中的应用，是分析复杂管理系统及决策支持的重要手段。本书面向经济管理系统在战略、战术及运作层面的决策需求，介绍了离散事件系统模拟、连续系统模拟、系统动力学模拟、Agent模拟的基本原理，随机变量的生成、模拟输入数据与输出数据的分析以及方案的比较和优化等模拟分析技术，并介绍了各种模拟方法在经济管理领域中的应用。

本书可作为高等院校管理科学与工程、工业工程、物流管理及相关专业本科生、硕士生的教材，也可供相关专业领域的研究者、技术人员及管理决策者参考。

本书封面贴有清华大学出版社防伪标签，无标签者不得销售。

版权所有，侵权必究。举报：010-62782989，beiqinquan@tup.tsinghua.edu.cn。

图书在版编目（CIP）数据

管理系统模拟 / 金淳主编. —北京：清华大学出版社，2024.5
21世纪经济管理新形态教材. 信息管理与信息系统系列
ISBN 978-7-302-65067-6

Ⅰ.①管… Ⅱ.①金… Ⅲ.①管理信息系统－计算机模拟－高等学校－教材 Ⅳ.①C931.6

中国国家版本馆CIP数据核字(2024)第003480号

责任编辑：刘志彬
封面设计：孙至付
版式设计：方加青
责任校对：王荣静
责任印制：沈　露

出版发行：清华大学出版社
　　网　　址：https://www.tup.com.cn，https://www.wqxuetang.com
　　地　　址：北京清华大学学研大厦A座　　邮　编：100084
　　社 总 机：010-83470000　　邮　购：010-62786544
　　投稿与读者服务：010-62776969，c-service@tup.tsinghua.edu.cn
　　质 量 反 馈：010-62772015，zhiliang@tup.tsinghua.edu.cn
印 装 者：三河市君旺印务有限公司
经　　销：全国新华书店
开　　本：185mm×260mm　　印　张：17.75　　字　数：384千字
版　　次：2024年5月第1版　　印　次：2024年5月第1次印刷
定　　价：59.00元

产品编号：095689-01

# 前　言

随着经济及管理系统的日趋复杂化，借助计算机技术分析复杂管理系统并解决管理决策问题成为当代管理决策领域的迫切需求。管理系统模拟是计算机模拟技术在经济管理领域中的应用，是分析复杂管理系统及决策支持的重要手段，是当代管理决策者所必备的专业知识。本书的目的是使读者通过对本书的学习，掌握管理系统模拟的基本原理、基本方法、基本技术和实际模拟项目的实施流程，并能够使用计算机模拟工具完成针对管理系统分析的全过程。此外，也希望通过对本书的学习，读者能够建立系统化的思维方式，理解计算机动态实验的方法论以及复杂系统演化的认识论。

管理系统模拟技术涉及计算机技术、信息与软件技术、概率论与数理统计、系统科学、经济学、管理学等相关学科知识和技术。21世纪以来，新一代信息技术、数据科学、人工智能技术的发展促进了管理系统模拟技术的发展，本书在内容编排上力求反映当代计算机模拟技术在管理系统战略、战术及运作层面的应用特点和决策需求，本书分为三篇，共11章。第一篇"管理系统模拟的基本原理"（第1~5章）介绍了管理系统模拟的基本概念，梳理了管理系统模拟中常用的概率论和数理统计知识以及蒙特卡罗法的基本原理，在此基础上，介绍了离散事件系统模拟、连续系统模拟、系统动力学模拟、Agent模拟的基本原理。第二篇"管理系统模拟的数据及分析"（第6~9章）介绍了管理系统模拟中用到的数据及其统计分析技术，包括随机变量的生成、模拟输入数据与输出数据的分析及方案的比较和优化等。第三篇"管理系统模拟的应用"（第10、11章）介绍了管理系统模拟的工具、发展趋势以及各种模拟方法在经济管理领域中的应用。通过上述内容，力图使读者能够全方位掌握各种模拟技术在管理系统中的适用特点和应用方法。

管理系统模拟是一门理论性与实践性并举的学科，因此，除了在理论方面对管理系统模拟的原理进行介绍外，本书注重通过计算机模拟工具的实践，深入理解解决实际问题的方法和过程。管理系统模拟技术随着现代信息技术的发展而不断更新换代，为此需要一种能适应技术发展演变的载体形式和阅读方式。本书的主要特点是：①按新形态教材的要求组织内容。本书包含可通过二维码获取的多种形式的辅助教学材料，如即测即练题、辅助阅读材料、视频材料等，适合读者线上线下学习；此外，在课程思政建设方面，注重介绍本领域中国学者的观点和我国的进展与成就，如钱学森先生提出的"开放的复杂巨系统"概念及从定性到定量的综合集成方法论等。②提供了可供读者自行下载的本书自带的课程实验系统（参见附录C"管理系统模拟实验系统"的说明）。该系统可以针对课程的知识点，可视化展示系统模拟各个环节的原理与实施过程，使读者摆脱对系统模拟只是一个用软件工具反复"拖放"（drag and drop）过程的印象，更深入地理解管理系统模拟的核心技术，做到"知其然，知其所以然"。

教材的内容体系由金淳构思、设计并统稿。全书由大连理工大学经济管理学院叶鑫教授、孙丽君教授主审。作者的博士生李承融、吴世萍、徐士林，硕士生刘瑞、唐萌、王光辉等参加了本书的编辑整理工作。在此向大家的支持和帮助表示感谢。本书在编写过程中参考了大量的相关教材、著作、论文中的资料，主要参考资料请参见书后的文献目录。在此向这些国内外专家学者表示衷心的感谢。本书得到大连理工大学本科精品教材专项的资助，在此深表感谢。最后，感谢清华大学出版社为本书的出版所提供的大力支持。

由于编者知识范围和学术水平所限，书中难免存在不妥之处，恳请读者批评指正。

编著者<br>
2024年5月

# 目 录

## 第一篇　管理系统模拟的基本原理

### 第1章　管理系统模拟概述 …………… 2
学习目标 ………………………………… 2
1.1　管理决策的特点和挑战 …………… 2
　1.1.1　管理决策及其特点 …………… 2
　1.1.2　现实问题的新挑战 …………… 2
　1.1.3　问题的求解对策 ……………… 3
1.2　系统及模型概述 …………………… 4
　1.2.1　系统的定义和分类 …………… 4
　1.2.2　系统模型概述 ………………… 4
1.3　系统模拟概述 ……………………… 6
　1.3.1　系统模拟的概念 ……………… 6
　1.3.2　系统模拟的分类 ……………… 7
　1.3.3　系统模拟的特点 ……………… 8
1.4　管理系统模拟及其应用 …………… 9
　1.4.1　管理系统模拟的含义 ………… 9
　1.4.2　主要应用领域 ………………… 10
　1.4.3　管理问题和对应的模拟方法 … 10
1.5　系统模拟的实施过程 ……………… 11
　1.5.1　系统模拟的三个阶段 ………… 11
　1.5.2　系统模拟实施的步骤 ………… 12
本章小结 ………………………………… 13
即测即练题 ……………………………… 13
思考练习题 ……………………………… 14

### 第2章　概率统计基础与蒙特卡罗法 …………………………… 15
学习目标 ………………………………… 15
2.1　概述 ………………………………… 15
2.2　随机变量的性质 …………………… 15
　2.2.1　随机变量的性质及数字特征 … 15
　2.2.2　常用概率分布函数 …………… 18
2.3　统计分析基础 ……………………… 24
　2.3.1　统计推断概述 ………………… 24
　2.3.2　参数估计 ……………………… 24
　2.3.3　假设检验 ……………………… 27
　2.3.4　中心极限定理与大数定律 …… 29
2.4　蒙特卡罗方法 ……………………… 30
　2.4.1　基本思想 ……………………… 30
　2.4.2　勃丰投针实验 ………………… 30
　2.4.3　蒙特卡罗法的应用 …………… 32
本章小结 ………………………………… 33
即测即练题 ……………………………… 33
思考练习题 ……………………………… 33

### 第3章　离散事件系统模拟 ……… 35
学习目标 ………………………………… 35
3.1　离散事件系统的基本概念 ………… 35

3.1.1 离散事件系统 …… 35
3.1.2 离散事件系统建模 …… 35
3.2 排队系统 …… 36
　3.2.1 排队系统的构成 …… 36
　3.2.2 排队系统模型 …… 36
　3.2.3 排队系统的性能指标 …… 41
　3.2.4 M/M/1模型 …… 44
　3.2.5 排队网络 …… 46
3.3 存储系统 …… 47
　3.3.1 存储系统的构成 …… 47
　3.3.2 确定性存储系统模型 …… 49
　3.3.3 随机性存储系统模型 …… 51
3.4 网络计划模型 …… 55
　3.4.1 基本概念 …… 55
　3.4.2 网络计划图 …… 55
3.5 离散事件系统模拟方法 …… 57
　3.5.1 基本术语 …… 57
　3.5.2 模拟策略概述 …… 61
　3.5.3 事件调度法 …… 62
　3.5.4 模拟程序的构成 …… 64
3.6 一个手动的模拟推演过程 …… 65
　3.6.1 系统的描述 …… 65
　3.6.2 系统建模 …… 66
　3.6.3 手动模拟过程 …… 67
3.7 其他模拟策略简介 …… 74
　3.7.1 活动扫描法 …… 74
　3.7.2 三段扫描法 …… 76
　3.7.3 进程交互法 …… 78
3.8 Petri网模型 …… 79
　3.8.1 Petri网概述 …… 79
　3.8.2 Petri网与系统分析 …… 82
本章小结 …… 83
即测即练题 …… 83
思考练习题 …… 83

# 第4章　连续系统模拟 …… 86
学习目标 …… 86
4.1 连续系统的建模 …… 86
　4.1.1 连续系统的数学模型 …… 86
　4.1.2 连续系统建模方法 …… 87
4.2 连续系统的模拟 …… 89
　4.2.1 连续系统模拟方法 …… 89
　4.2.2 方法的选择及误差控制 …… 94
4.3 系统动力学的基本原理 …… 95
　4.3.1 系统动力学基础 …… 95
　4.3.2 动力学系统的行为模式与结构 …… 96
4.4 系统动力学的建模过程 …… 99
　4.4.1 建模过程概述 …… 99
　4.4.2 系统框图 …… 100
　4.4.3 因果回路图的构建 …… 100
　4.4.4 流图的构建 …… 102
　4.4.5 建立模型方程 …… 104
　4.4.6 系统的行为分析 …… 108
本章小结 …… 112
即测即练题 …… 112
思考练习题 …… 112

# 第5章　Agent建模与模拟 …… 114
学习目标 …… 114
5.1 复杂系统分析方法概述 …… 114
　5.1.1 复杂系统的概念 …… 114
　5.1.2 复杂系统的研究方法 …… 117
5.2 元胞自动机模型 …… 119
　5.2.1 基本概念 …… 119
　5.2.2 模型的构成与模拟规则 …… 122

5.2.3 模型案例：康威生命游戏……123
5.3 Agent的概念……126
　5.3.1 Agent的定义与分类……126
　5.3.2 Agent的构成内容……129
5.4 基于Agent的建模及模拟方法……131
　5.4.1 基于Agent的建模……131
　5.4.2 基于Agent的模拟……132
　5.4.3 Agent建模及模拟的实例……133
本章小结……137
即测即练题……137
思考练习题……138

# 第二篇　管理系统模拟的数据及分析

## 第6章　随机数与随机变量的生成……140
学习目标……140
6.1 随机数的生成……140
　6.1.1 随机数的作用与性质……140
　6.1.2 随机数的生成方法……141
　6.1.3 随机数的检验……142
6.2 随机变量的生成……145
　6.2.1 生成方法概述……145
　6.2.2 逆变换法……146
　6.2.3 函数变换法……149
　6.2.4 卷积法……150
　6.2.5 组合法……151
　6.2.6 舍选法……152
6.3 到达过程的生成……153
　6.3.1 泊松到达过程……153
　6.3.2 批到达过程……154
本章小结……154
即测即练题……154
思考练习题……155

## 第7章　模拟输入数据分析……156
学习目标……156
7.1 输入数据分析概述……156
　7.1.1 输入数据分析的意义……156
　7.1.2 输入数据分析的步骤……156
7.2 数据收集过程……157
　7.2.1 数据收集的作用……157
　7.2.2 数据收集注意事项……157
7.3 分布的识别……158
　7.3.1 分布识别的任务……158
　7.3.2 直方图的构筑……158
7.4 参数估计……160
7.5 拟合优度检验……161
　7.5.1 卡方检验……161
　7.5.2 K-S检验……164
7.6 相关性分析……165
　7.6.1 协方差和相关性分析……165
　7.6.2 单变量线性回归……166
本章小结……167
即测即练题……168
思考练习题……168

## 第8章　单系统模拟输出数据分析……169
学习目标……169
8.1 输出分析概述……169
　8.1.1 输出分析的意义……169
　8.1.2 模拟输出数据的随机性……169
　8.1.3 系统性能的测度……171

8.1.4 模拟输出分析的分类……171
8.2 终止型模拟的输出分析……172
 8.2.1 终止型模拟的特点……172
 8.2.2 独立重复运行法……172
8.3 稳态型模拟的输出分析……174
 8.3.1 稳态型模拟概述……174
 8.3.2 批均值法……175
 8.3.3 重复删除法……176
8.4 方差减缩技术……177
 8.4.1 方差减缩的意义……177
 8.4.2 对偶变量法……177
 8.4.3 公共随机数法……178
8.5 模拟模型的验证和确认……179
 8.5.1 概述……179
 8.5.2 模拟模型的验证……179
 8.5.3 模拟模型的确认……180
 8.5.4 实际数据与模拟数据的统计比较……181
本章小结……184
即测即练题……184
思考练习题……184

## 第9章 多系统方案比较与优化……186

学习目标……186
9.1 概述……186
9.2 两个系统方案的比较……186
 9.2.1 基本思想……186
 9.2.2 独立采样法比较……188
 9.2.3 相关采样法比较……191
 9.2.4 各种比较方法的选择……192
9.3 多系统方案的比较……192
 9.3.1 多系统比较的置信区间……192
 9.3.2 多系统方案比较方法……194
9.4 模拟优化方法……194
 9.4.1 模拟优化问题概述……194
 9.4.2 模拟优化问题求解……195
 9.4.3 模拟优化例……198
本章小结……203
即测即练题……203
思考练习题……203

# 第三篇 管理系统模拟的应用

## 第10章 系统模拟工具介绍……206

学习目标……206
10.1 系统模拟工具的功能……206
 10.1.1 功能概述……206
 10.1.2 系统模拟工具的分类……206
 10.1.3 系统模拟工具的发展趋势……207
10.2 系统模拟工具Arena……208
 10.2.1 Arena基本介绍……208
 10.2.2 Arena建模环境……210
 10.2.3 Arena建模及模拟过程……213
10.3 系统模拟工具FlexSim……215
 10.3.1 FlexSim基本介绍……215
 10.3.2 FlexSim建模环境……217
 10.3.3 FlexSim建模及模拟过程……218
10.4 系统模拟工具AnyLogic……220
 10.4.1 AnyLogic基本介绍……220
 10.4.2 AnyLogic建模环境……221
 10.4.3 AnyLogic建模及模拟过程……223
10.5 系统模拟工具Vensim……224
 10.5.1 Vensim基本介绍……224

### 10.5.2 Vensim建模环境 ………… 225
### 10.5.3 Vensim建模及模拟过程 … 226
## 10.6 系统模拟工具NetLogo ……… 227
### 10.6.1 NetLogo基本介绍 ……… 227
### 10.6.2 NetLogo建模环境 ……… 228
### 10.6.3 NetLogo建模及模拟过程 … 228
## 10.7 其他系统模拟工具简介 ……… 230
### 10.7.1 系统模拟工具 Plant Simulation ………… 230
### 10.7.2 系统模拟工具Simio …… 230
本章小结 ………………………… 230
即测即练题 ……………………… 231
思考练习题 ……………………… 231

# 第11章 系统模拟应用实例 ……… 232
学习目标 ………………………… 232
## 11.1 Arena建模实例：集装箱码头海侧作业模拟 ………………… 232
### 11.1.1 问题概要 ……………… 232
### 11.1.2 模拟模型的构建 ……… 234
### 11.1.3 模型运行与模拟结果 … 237
## 11.2 FlexSim建模实例：汽车零件生产线瓶颈工序鉴别 ………… 239
### 11.2.1 问题概要 ……………… 239
### 11.2.2 模拟模型的构建 ……… 240
### 11.2.3 模拟结果分析与优化 … 244
## 11.3 AnyLogic建模实例：库存控制模型 …………………………… 246
### 11.3.1 问题概要 ……………… 246
### 11.3.2 模拟模型的构建 ……… 248
### 11.3.3 模拟结果分析 ………… 251
## 11.4 Vensim建模实例：新产品的销售过程建模 ………………… 253
### 11.4.1 问题概要 ……………… 253
### 11.4.2 模拟模型的构建 ……… 254
### 11.4.3 模型的测试 …………… 256
## 11.5 NetLogo建模实例：突发公共卫生事件模拟 ………………… 258
### 11.5.1 问题概要 ……………… 258
### 11.5.2 模拟模型的构建 ……… 259
### 11.5.3 模拟运行及结果分析 … 261
本章小结 ………………………… 264

# 参考文献 …………………………… 265

# 附录A $t$分布表 ……………………… 266

# 附录B $\chi^2$分布表 …………………… 268

# 附录C 管理系统模拟实验系统 …… 270

# 第一篇
# 管理系统模拟的基本原理

第1章　管理系统模拟概述
第2章　概率统计基础与蒙特卡罗法
第3章　离散事件系统模拟
第4章　连续系统模拟
第5章　Agent建模与模拟

# 第1章
# 管理系统模拟概述

**学习目标**

通过本章学习，读者应该能够：
1. 掌握系统、系统模型以及系统模拟的概念；
2. 了解系统模拟方法的技术特点及适用场合；
3. 了解管理系统模拟的应用领域和特点；
4. 了解系统模拟的实施步骤。

## 1.1 管理决策的特点和挑战

### 1.1.1 管理决策及其特点

管理的核心就是面向组织（系统）进行管理决策。管理决策是在一个复杂环境下的系统决策，既要考虑组织的状况和目标，也要考虑组织的竞争环境，包括客户、供应商、竞争者、新进入者等因素，还要考虑外部宏观环境，包括社会、经济、技术、法律、人口、地理等因素。

管理决策问题包括结构性决策问题和非结构性决策问题两类。结构性决策问题具有程序性强、因果关系确定、易于量化等特点，非结构性决策问题具有非程序化、思维定性化、无法量化、需要创造性发挥等特点。管理决策问题的难点在于：除了问题的复杂性、非结构性外，还存在问题环境的不确定性和决策实施结果的风险性，决策目标的多样性及冲突性等特点。

如何对管理问题做出一个好的、正确的决策，这取决于管理者自身的管理素质与水平，也取决于管理者借助科学技术工具进行决策的能力。在信息技术时代，管理者可以在制定决策之前通过管理决策技术对方案进行分析判断。对于常见的管理决策问题，如企业库存管理问题、企业生产计划问题、项目活动网络优化问题、服务排队问题、交通管理问题等，一般地，其特点如下：第一，程序型、结构型决策；第二，系统要素可量化。在问题中的信息是确定性的条件下，可采用运筹学方法构建数学解析模型对问题进行求解。

### 1.1.2 现实问题的新挑战

在实际场合中，问题中的信息往往存在不确定性。比如：
（1）在库存管理问题中，需求量是随机变动的，到货时间可能被延迟，会出现一定的缺货等。

（2）在服务排队问题中，存在顾客的到达不服从泊松分布、服务时间（service time）服从任意分布、顾客在排队过程中离开、服务设施（service facility）发生故障等情况。

（3）在网络活动计划问题中，存在各项活动时间动态随机变化、活动网络结构（任务结构关系）发生变化等情况。

在上述不确定性存在的情况下，构建实际问题的数学解析模型会很困难，或即使可以构建解析模型，其模型的求解也很困难。不仅如此，在21世纪的"互联网+"时代，管理决策者正面临诸多更加错综复杂的新型决策问题的挑战，这些问题举例如下。

（1）电子商务及新零售问题。如何配置合理的电子商务云服务系统，以避免高峰期的宕机风险？如何配置合理的仓储物流服务资源应对时刻变动的顾客订单，以避免爆仓发生？如何合理配置无人超市的设施布局和服务系统？

（2）共享经济问题。在一个区域内如何合理配置共享单车的位置和数量？在新能源汽车时代，在一个城市区域内如何合理配置充电桩的位置和数量？

（3）智慧社会问题。如智慧社区的资源分配问题，智慧工厂的规划和生产资源配置问题，智慧交通系统的交通规划和交通流控制问题等。

### 1.1.3 问题的求解对策

综上所述，这些问题的决策复杂性表现在：系统中的要素数量众多、异质多样；系统内部业务相互作用、相互影响；系统外界环境的随机动态性和不确定性对内部活动产生影响。这些特点导致系统状态呈现随机动态变化特点，带来系统建模及问题决策的困难性。这种情况下，对实际问题往往无法采用有效的数学解析方法进行建模和求解。对此，解决这些问题往往采用系统模拟（system simulation）方法。

一般而言，对某些不确定型决策问题，往往难以用数学解析方法描述其系统的状态变化。这时，采用传统运筹学的数学解析方法求解会比较困难甚至无法求解。对此，解决这些问题的对策是：采用系统模拟方法求解。

系统模拟方法和数学解析方法是两种不同的决策技术。运筹学的数学解析方法是一种数学分析方法，适于求解参数确定的静态问题；而系统模拟方法是一种系统分析方法，适于分析解决动态问题。系统模拟方法是通过在计算机上建立系统模型对系统的运行过程进行展现的一种方法。系统模拟方法分析的对象是系统。为此，我们首先从系统谈起。

## 1.2 系统及模型概述

### 1.2.1 系统的定义和分类

**1. 系统的定义**

系统是指为达到某种目的,由互相联系又互相作用的若干要素结合而成的有特定功能的有机整体。在系统科学中,一个系统以其内在特征及表征而区别于其他系统。系统的内在特征体现为实体的集合、实体的属性、系统的活动,由此构成系统的三大要素。系统表征体现为系统的环境,包括系统界面状态、约束和干扰等。

管理系统泛指那些受到管理结构计划和政策指导控制,具有明确的组织目标的系统,如企业系统、社会系统及宏观经济系统等。

**2. 系统的分类**

按照物理特征、状态变化、自然属性、规模状况、时变属性等不同特征对系统进行分类,结果总结如表1.1所示。按系统中起主导作用的状态变化特征,可将系统分为系统状态随时间连续变化的连续系统、系统状态变化只在离散时间点随机发生的离散系统,以及系统状态是这两种系统混合的连续-离散混合系统。从系统模拟的角度,把系统分为连续系统、离散系统以及连续-离散混合系统有益于进行系统的分析和模拟建模。

表 1.1 系统的分类(按系统特征)

| 分类特征 | 类 别 | 举 例 |
| --- | --- | --- |
| 物理特征 | 工程系统 | 电气、机械、化工、热力等 |
|  | 非工程系统 | 经济、交通、管理、生态等 |
| 状态变化 | 连续系统 | 飞机、导弹、流体及机械的运动等 |
|  | 离散系统 | 生产、医院、通信、交通系统等 |
|  | 连续-离散混合系统 | 上述系统的混合 |
| 自然属性 | 自然系统 | 天体、生物、生态系统等 |
|  | 人造系统 | 企业、社会、概念体系等 |
| 规模状况 | 简单小系统 | 机械、建筑、设备等 |
|  | 复杂大系统 | 生态、种群、宇宙、经济系统等 |
| 时变属性 | 静态系统 | 桥梁、公路、房屋等 |
|  | 动态系统 | 交通系统、社会系统等 |

### 1.2.2 系统模型概述

**1. 系统模型的定义**

系统模型是对一个系统的物理的、数学的或其他形式的逻辑描述。系统模型是为研究系统而开发的,是对系统的内在联系(内在特征)及其与外界关系(外部表征）的一种抽象描述。系统模型按模型的表示方法分为物理模型、数学模型、半实物模型。

（1）物理模型。物理模型又称实体模型，它是实际系统在尺寸上缩小或放大后的相似体，如地图、沙盘等。

（2）数学模型。数学模型是指用数学符号和数学关系式表示的系统模型。比如：麦克斯韦方程、流体力学方程等。如果模型中不含时间因素，则称之为静态模型；若模型与时间有关，则称之为动态模型。

（3）半实物模型。半实物模型是指由物理模型、数学模型混合而成的模型。

**2. 连续系统数学模型**

连续系统的状态随时间连续变化，其数学模型可以用微分方程或差分方程表示。设系统的状态变量（state variable）为：$x(t)=(x_1(t),x_2(t),\cdots,x_n(t))^T$，则系统状态函数可表示为连续函数：$y(x,t)=f(x_1,x_2,\cdots,x_n,t)$。连续系统的状态变化过程如图1.1所示。

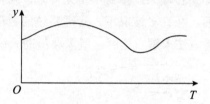

图1.1　连续系统的状态变化过程

**3. 离散系统数学模型**

离散系统的状态变化只在时间的离散时刻发生，且往往是随机的。系统的状态值为在有限离散时间点上的离散量，其状态方程（state equation）不可以用微分方程表示。设离散系统的状态变量为 $x(t)=(x_1(t),x_2(t),\cdots,x_n(t))^T$，则系统状态函数可表示为：$y(x,t)=f(x_1,x_2,\cdots,x_n,t)$，这里 $f(x_1,x_2,\cdots,x_n,t)$ 为离散函数。离散系统的状态变化过程如图1.2所示。

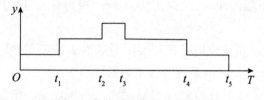

图1.2　离散系统的状态变化过程

**4. 混合系统数学模型**

混合系统是指既包括连续型变量又包括离散型变量的系统。系统的状态值时而呈现连续型变量系统特征，时而呈现离散型变量系统特征。例如：在公交车站系统中，公交车、乘客的行为分别用离散型变量和连续型变量表示，如表1.2所示。

表 1.2　公交车站系统的变量及类型

| 状态变量 | 行为过程 | 变量类型 |
| --- | --- | --- |
| 公交车行驶速度 | 行驶、进站、停车、出站 | 连续型 |
| 顾客状态 | 到达车站、上车、下车、离开车站时间 | 离散型 |
| 车站状态 | 公交车、顾客的到达、离开过程 | 离散型 |

## 1.3　系统模拟概述

### 1.3.1　系统模拟的概念

对于一个系统，需要根据不同情况和需求采取不同的研究方法，各类研究方法如图1.3所示。对于一个管理系统，可以构建一定的数学模型来反映管理系统的运行特征及其与外部环境的关系。如果管理系统本身不是太复杂，所构建的数学模型往往可以采用数学解析方法求解。然而，在许多情况下，管理系统的数学逻辑关系往往十分复杂，很难甚至无法采用数学解析方法求解。这时，就需要借助系统模拟方法进行求解。

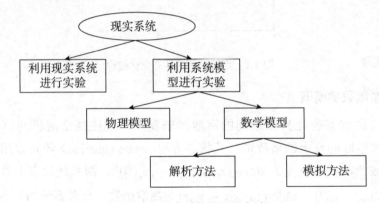

图 1.3　研究系统的不同方法

系统模拟，又称系统仿真，目前人们从不同的视角对其进行定义，常见的定义有以下几种。

（1）从应用角度，系统模拟是设计实际系统的系统模型并对该模型进行实验的过程，以达到理解系统行为及评价系统运行策略的目的。

（2）从技术角度，系统模拟是以相似原理、系统理论、信息技术及应用领域的专业技术为基础，以计算机和各种物理效应设备为工具，利用系统模型对实际或设想的系统进行动态实验研究的一门综合性技术。

（3）从活动角度，系统模拟是对系统模型进行随时间演化的实验活动，或是利用系统模型展现对象系统的运行过程或特性的活动。

综上，系统模拟的定义可归纳总结为：系统模拟是利用计算机对系统模型进行动态实验研究的一种方法。系统模拟是基于模型的活动，由三类基本活动构成：建立系统模型，构造与运行模拟实验系统，分析与评估模拟结果。通过上述模拟活动达到对实际系统的行为进行描述、解释和预测的目的。

### 1.3.2 系统模拟的分类

#### 1. 不同角度的系统模拟分类

系统模拟可从不同的角度进行分类：按照模型的种类可分为物理模拟、数学模拟（mathematical simulation）、半实物模拟；按应用领域可分为工程领域模拟、非工程领域模拟；按功能用途可分为工程模拟和训练模拟；按虚实结合程度可分为结构模拟、虚拟模拟、实况模拟。对于管理系统而言，按模型的种类划分属于数学模拟，按应用领域划分属于非工程领域模拟。

按照模拟时钟（simulation time 或 simulation clock）与实际时钟的比例关系，系统模拟可分为实时模拟、亚实时模拟、超实时模拟。实时模拟的模拟时钟与实际时钟完全一致，也称为在线模拟，其意义在于可以与实际系统并行。亚实时模拟的模拟时钟慢于实际时钟。超实时模拟的模拟时钟快于实际时钟，如气象预测模拟等。亚实时模拟和超实时模拟属于离线模拟。对于管理系统而言，实时模拟可用于其在线运行监控管理，超实时模拟可用于企业管理决策、社会经济系统预测等。

#### 2. 模拟实现角度的系统模拟分类

由上，管理系统模拟属于数学模拟，其系统模型可分为连续系统模型、离散系统模型、混合系统模型，其中混合系统模型是前两种模型的结合。由于连续系统与离散系统这两类系统的固有运动规律不同，因而描述其运动规律的模型形式就有很大的差别。所以从系统模拟实现的角度看，系统模拟分为连续系统模拟与离散系统模拟两大类。

1）连续系统模拟

连续系统模拟是指系统状态随时间连续变化的系统模拟，主要是针对自然和工程系统的模拟，其数学模型按描述方式可分为集中参数系统模型和分布参数系统模型。

（1）集中参数系统模型。集中参数系统模型一般用常微分方程（组）描述，如各种电路系统、机械动力学系统、生态系统等。

（2）分布参数系统模型。分布参数系统模型一般用偏微分方程（组）描述，如各种物理和工程领域内的"场"问题。

在工程领域内，连续系统模拟可以分为四大类：数学模拟、硬件在回路模拟（hardware-in-loop simulation）、软件在回路模拟（software-in-loop simulation）、人在回路模拟（man-in-loop simulation）。

2）离散系统模拟

离散系统是指系统状态在某些随机时间点上发生变化的系统。针对管理系统而言，系统变化是由某种事件引发的，此类系统称为离散事件动态系统（discrete event dynamic system，DEDS）或离散事件系统（discrete event system）。其特点是：系统状态的变化是由发生在随机时间点上的某种行为引发的，这种发生在随机时间点上且引发系统状态变化的行为称为"事件"。

针对离散事件系统的模拟称为离散事件系统模拟（discrete event system simulation）。离散事件系统属于人造系统，许多管理领域中的问题都可视为离散事件系统，如生产系统、库存系统、银行服务系统等。因此，许多管理系统的模拟都属于离散事件系统模拟。

### 1.3.3 系统模拟的特点

#### 1. 系统模拟的技术特点

系统模拟是基于计算机对系统模型进行数值实验的技术及实验环境。系统模拟技术将理论模型与实验研究相融合，体现了实验思考的方法论，已成为当今分析求解复杂系统的重要工具。从系统模拟建立系统模型、构造与运行模拟实验系统、分析与评估模拟结果三类活动角度，系统模拟法与解析法的特点比较如表1.3所示。基于系统模拟的这些技术特点，系统模拟的优点列举如下。

表 1.3  系统模拟法与解析法的特点比较

| 比较内容 | 系统模拟法 | 解 析 法 |
| --- | --- | --- |
| 系统模型构建 | 对系统的近似抽象<br>采用流程图<br>适用于由于随机因素而难以用数学模型表示的动态系统及复杂系统的建模 | 对实际系统的高度抽象<br>采用数学方程式<br>构建动态随机系统和复杂系统模型较为困难 |
| 模拟运行实验 | 一次模拟过程是对系统行为的一次随机抽样，多次模拟运行是一定样本量的随机抽样 | 不需要多次抽样过程 |
| 模拟结果评估 | 数值解<br>模拟结果需要通过统计推断，才能得出系统真实的性能估计 | 解析解<br>不需要进行统计推断 |

（1）经济性。系统模拟是利用计算机对模拟模型进行实验的技术手段，它具有利用模型进行实验的一系列优点，如费用低、易于实现各种反复实验等。

（2）简单性。有些系统模型难以用数学解析形式表达，或虽能用数学解析形式表达但没有适用的解析方法求解，或虽可解析求解，但其数学求解过程过于复杂、计算量过大。而系统模拟方法则具有建模简单化特点，即系统模拟模型与实际系统的运行过程具有形式和逻辑上的对应性，可避免解析法常见的"维数灾难"问题。

（3）可靠性。在真实系统中要实现完全相同条件下的重复实验是很困难的，在计算机模拟实验中则很容易实现。

（4）最优性。可通过系统模拟分析复杂系统的特性，并通过方案比较得到最优方案。

（5）预见性。对于经济、金融、社会、战争等非工程系统，直接实验是不可能的，通过计算机模拟可以研究其系统控制策略。

（6）高技术性。系统模拟技术目前已经跻身高科技领域，与人工智能、网络技术、优化理论、图形技术、虚拟现实（VR）技术等融为一体。

同时，相对于解析法，系统模拟也存在一些不足，列举如下。

（1）工作量大。系统模拟需要多次重复运行，数据量大，占用大量的计算机时间和存储空间。

（2）近似求解。模拟方法得到的解是近似解而非精确解，且其精度不容易控制。

（3）特殊解。模拟方法得到的解是特殊解而非通解，所以需要在不同条件下大量运行模拟以求得近似最优解。

**2. 系统模拟的必要性**

综上，在进行系统分析时，应针对特定的实际系统的情况，在比较解析法和系统模拟方法的适应特点后再决定所采用的分析方法。一般地，在难以建立用解析方法求解的数学模型时，有必要使用系统模拟方法。通常，在以下场合，有必要采用系统模拟手段解决问题。

（1）系统太复杂，无法用解析法描述。

（2）系统太大或太小，难以观察。系统太大，如宇宙、天体等；系统太小，如原子内部等。

（3）系统太贵重，需要节省，如飞机、卫星、导弹等。

（4）系统实验的时间长，需要省时，如宇宙演化、生态系统变迁、经济社会发展等。

（5）系统实施的风险大，如核武器试验、军事作战、金融政策等。

（6）系统实验的可重复性低。如：系统实验会破坏原系统，无法复原；系统多次实验时，难以保证每一次的实验条件都相同，如人是实验的一部分时。

扩展阅读1.1
仿真是基于模型的实验吗？从定义的演变看仿真的内涵发展

案 例 分 析

（7）系统处于设计阶段，不可能在真实的系统上做实验时。

## 1.4 管理系统模拟及其应用

### 1.4.1 管理系统模拟的含义

经济与管理系统属于人造系统，其决策问题属于非"物质性"决策问题。管理系统模拟是系统模拟在经济与管理系统中的应用，是对管理系统模型进行数值分析的一种现代分析方法。管理系统模拟是管理科学、系统工程、现代数学和计算机科学技术的交叉融合，主要研究经济与管理系统中的战略战术、系统设计、运筹规划、预测评估、宏观/微观运作等问题。

随着互联网技术、新一代信息技术的快速发展，系统模拟的理论、方法和工具也在不断进步，这大大促进了系统模拟技术在经济与管理领域的应用。调查研究表明：在企业管理领域使用的分析方法中，系统模拟仅次于统计分析，位居第二；在运筹优化与管理科学研究中，系统模拟仅次于数学规划，位居第二。

### 1.4.2 主要应用领域

**1. 在经济与管理系统中的应用**

系统模拟广泛应用于经济与管理领域的方案论证、企业诊断、策略与风险分析、管理决策等，列举如下。

（1）国民经济：社会经济系统、人口系统、生态系统、金融系统、能源系统等。

（2）企业经营：供应链管理、销售预测、生产管理、资源分配、布局规划等。

（3）服务系统：交通系统、电力网络、计算机网络、系统流程分析、医院系统等。

（4）军事国防：军事作战、指挥协调、军事后勤等。

（5）社会系统：舆论传播、突发事件人员疏散、人员培训、疫情传播分析等。

**2. 面向系统整个生命周期的应用**

从系统全生命周期的视角，系统模拟是以相似原理、模型理论、系统技术、信息技术以及应用领域的专业技术为基础，利用模型对已有或设想的系统的分析、设计、实验、运行、评估、维护和报废等全生命周期活动进行研究的一门多学科综合性技术。一个实际系统从提出到实现乃至最后报废的整个生命周期的各个阶段中，系统模拟都发挥着重要的作用，具体应用如表1.4所示。

表 1.4 系统模拟在系统生命周期各个阶段的应用

| 阶 段 | 系统模拟的应用 |
| --- | --- |
| 方案论证 | 对各种方案进行技术、经济比较，选择合理方案 |
| 系统分析 | 分析系统的特性，确立数学模型，分析系统瓶颈 |
| 初步设计 | 选择合理的系统构造，确定某些部分的合理结构 |
| 具体设计 | 优化系统参数，协调各部分功能 |
| 系统实验 | 将系统样机接入模拟系统进行模拟实验，考核系统设计效果 |
| 人员培训 | 对人员进行操作训练，系统控制模拟演练 |
| 系统运行 | 调整、改进系统某些参数，使系统达到最佳状态 |
| 系统维护及改善 | 评估系统状态，提出改进方案或进行报废的评估及预案 |

### 1.4.3 管理问题和对应的模拟方法

不同类型的经济与管理系统决策问题适用不同的系统模拟方法。表1.5列出了经济与管理系统中的宏观、中观（介观）、微观决策问题所适用的模拟方法，包括离散事件系统模拟（含离散-连续混合系统模拟）、系统动力学模拟、Agent模拟。与之相对应，在后面章节中，第3章介绍离散事件系统模拟，第4章介绍连续系统模拟及系统动力学模拟,第5章介绍Agent模拟。

表 1.5 管理系统决策问题和对应的模拟方法

| 问题特征 | 应用领域 | 模拟方法 |
| --- | --- | --- |
| 宏观复杂系统：复杂性、涌现性 | 经济社会系统：社会系统、产业系统、金融系统的政策分析、市场分析、发展预测 | 系统动力学模拟<br>Agent模拟 |
| 中观跨组织系统：宏观与微观相结合 | 跨企业活动：供应链系统、交通/通信系统、企业策略、协调分析、竞争分析、销售预测、资源配置 | 离散事件系统模拟<br>离散-连续混合系统模拟<br>Agent模拟 |
| 微观管理系统：离散性、流程性、自主性 | 企业内部活动：生产系统、流程分析、资源配置、作业分析、员工行为分析 | 离散事件系统模拟<br>离散-连续混合系统模拟<br>Agent模拟 |

## 1.5 系统模拟的实施过程

### 1.5.1 系统模拟的三个阶段

系统模拟方法求解问题的过程包括三个阶段：建模阶段、模型变换阶段、模拟运行阶段。三个阶段的顺序及相互关系如图1.4所示。

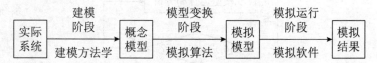

图 1.4 系统模拟三个阶段的顺序及相互关系

（1）建模阶段：根据研究目的、系统的先验知识以及观察的数据，对系统进行分析，确定组成要素、状态变量和参数之间的逻辑关系，建立系统的数学逻辑模型。

（2）模型变换阶段：根据数学逻辑模型的形式、计算机的类型以及模拟目的，将原始数学逻辑模型转换为适合于计算机处理的模拟模型。

（3）模拟运行阶段：对模拟模型进行装载实验，并在计算机上运行。根据模拟运行结果对模型进行验证和统计推断，最后整理成模拟结果报告输出。

系统模拟过程的三要素包括系统、模型与计算机，三者之间的关系如图1.5所示。

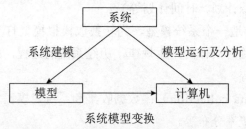

图 1.5 系统模拟过程的三要素及其关系

## 1.5.2 系统模拟实施的步骤

系统模拟实施的步骤如图1.6所示，共分为12个步骤，简述如下。

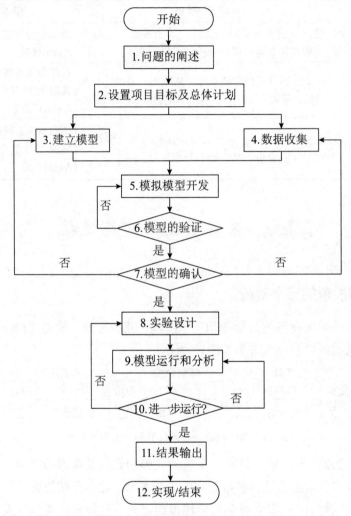

图1.6 系统模拟实施的步骤

（1）问题的阐述：每一项研究应从说明问题开始。主要任务是问题描述与系统定义，明确模拟对象，确定被模拟系统的边界，确定模拟的目标及任务。

（2）设置项目目标及总体计划：明确项目的目标，即模拟要回答的问题，制订模拟项目的实施计划（资源计划、时间计划等）。

（3）建立模型：构造一个系统模型，为转换成模拟模型打下基础。一般用流程图的形式描述，重点描述临时实体的产生规律、历经系统的过程，永久实体对临时实体的作用规则、条件及结果等。

（4）数据收集（data collection）：数据收集和系统建模工作相互影响。确定模型参数数据及输入数据的概率分布等。

(5) 模拟模型开发: 确定系统模型的模拟策略[事件调度法（event scheduling, ES）、活动扫描法（activity scanning, AS）等], 设计模拟程序（基于某模拟平台进行编程开发）。

(6) 模型的验证: 验证模拟模型的计算机程序的正确性, 然后校验模拟模型的正确性。通过了验证的模拟模型才能进行模拟实验。

(7) 模型的确认: 确定模型是否精确地代表实际系统。其中, 确认过程判断模拟模型的结果是否符合实际, 验收过程是指用户接收模拟模型并应用的过程。

(8) 实验设计: 确定模拟运行的方案, 如运行长度和次数等, 与输出分析的要求有密切关系。

(9) 模型运行和分析: 估计所模拟的系统的性能。

(10) 进一步运行: 根据已完成的运行分析, 确定是否还需追加实验设计及运行次数等。

扩展阅读1.2
我国系统建模与仿真技术的发展

案 例 分 析

(11) 结果输出: 模拟程序说明和模拟结果报表, 模拟输出作为系统评价的依据。

(12) 实现/结束: 判断是否成功实现模拟, 它取决于前面已执行的结果是否合适。

## 本章小结

管理系统模拟是系统模拟在经济与管理系统中的应用。系统是指互相联系又互相作用的对象的有机结合, 模型是对系统行为的抽象描述。系统的数学模型包括连续系统数学模型、离散系统数学模型、混合系统数学模型。系统模拟是指利用系统模型对实际系统进行动态实验研究的一门综合性技术。模拟模型是对实际系统的近似抽象化。模拟过程是对系统行为的抽样过程。与数学解析法相比, 系统模拟的优点包括实验的经济性、模型表达的简单性、重复实验的安全性、复杂系统行为的预见性等。系统模拟技术在思考方法论上体现了实验思考的方法论, 是分析求解复杂系统的重要工具。管理系统模拟适用于分析经济与管理系统中从宏观战略到微观运作等各类问题。

## 即测即练题

请扫描二维码, 参加即测即评练习。

即测即练题

## 思考练习题

1. 试说明系统模拟的定义。
2. 试简要说明系统、模型与模拟三者之间的关系。
3. 试比较数学解析方法与系统模拟方法的适用特点。
4. 试说明管理系统模拟可应用于经济与管理系统的哪些领域。
5. 试阐述管理系统模拟解决问题的几个阶段。
6. 试阐述管理系统模拟实施的步骤。
7. 请给出至少两个经济或管理领域的问题,说明采用系统模拟方法比数学解析方法更具有优势。

# 第2章
# 概率统计基础与蒙特卡罗法

学习目标

通过本章学习,读者应该能够:
1. 掌握随机变量的性质和主要的随机分布;
2. 掌握统计分析及统计推断的基本方法;
3. 掌握蒙特卡罗法的原理及应用。

## 2.1 概 述

自然界和社会中的活动可分为两类:确定性活动和随机性活动。确定性活动是指可以事先预言的,在一定的条件下其结果是确定的系统活动。确定性活动的系统状态可以用一个确定的数学解析式来描述。随机性活动是指其变化的结果是事先不可预言的,即在相同的条件下进行重复实验,每次结果未必相同;或者知道其过去的状况,在相同的条件下,未来的发展状态事先都不能确定。随机性活动可通过概率与统计的方法描述。

系统模拟的研究对象往往是具有不确定性因素的复杂系统,因而随机性是系统活动的重要特征。在系统模拟的整个过程中,概率与统计的理论方法都贯穿始终,包括建立概率模型、随机变量的生成、输入数据的处理与概率分布的识别、输出数据的处理及结果的分析、模拟模型的验证和确认、多方案的比较与评价、模拟实验设计等。概率与统计方法是确保系统模拟正确、顺利实施的关键。同时,大数定律是统计模拟方法即蒙特卡罗法(Monte-Carlo)的理论基础,也是系统模拟方法重要的理论基础之一。

本章对与系统模拟相关的概率统计知识进行简要回顾和梳理。已经熟悉概率统计及蒙特卡罗法的读者,可以跳过本章。

## 2.2 随机变量的性质

### 2.2.1 随机变量的性质及数字特征

**1. 随机变量**

设有一个随机实验,其所有可能的输出结果的集合称为样本空间,记为 $S$,而输出结果 $e$ 称为样本空间中的样本点。如果对于每一个样本点 $e \in S$,都有一个实数 $X(e)$ 与之对应，则可得到一个定义在 $S$ 上的函数 $X = X(e)$，称 $X$ 为随机变量。一般来说，用大写字母（如 $X$、$Y$）表示随机变量，用小写字母（如 $x$、$y$）表示随机变量的取值。

**2. 分布函数**

随机变量 $X$ 的分布函数也称为累积分布函数（cumulative distribution function，CDF）或概率分布函数，记为 $F(x)$，定义如下：对于每一个实数 $x$，有

$$F(x) = P(X \leq x), \quad -\infty < x < +\infty$$

这里，$F(x)$ 是指随机变量 $X$ 取值不大于 $x$ 的概率。

概率分布函数 $F(x)$ 具有以下性质：

（1）对于所有的 $x$，$0 \leq F(x) \leq 1$；

（2）$F(x)$ 是个单调非降函数，即若 $x_1 < x_2$，则 $F(x_1) < F(x_2)$；

（3）$\lim\limits_{x \to \infty} F(x) = 1$ 且 $\lim\limits_{x \to 0} F(x) = 0$。

如果随机变量 $X$ 最多只能取有限个值，如 $x_1, x_2, \cdots, x_N$，则称 $X$ 为离散随机变量。离散随机变量 $X$ 取值 $x_i$ 的概率为

$$p(x_i) = P(X = x_i), \quad i = 1, 2, \cdots, N$$

且有

$$\sum_{i=1}^{\infty} p(x_i) = 1$$

这里，$p(x)$ 称为 $X$ 的概率函数（概率质量函数）。离散随机变量 $X$ 的概率分布函数为

$$F(x) = \sum_{x_i \leq x} P(x_i), \quad -\infty < x < +\infty$$

如果随机变量 $X$ 可以无限取值，则称 $X$ 为连续随机变量，定义如下：若存在非负函数 $f(x)$，使得随机变量 $X$ 取值于任一区间 $[a, b]$ 的概率为

$$P(a \leq x \leq b) = \int_a^b f(x) \mathrm{d}x$$

则称 $X$ 为连续随机变量，$f(x)$ 称为 $X$ 的概率密度函数（probability density function，PDF）。对于概率密度函数 $f(x)$，有

$$f(x) \geq 0, \quad \int_{-\infty}^{\infty} f(x) \mathrm{d}x = 1$$

连续随机变量 $X$ 的概率分布函数 $F(x)$ 为

$$F(x) = P(X \in (-\infty, x]) = \int_{-\infty}^{x} f(y) \mathrm{d}y, \quad -\infty < x < +\infty$$

对于满足 $a < b$ 的实数 $a$、$b$，随机变量 $X$ 落入区间 $[a, b]$ 的概率是

$$P(a \leq X \leq b) = \int_a^b f(y) \mathrm{d}y = F(b) - F(a)$$

**3. 数学期望与方差**

随机变量 $X$ 的数学期望值 $E(X)$ 定义为

$$E(X) = \sum_{i=1}^{\infty} x_i P(x_i), \quad X \text{为离散随机变量}$$

$$E(X) = \int_{-\infty}^{\infty} x f(x) \mathrm{d}x, \quad X \text{为连续随机变量}$$

随机变量 $X$ 的方差 $D(X)$ 定义为

$$D(X) = E(X - E(X))^2 = \sum_{i=1}^{\infty} (x_i - E(X))^2 P(x_i), \quad X \text{为离散随机变量}$$

$$D(X) = E(X - E(X))^2 = \int_{-\infty}^{\infty} (x_i - E(X))^2 f(x) \mathrm{d}x, \quad X \text{为连续随机变量}$$

设 $X$、$Y$ 为相互独立的随机变量，$c$ 为常数，数学期望和方差有以下基本性质：

（1）$E(cX) = cE(X)$；

（2）$E(X+Y) = E(X) + E(Y)$；

（3）$D(X) = E[(X-E(X))^2] = E(X^2) - [E(X)]^2$；

（4）$D(cX) = c^2 D(X)$；

（5）$D(X+c) = D(X)$；

（6）$D(X+Y) = D(X) + D(Y)$。

**4. 协方差与相关系数**

考虑两个随机变量之间相关性的度量。设随机变量 $X_i$ 和 $X_j$，其均值和方差分别为 $\mu_i$、$\mu_j$、$\sigma_i^2$、$\sigma_j^2$（$i=1,2,\cdots,n$；$j=1,2,\cdots,n$），协方差和相关系数是 $X_i$ 和 $X_j$ 之间（线性）相关程度的测量。

（1）协方差 $C_{ij}$ 或 $\mathrm{Cov}(X_i, X_j)$：$X_i$ 和 $X_j$ 之间的协方差定义为

$$C_{ij} = E[(X_i - \mu_i)(X_j - \mu_j)] = E(X_i X_j) - \mu_i \mu_j \tag{2.1}$$

协方差是对称的，即 $C_{ij} = C_{ji}$。当 $i=j$ 时，有 $C_{ij} = C_{ii} = \sigma_i^2$。如果 $C_{ij} = 0$，说明随机变量 $X_i$ 和 $X_j$ 不相关。显然，如果随机变量 $X_i$ 和 $X_j$ 相互独立，则 $C_{ij} = 0$。反之未必成立。如果 $C_{ij} > 0$，称 $X_i$ 和 $X_j$ 正相关。反之，则称 $X_i$ 和 $X_j$ 负相关。

（2）相关系数 $\rho_{ij}$：将协方差标准化，得到相关系数。相关系数描述两个随机变量 $X_i$ 和 $X_j$ 之间的（线性）相关程度：

$$\rho_{ij} = \frac{C_{ij}}{\sqrt{\sigma_i^2 \sigma_j^2}}, \quad i=1,2,\cdots,n;\ j=1,2,\cdots,n \tag{2.2}$$

由式（2.2）可知，$\rho_{ij}$ 是无量纲的，使得它便于解释 $X_i$ 与 $X_j$ 的相关程度。$\rho_{ij}$ 与 $C_{ij}$ 的符号一致。$-1 \leq \rho_{ij} \leq 1$，如果 $\rho_{ij}$ 接近于 1，说明 $X_i$ 与 $X_j$ 高度正相关；如果 $\rho_{ij}$ 接近于 $-1$，说明 $X_i$ 与 $X_j$ 高度负相关。

## 2.2.2 常用概率分布函数

本节介绍在模拟研究中经常用到的概率分布函数及其适用情况。在离散概率分布函数中，介绍了伯努利（Bernoulli）分布、二项（Binomial）分布、泊松分布。在连续概率分布函数中，介绍了均匀分布、指数分布、正态分布、对数正态分布、爱尔朗（Erlang）分布、伽马（Gamma）分布、威布尔（Weibull）分布、三角分布。有关概率分布函数更为详细的信息请参阅有关书籍。

**1. 伯努利分布**

（1）定义：设随机变量 $X$ 只有两种可能的结果：成功与失败。1表示成功，出现的概率为 $p$（其中 $0<p<1$）。0表示失败，出现的概率为 $1-p$。其概率函数如下：

$$p(x) = \begin{cases} 1-p, & x=0 \\ p, & x=1 \\ 0, & \text{其他} \end{cases} \quad (2.3)$$

则称 $X$ 服从参数为 $p$ 的伯努利分布，记为 $X \sim BERN(p)$。

（2）概率分布函数：

$$F(x) = \begin{cases} 0, & x<0 \\ 1-p, & 0 \leq x<1 \\ 1, & x \geq 1 \end{cases} \quad (2.4)$$

（3）数学期望：$E(X)=p$。

（4）方差：$D(X)=p(1-p)$。

（5）适用情况：用于表示事件的结果只有两个的随机变量。例如，抛硬币试验，结果只有两个——国徽和面值；检查某产品的质量，其结果只有两个——合格和不合格；购买彩票开奖后，这张彩票的结果只有两个——中奖和没中奖等。

**2. 二项分布**

（1）定义：设进行了 $n$ 次独立实验，每次实验结果均为成功的概率为 $p$ 的伯努利实验，如果以随机变量 $X$ 表示在 $n$ 次实验中成功的次数，其概率函数如下：

$$p(x) = \begin{cases} C_n^x p^x (1-p)^{n-x}, & x \in \{0,1,2,\cdots,n\} \\ 0, & \text{其他} \end{cases} \quad (2.5)$$

则称 $X$ 服从参数为 $(n,p)$ 的二项分布，记为 $X \sim BINO(n,p)$。

（2）概率分布函数：

$$F(x) = \begin{cases} 0, & x<0 \\ \sum_{i=0}^{\lfloor x \rfloor} C_n^x p^i (1-p)^{n-i}, & 0 \leq x \leq n \\ 1, & x>n \end{cases} \quad (2.6)$$

（3）数学期望：$E(X)=np$。

（4）方差：$D(X) = np(1-p)$。

（5）适用情况：用于表示在 $n$ 次伯努利试验中，结果为成功的总次数的分布。如：一批零件中检出次品的个数分布，总人群中特定人员的数量分布等。特别地，当 $n=1$ 时，二项分布成为伯努利分布，即 $BERN(p) = BINO(1, p)$。本章后面介绍的勒丰投针实验的结果服从二项分布。

**3. 泊松分布**

（1）定义：设随机变量 $X$ 所有可能的取值为 0, 1, 2, …，其概率函数为

$$p(x) = \begin{cases} \dfrac{\lambda^x \mathrm{e}^{-\lambda}}{x!}, & x \in \{0,1,2,\cdots\} \\ 0, & \text{其他} \end{cases} \tag{2.7}$$

其中，$\lambda > 0$ 是常数，则称 $X$ 服从参数为 $\lambda$ 的泊松分布，记为 $X \sim POIS(\lambda)$。

（2）概率分布函数：

$$F(x) = \begin{cases} 0, & x < 0 \\ \mathrm{e}^{-\lambda} \sum_{i=0}^{\lfloor x \rfloor} \dfrac{\lambda^i}{i!}, & x \geq 0 \end{cases} \tag{2.8}$$

（3）数学期望：$E(X) = \lambda$。

（4）方差：$D(X) = \lambda$。

（5）适用情况：泊松分布的概率函数如图 2.1 所示。它用于在某随机事件以固定速率发生的条件下，预测该随机事件在未来某段时间内发生次数的概率。

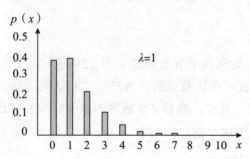
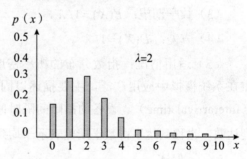

图 2.1 泊松分布的概率函数

**4. 均匀分布**

（1）定义：如果一个连续随机变量 $X$，具有概率密度函数

$$f(x) = \begin{cases} \dfrac{1}{b-a}, & a \leq x \leq b \\ 0, & \text{其他} \end{cases} \tag{2.9}$$

则称 $X$ 在区间 $[a,b]$ 上服从均匀分布，记为 $X \sim U(a,b)$。

（2）概率分布函数：

$$F(x) = \begin{cases} 0, & x < a \\ \dfrac{x-a}{b-a}, & a \leqslant x \leqslant b \\ 1, & x > b \end{cases} \quad (2.10)$$

（3）数学期望：$E(X) = \dfrac{a+b}{2}$。

（4）方差：$D(X) = \dfrac{(b-a)^2}{12}$。

（5）适用情况：在系统模拟中，如果只知道一个随机变量的取值范围是 $[a,b]$，而没有任何其他可用信息，可以将均匀分布 $U(a,b)$ 作为所选用的分布。同时，$U(0,1)$ 是生成其他分布的随机变量的基础。

**5. 指数分布**

（1）定义：如果一个连续随机变量 $X$，具有概率密度函数

$$f(x) = \begin{cases} \lambda e^{-\lambda x}, & x > 0 \\ 0, & x \leqslant 0 \end{cases} \quad (2.11)$$

其中，$\lambda > 0$ 为常数，则称 $X$ 服从参数为 $\lambda$ 的指数分布，记为 $X \sim EXPO(\lambda)$。

（2）概率分布函数：

$$F(x) = \begin{cases} 1 - e^{-\lambda x}, & x > 0 \\ 0, & x \leqslant 0 \end{cases} \quad (2.12)$$

（3）数学期望：$E(X) = 1/\lambda$。

（4）方差：$D(X) = 1/\lambda^2$。

（5）适用情况：指数分布的概率密度函数和概率分布函数如图2.2所示。指数分布在系统模拟中应用广泛，主要描述以固定速率到达系统的"客户"的到达间隔时间（interarrival time）、设备的故障间隔时间等。其中，参数 $\lambda$ 可解释为单位时间的平均到达数，也称到达率；数学期望表示平均到达间隔时间。

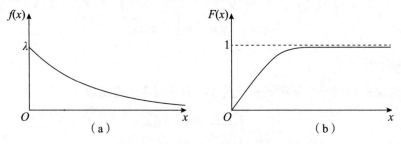

图2.2 指数分布的概率密度函数和概率分布函数

（a）概率密度函数；（b）概率分布函数

## 6. 正态分布

(1) 定义：如果一个连续随机变量 $X$，具有概率密度函数

$$f(x) = \frac{1}{\sqrt{2\pi}\sigma} e^{-\frac{(x-\mu)^2}{2\sigma^2}}, \quad -\infty < x < +\infty \tag{2.13}$$

其中，$\mu$、$\sigma(\sigma > 0)$ 为常数，则称 $X$ 服从参数为 $\mu$、$\sigma$ 的正态分布，记为 $X \sim N(\mu, \sigma^2)$。

(2) 概率分布函数：

$$F(x) = \frac{1}{\sigma\sqrt{2\pi}} \int_{-\infty}^{x} e^{-(y-\mu)^2/2\sigma^2} dy, \quad -\infty < x < +\infty \tag{2.14}$$

(3) 数学期望：$E(X) = \mu$。

(4) 方差：$D(X) = \sigma^2$。

(5) 适用情况：正态分布的概率密度函数如图2.3所示。其适用情况包括：各种类型的误差分布，如加工精度误差、炸弹命中误差，大样本中数值频度分布（如人口分布）等。

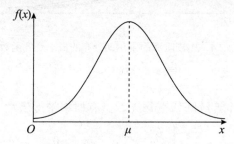

图 2.3　正态分布的概率密度函数

## 7. 对数正态分布

(1) 定义：如果一个连续随机变量 $X$，具有概率密度函数

$$f(x) = \begin{cases} \dfrac{1}{\sqrt{2\pi}\sigma x} e^{-\frac{(\ln x - \mu)^2}{2\sigma^2}}, & x > 0 \\ 0, & \text{其他} \end{cases} \tag{2.15}$$

则称 $X$ 服从对数正态分布，记为 $X \sim LN(\mu, \sigma^2)$。

(2) 数学期望：$E(X) = e^{\mu + \sigma^2/2}$。

(3) 方差：$D(X) = e^{2\mu + \sigma^2}(e^{\sigma^2} - 1)$。

(4) 适用情况：对数正态分布是指一个随机变量的对数符合正态分布，可用于描述某些呈偏态分布的数据，如可靠性和维修性分析中的维修时间等。

## 8. 爱尔朗分布

(1) 定义：如果一个连续随机变量 $X$，具有概率密度函数

$$f(x) = \begin{cases} \dfrac{\lambda^k x^{k-1} e^{-\lambda x}}{(k-1)!}, & x > 0 \\ 0, & \text{其他} \end{cases} \tag{2.16}$$

其中，$k$ 为正整数，则称 $X$ 服从 $k$ 阶爱尔朗分布，记为 $X \sim E_k(\lambda)$。

（2）数学期望：$E(X) = k/\lambda$。

（3）方差：$D(X) = k/\lambda^2$。

（4）适用情况：不同阶次的爱尔朗分布的概率密度函数如图2.4所示。$k$ 阶爱尔朗分布实际上是 $k$ 个相互独立、参数为 $\lambda$ 的指数分布随机变量和的分布。当 $k = 1$ 时，退化为指数分布 $X \sim EXPO(\lambda)$。爱尔朗分布在排队理论研究中起重要作用，表示事件发生的时间间隔，相比指数分布，更适于多个串行过程或无记忆性假设不显著的情况。

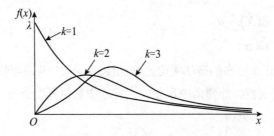

图 2.4　不同阶次的爱尔朗分布的概率密度函数

### 9. 伽马分布

（1）定义：如果一个连续随机变量 $X$，具有概率密度函数

$$f(x) = \begin{cases} \dfrac{\beta^\alpha}{\Gamma(\alpha)} x^{\alpha-1} e^{-\beta x}, & x > 0 \\ 0, & \text{其他} \end{cases} \tag{2.17}$$

则称 $X$ 服从参数为 $\alpha$ 和 $\beta$ 的伽马分布，记为 $X \sim GAMM(\alpha, \beta)$。其中，

$$\Gamma(\alpha) = \int_0^{+\infty} x^{\alpha-1} e^{-x} dx$$

称为 $\Gamma$ 函数，$\alpha > 0$，$\beta > 0$ 为参数（称 $\alpha$ 为形状参数，$\beta$ 为比例参数）。

（2）数学期望：$E(X) = \alpha/\beta$。

（3）方差：$D(X) = \alpha/\beta^2$。

（4）适用情况：伽马分布中，如令 $\alpha = 1$，可得指数分布，即 $EXPO(\beta) = GAMM(1, \beta)$；如令 $\alpha = m$，$m$ 为整数，可得 $m$ 阶爱尔朗分布，即 $E_m(\beta) = GAMM(m, \beta)$；如令 $\alpha = n/2$，$\beta = 1/2$，可得自由度为 $n$ 的 $\chi^2$ 分布，即 $\chi^2(n) = \Gamma\left(\dfrac{n}{2}, \dfrac{1}{2}\right)$。伽马分布用于描述完成某项工作所需的时间，如客户服务、维修设备等。

### 10. 威布尔分布

（1）定义：如果一个连续随机变量 $X$，具有概率密度函数

$$f(x) = \begin{cases} \alpha \beta^\alpha x^{\alpha-1} e^{-(\beta x)^\alpha}, & x > 0 \\ 0, & \text{其他} \end{cases} \tag{2.18}$$

则称 $X$ 服从参数为 $\alpha$ 和 $\beta$ 的威布尔分布，记为 $X \sim WEIB(\alpha,\beta)$。其中，$\alpha>0$，$\beta>0$ 为参数（称 $\alpha$ 为形状参数，$\beta$ 为比例参数）。

（2）概率分布函数：

$$F(x)=\begin{cases} 1-e^{-(\beta x)^\alpha}, & x>0 \\ 0, & \text{其他} \end{cases} \qquad (2.19)$$

（3）数学期望：$E(X)=\dfrac{1}{\alpha\beta}\Gamma\left(\dfrac{1}{\alpha}\right)$。

（4）方差：$D(X)=\dfrac{1}{\alpha\beta^2}\left\{2\Gamma\left(\dfrac{2}{\alpha}\right)-\dfrac{1}{\alpha}\left[\Gamma\left(\dfrac{1}{\alpha}\right)\right]^2\right\}$。

（5）适用情况：威布尔分布中，如令 $\alpha=1$，得到指数分布，即 $EXPO(\beta)=WEIB(1,\beta)$。威布尔分布在可靠性研究中得到广泛应用，代表完成某项任务的时间、系统相邻失效事件之间的时间间隔等。

**11. 三角分布**

（1）定义：如果一个连续随机变量 $X$，具有概率密度函数

$$f(x)=\begin{cases} \dfrac{2(x-a)}{(m-a)(b-a)}, & a\leqslant x\leqslant m \\ \dfrac{2(b-x)}{(b-m)(b-a)}, & m<x\leqslant b \\ 0, & \text{其他} \end{cases} \qquad (2.20)$$

则称 $X$ 服从三角分布，记为 $X \sim TRIA(a,m,b)$。

（2）期望值：$E(X)=\dfrac{a+b+m}{3}$。

（3）方差：$D(X)=\dfrac{a^2+b^2+m^2-ab-am-bm}{18}$。

（4）适用情况：三角分布的概率密度函数如图2.5所示。三角分布函数适于在某项数据缺失的情况下，作为粗略估计模型。

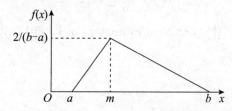

图 2.5 三角分布的概率密度函数

## 2.3 统计分析基础

### 2.3.1 统计推断概述

在系统模拟中，不论是模拟输入数据还是模拟输出数据，都具有随机性。所以，需要对其样本进行统计分析，以获得能反映系统真实性能的结果。因此，统计推断是系统模拟中必不可少的工作环节。

统计推断是通过样本推断总体的统计方法。总体是通过总体分布的数量特征即参数（如期望和方差）来反映的。统计推断的分类如图2.6所示。统计推断包括：对总体的未知参数进行估计，即参数估计；对关于参数的假设进行检查，即假设检验（hypothesis testing）；对总体进行预测预报等。科学的统计推断所使用的样本通常通过随机抽样方法得到。

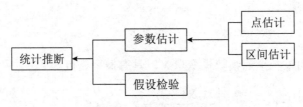

图 2.6 统计推断的分类

以下介绍系统模拟中常见的统计推断方法，包括参数估计中的点估计（point estimation）和区间估计（interval estimation）、假设检验中的卡方检验（chi-square test）等。最后介绍中心极限定理和大数定律。

### 2.3.2 参数估计

#### 1. 点估计

设 $X_1, X_2, \cdots, X_n$ 为独立同分布的（independent and identically distributed，IID）随机变量，且具有有限均值 $\mu$ 和有限方差 $\sigma^2$，则样本均值定义如下：

$$\overline{X}(n) = \frac{1}{n} \sum_{i=1}^{n} X_i \tag{2.21}$$

$\overline{X}(n)$ 是对 $\mu$ 的无偏估计（unbiased estimator），即 $E[\overline{X}(n)] = \mu$。则称 $\mu$ 为随机变量 $\overline{X}(n)$ 的点估计。

#### 2. 区间估计

1）样本方差

针对上述样本，样本方差定义如下：

$$S^2(n) = \frac{1}{n-1} \sum_{i=1}^{n} [X_i - \overline{X}(n)]^2 \tag{2.22}$$

$S^2(n)$ 是对 $\sigma^2$ 的无偏估计，即 $E[S^2(n)] = \sigma^2$。

## 2）置信区间

对于一个随机变量 $\{X_n\}$，除了求出其参数 $\mu$ 的点估计 $\overline{X}(n)$ 外，我们还希望估计出一个精度区间范围，并希望知道这个范围包含参数 $\mu$ 真值的可信程度，这种形式的估计称为区间估计，这样的区间即所谓的置信区间。

由中心极限定理，如果随机变量 $\{X_n\}$ 独立同分布，当 $n$ 足够大时，$\overline{X}_n$ 近似服从正态分布 $N(\mu, \dfrac{\sigma^2}{n})$。但采用上述定理的困难在于：方差 $\sigma^2$ 通常未知。然而，当 $n$ 足够大时，如果用 $S^2(n)$ 替代 $\sigma^2$，上述定理依然成立。于是，一般采用 $t$ 分布（$t$-distribution）求 $\mu$ 的置信区间。

## 3）$t$ 分布介绍

定义：设 $X \sim N(0,1)$，$Y \sim \chi^2(n)$，且 $X$、$Y$ 独立，则称随机变量

$$T = \frac{X}{\sqrt{Y/n}}$$

服从自由度为 $n$ 的 $t$ 分布，记为 $T \sim t(n)$。

$t$ 分布的概率密度函数：

$$f(t) = \frac{\Gamma(\dfrac{n+1}{2})}{\sqrt{\pi n}\,\Gamma(\dfrac{n}{2})} \left(1+\frac{t^2}{n}\right)^{-\frac{n+1}{2}}, \quad -\infty < t < +\infty \tag{2.23}$$

$t$ 分布用于根据小样本来估计呈正态分布且方差未知的总体的均值。$t$ 分布与标准正态分布的比较见图2.7（a），可见 $t$ 分布是类似正态分布的一种对称分布，它通常要比正态分布平坦和分散。一个特定的 $t$ 分布依赖于它的自由度，随着自由度的增大，分布也逐渐趋于正态分布，参见图2.7（b）。如果总体方差已知，应采用正态分布估计总体均值。

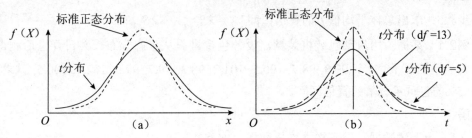

图 2.7　$t$ 分布与正态分布的比较
（a）$t$ 分布与标准正态分布的比较；（b）不同自由度的 $t$ 分布与标准正态分布的比较

$t$ 分布的临界值：设 $X \sim t(n)$，使 $P\{|x| \geq \lambda\} = \alpha$ 成立的 $\lambda$ 称为临界值。如图2.8所示，由于 $P\{|x| \geq \lambda\} = 2P\{x \geq \lambda\} = \alpha$，即 $P\{x \geq \lambda\} = \dfrac{\alpha}{2}$，将 $\lambda$ 记作 $t_{\frac{\alpha}{2}}(n)$。

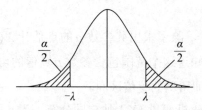

图 2.8　$t$ 分布的临界值

4）置信区间的估计

下面利用 $t$ 分布估计置信区间。设样本总体服从正态分布 $X \sim N(\mu, \sigma^2)$，当总体方差 $\sigma^2$ 未知时，求总体平均值 $\mu$ 的置信区间的步骤如下：

步骤1：由样本容量为 $n$ 的随机变量 $X$ 的样本值 $X_1, X_2, \cdots, X_n$，求出样本均值 $\overline{X}(n)$，样本方差 $S^2(n)$，自由度 $df = n-1$；

步骤2：求出样本的标准偏差

$$S_{EX} = S(n)/\sqrt{n}$$

步骤3：确定显著性水平 $\alpha$，查 $t$ 分布表，确定临界值 $\lambda$：

$$\lambda = t_{\alpha/2, n-1}$$

步骤4：由于 $P\{-\lambda \leq t \leq \lambda\} = 1-\alpha$（如 $1-\alpha = 0.95$），将 $t$ 统计量公式

$$t = (X - \mu)/S_{EX}$$

代入上式，得

$$P\{-\lambda \leq (X - \mu)/S_{EX} \leq \lambda\} = 1 - \alpha$$

整理得

$$P\{X - \lambda S_{EX} \leq \mu \leq X + \lambda S_{EX}\} = 1 - \alpha$$

分别求出 $\overline{X} - \lambda S_{EX}$ 和 $\overline{X} + \lambda S_{EX}$。

步骤5：求出总体平均值 $\mu$ 的置信区间 $[\overline{X} - \lambda S_{EX}, \overline{X} + \lambda S_{EX}]$。

**例2.1**　某糖厂用自动包装机装糖，设备包重量服从正态分布。某日开工后测得9包重量为（单位：千克）：99.3, 98.7, 100.5, 101.2, 98.3, 99.7, 99.5, 102.1, 100.5，试求置信度为95%的包重量真值的置信区间。

**解：**

（1）由上述数据，得到样本均值和样本方差：

$$\overline{X} = \frac{1}{n}\sum_{i=1}^{n} X_i = 99.978，\quad S^2 = \frac{1}{n-1}\sum_{i=1}^{n}(X_i - \overline{X})^2 = 1.470。$$

（2）求样本的标准偏差：$S_{EX} = S/\sqrt{n} = 1.212/\sqrt{9} = 0.404$。

（3）确定显著性水平：$\alpha = 0.05$，自由度 $df = n-1 = 9-1 = 8$，查 $t$ 分布表可得 $\lambda = t_{\alpha/2, n-1} = t_{0.025, 8} = 2.306$。

（4）分别求出 $\overline{X} - \lambda S_{EX}$ 和 $\overline{X} + \lambda S_{EX}$：

$\lambda S_{EX} = 2.306 \times 0.404 = 0.932$；

置信区间下限：$\overline{X} - \lambda S_{EX} = 99.978 - 0.932 = 99.046$；

置信区间上限：$\overline{X} + \lambda S_{EX} = 99.978 + 0.932 = 100.910$。

（5）求出 $\mu$ 的置信区间：

$$[\overline{X} - \lambda S_{EX}, \overline{X} + \lambda S_{EX}] = [99.046, 100.910]$$

### 2.3.3 假设检验

**1. 假设检验概述**

假设检验，又称统计假设检验，是用来判断样本与样本、样本与总体的差异是由抽样误差引起还是由本质差别造成的统计推断方法。显著性检验是假设检验中最常用的一种方法，也是一种最基本的统计推断形式，其基本原理是先对总体的特征做出某种假设，然后通过抽样研究的统计推理，对此假设应该被拒绝还是接受做出推断。

假设检验又可以分为参数假设检验和非参数假设检验，参数假设检验是当总体分布已知（如总体为正态分布），根据样本数据对总体分布的统计参数进行推断，包含 $Z$ 检验、$t$ 检验、$F$ 检验等。非参数假设检验不需要假定总体分布形式，是直接对数据的分布进行检验，包含卡方检验、柯尔莫哥洛夫-斯米尔诺夫检验（Kolmogorov-Smirnov test，K-S 检验）等。

**2. 假设检验的步骤**

（1）根据具体的问题，建立原假设（null hypothesis）和备择假设（alternative hypothesis）。原假设：一般研究者想收集证据予以反对的假设，表示为 $H_0$。备择假设：一般研究者想收集证据予以支持的假设，表示为 $H_1$。

此外，根据实际问题的不同，假设检验有三种假设形式。

①双侧检验 $H_0: \mu = \mu_0, H_1: \mu \neq \mu_0$。

②左侧检验 $H_0: \mu \geq \mu_0, H_1: \mu < \mu_0$。

③右侧检验 $H_0: \mu \leq \mu_0, H_1: \mu > \mu_0$。

（2）构造一个合适的统计量，计算其抽样分布。检验统计量是根据样本观测结果计算得到的，用于判断原假设是否成立的法则。一个标准化的检验统计量表示如下：

$$U = \frac{\overline{X} - \mu_0}{\sigma / \sqrt{n}}$$

例如：$Z = \dfrac{\overline{X} - \mu}{\sigma / \sqrt{n}}$，$t_{(n-1)} = \dfrac{\overline{X} - \mu}{S / \sqrt{n}}$。

（3）给定其显著性水平 $\alpha$ 和确定临界值。显著性水平 $\alpha$ 通常取 0.1、0.05 或 0.01。

在确定了显著性水平后,根据统计量的分布就可以确定找出接受区域和拒绝区域的临界值。

(4)根据样本的值计算统计量的数值并做出决策。从概率的角度来讲,如果统计量取值的概率小于或等于显著水平,表明小概率事件发生了,因此拒绝原假设;反之,则不能拒绝原假设。如果统计量的值正好落在拒绝域之内,那么拒绝原假设;如果落在接受域之内,则不能拒绝原假设;如果正好等于临界值,也要拒绝原假设。

以下介绍参数检验的Z检验的一个应用例子。

**例2.2** 一种罐装饮料采用自动生产线生产,每罐的容量是255毫升,标准差为5毫升,服从正态分布。为检验每罐容量是否符合要求,质检人员在某天生产的饮料中随机抽取了16罐进行检验,测得每罐平均容量为257.2毫升。取显著性水平 $\alpha=0.05$,检验该天生产的饮料容量是否符合标准。

**解**:建立原假设和备择假设 $H_0:\mu=255$    $H_1:\mu\neq 255$;

检验统计量:$Z=\dfrac{\overline{X}-\mu_0}{\sigma/\sqrt{n}}=\dfrac{257.2-255}{5/\sqrt{16}}=1.76$;

显著性水平 $\alpha$ 取0.05,根据统计量的分布可以确定找出接受区域和拒绝区域的临界值为1.96;

因为1.76落在-1.96和1.96之间,因此不能拒绝 $H_0$。样本提供的证据表明:该天生产的饮料与标准没有显著差异,样本均值与标准的差异是因为随机因素所引起的。

### 3. 卡方检验

卡方检验是假设检验中常见的一种非参数检验方式。本书第6、7章应用卡方检验进行随机数检验及模拟输入数据分布的拟合优度检验(goodness-of-fit tests),这里先对卡方分布和卡方检验做基本介绍。

1)$\chi^2$ 分布函数

$\chi^2$ 分布为伽马分布族的子族。由前面的介绍,在 $\Gamma(\alpha,\beta)$ 分布中,如令 $\alpha=n/2$,$\beta=1/2$,即得自由度为 $n$ 的 $\chi^2$ 分布:$\chi^2(n)=\Gamma\left(\dfrac{n}{2},\dfrac{1}{2}\right)$,其概率密度函数为

$$f(x,n)=\begin{cases}\dfrac{1}{2^{n/2}\Gamma(\frac{n}{2})}x^{\frac{n}{2}-1}\mathrm{e}^{-x/2}, & x>0\\ 0, & \text{其他}\end{cases} \quad (2.24)$$

数学期望 $E(\chi^2)=n$,方差 $D(\chi^2)=2n$。

2)$\chi^2$ 统计量

把 $H_0$ 下 $X$ 可能取值的全体 $\Omega$ 分成 $k$ 个互不相交的子集 $A_1,A_2,\cdots,A_k$,记样本观察值 $x_1,x_2,\cdots,x_n$ 落入区间 $A_i$ 的个数为 $f_i$($i=1,2,\cdots,k$),即事件 $A_i$ 发生的频率为 $f_i/n$,采用检验统计量:

$$\chi^2 = \sum_{i=1}^{k} \frac{n}{p_i}\left(\frac{f_i}{n} - p_i\right)^2 = \sum_{i=1}^{k} \frac{(f_i - np_i)^2}{np_i} \tag{2.25}$$

其中，$p_i = P(A_i)$，$i = 1, 2, \cdots, k$。

定理：若 $n$ 充分大（$n \geq 50$），当 $H_0$ 为真时，统计量 $\chi^2$ 近似服从参数为 $k-1$ 的 $\chi^2(k-1)$ 分布。如果 $p_i$ 依赖于 $s$ 个母体参数，则服从参数为 $k-s-1$ 的 $\chi^2(k-s-1)$ 分布。证略。

3）卡方检验的步骤

第一步：提出原假设 $H_0$：总体 $X$ 的分布函数为 $F(x)$。

第二步：将总体 $X$ 的取值范围分成 $k$ 个互不相交的小区间 $A_1, A_2, \cdots, A_k$。

第三步：把落入第 $i$ 个小区间的 $A_i$ 的样本值的个数记作 $f_i$，成为组频数（真实值），所有组频数之和 $f_1 + f_2 + \cdots + f_k$ 等于样本容量 $n$。

第四步：当 $H_0$ 为真时，根据所假设的总体理论分布，可算出总体 $X$ 的值落入第 $i$ 个小区间 $A_i$ 的概率 $p_i$，于是，$np_i$ 就是落入第 $i$ 个小区间 $A_i$ 的样本值的理论频数（理论值）。

第五步：构建检验统计量 $\chi^2 = \sum_{i=1}^{k} \frac{(f_i - np_i)^2}{np_i}$，在 $H_0$ 假设成立的情况下服从自由度为 $k-1$ 的卡方分布。

第六步：设定显著性水平 $\alpha$，确定接受假设和拒绝假设的临界值。根据 $\chi^2$ 统计量的值和临界值的比较结果，做出接受或拒绝假设的结论。

### 2.3.4 中心极限定理与大数定律

**1. 中心极限定理**

在客观实际中，随机变量的产生源自众多相互独立的随机因素的综合影响，而其中每一个别因素在总的影响中所起的作用都是微小的。中心极限定理告诉我们：大量独立同分布的随机变量（重复实验）的平均值分布往往近似地服从正态分布。

定理：如果随机变量 $\{X_n\}$ 独立同分布，且 $E(X) = \mu$，$D(X) = \sigma^2 > 0$，则 $n$ 足够大时，$\overline{X}_n$ 近似服从正态分布 $N(\mu, \frac{\sigma^2}{n})$，即

$$\lim_{x \to \infty} P\left(\frac{\overline{X}_n - \mu}{\sigma/\sqrt{n}} < a\right) = \Phi(a) = \int_{-\infty}^{a} \frac{1}{\sqrt{2\pi}} e^{-t^2/2} dt, n \to \infty \tag{2.26}$$

上述定理是林德贝格-勒维（Lindeberg-Lévy）中心极限定理，又称为独立同分布中心极限定理。

**2. 大数定律**

对于一系列随机变量 $\{X_n\}$，设每个随机变量都有期望。由于随机变量之和 $\sum_{i=1}^{n} X_i$ 很有

可能发散到无穷大，我们转而考虑随机变量的均值 $\overline{X}_n = \frac{1}{n}\sum_{i=1}^{n} X_i$ 和其期望 $E(X_n) = \mu$ 之间的距离。若 $\{X_n\}$ 满足一定条件，当 $n$ 足够大时，这个距离会以非常大的概率接近于0，即 $\overline{X}_n = \frac{1}{n}\sum_{i=1}^{n} X_i$ 大概率收敛于 $\mu$，$\overline{X}_n \xrightarrow{P} \mu$。这就是大数定律的主要思想。

定义：设 $X$ 为随机变量，任取 $\varepsilon > 0$，若恒有式（2.27）成立：

$$\lim_{n\to\infty} P\{|\overline{X}_n - E(X_n)| < \varepsilon\} = 1 \tag{2.27}$$

则称 $\{X_n\}$ 服从弱大数定律，称 $\overline{X}_n$ 依概率收敛于 $E(X_n)$，记作 $\overline{X}_n \xrightarrow{P} E(X_n)$。

定义：设 $X$ 为随机变量，任取 $\varepsilon > 0$，若恒有式（2.28）成立：

$$P\{\lim_{n\to\infty}|\overline{X}_n - E(X_n)| < \varepsilon\} = 1 \tag{2.28}$$

则称 $\{X_n\}$ 服从强大数定律，随着 $n$ 不断增大，称 $\overline{X}_n$ 一定收敛于 $E(X_n)$，记作 $\overline{X}_n \to E(X_n)$。

强大数定律告诉我们：当实验次数 $n$ 趋于无穷大时，事件A发生的频率 $\overline{X}_n$ 必定收敛于A发生的概率 $\mu$，即 $E(X_n)$。这成为蒙特卡罗法的理论基础。

## 2.4 蒙特卡罗方法

### 2.4.1 基本思想

蒙特卡罗方法也称统计模拟法或统计实验方法，是20世纪40年代提出的一种利用随机数（random number）解决问题的数值计算方法。蒙特卡罗法的基本思想是：当所求解的问题可以表示为某种随机事件出现的概率时，可采用某种实验的方法，用事件出现的频率来估计事件的概率，可用下式表示：

$$\lim_{N\to\infty} \frac{n}{N} \approx p$$

其中，$p$ 为某一事件发生的概率；$N$ 为实验次数；$n$ 为某事件出现的次数。

蒙特卡罗法的基本思想是大数定律原理。对一个随机系统，当实验次数充分多时，通过统计推断，可以求得随机变量的数字特征：数学期望值、方差、置信度和置信区间等。为说明蒙特卡罗法求解问题的基本思想，下面介绍勃丰投针实验。

### 2.4.2 勃丰投针实验

**1. 实验概述**

1777年，法国物理学家勃丰（Buffon）发现：随机投针实验结果与圆周率 $\pi$ 值之间有一定的关系。这就是历史上著名的勃丰问题。

实验方法为：如图2.9所示，在平面上绘制相距均为 $2a$ 的平行线束，在一定的高度向平面上随机投下一枚长度为 $2l$ 的针。不断重复投针，统计针与任意平行线相交的频率。投针的结果有两种：与平行线相交、与平行线不相交。为避免针同时与两根相邻的平行线相交，可设 $a > l > 0$。

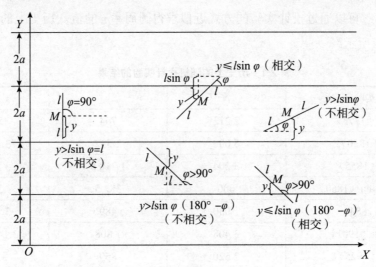

图 2.9 勃丰投针实验图

**2. 针与平行线相交的概率**

显然，每次投针只可能有两种结果："相交""不相交"。则该实验为典型的伯努利实验。将该实验独立重复地进行 $n$ 次，则这一重复独立实验为 $n$ 重伯努利实验。设每次实验成功的概率为 $p$，则 $n$ 次独立重复实验成功次数 $X$ 的分布服从参数为 $(n, p)$ 的二项分布，其概率函数如式（2.5）所示，其平均值为 $np$，方差为 $np(1-p)$。

下面求针与平行线相交的概率。设 $M$ 为针的中点，$y$ 为 $M$ 点与最近平行线间的距离，$\varphi$ 为针与平行线间的夹角，$N$ 为投针的次数，$v$ 为相交的次数。则针与平行线相交的条件为

$$y \leq l \sin \varphi$$

所有针与平行线相交条件的平面图如图2.10所示。相交的条件构成一个闭合区域，见图2.10的阴影部分。则针与平行线相交的概率就是阴影部分面积与整个矩形面积的比，设针与平行线相交的概率为 $p$，则

$$p = \frac{1}{\pi a} \int_0^\pi l \sin \varphi \, \mathrm{d}\varphi = \frac{2l}{\pi a}$$

于是，当投针实验的次数 $N$ 充分大时，针与平行线相交的频率逼近相交的概率，即

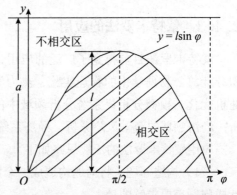

图 2.10 针与平行线相交条件的平面图

由上式：$p = \dfrac{2l}{\pi a} \approx \dfrac{v}{N}$，得到：$\pi \approx \dfrac{2lN}{av}$。

$$p \approx \dfrac{v}{N}$$

特别地，取 $a=2l$，上式变为：$\pi \approx N/v$。

上式表明：可以通过投针实验的方式近似求得圆周率 $\pi$ 的值。历史上的随机投针实验结果如表2.1所示。

表 2.1 历史上的随机投针实验的结果

| 实验者(实验年份) | $N$ | $v$ | $\pi$ 估计值 |
|---|---|---|---|
| Buffon（1773） | 2 212 | 704 | 3.142 |
| Wolf（1850） | 5 000 | 2 532 | 3.159 56 |
| Smith（1855） | 3 204 | 1 218.5 | 3.156 65 |
| C. De Morgan（1860） | 600 | 382.5 | 3.137 |
| Fox（1884） | 1 030 | 489 | 3.159 51 |
| Lazzarini（1901） | 3 408 | 1 808 | 3.141 592 9 |
| Reina（1925） | 2 520 | 859 | 3.179 5 |
| 裴鹿成（1950） | 500 000 | 265 206 | 3.142 2 |

### 3. 样本容量

勃丰投针实验的精度取决于贝努利过程的方差。为保证蒙特卡罗方法的精度，需要一定量的样本容量支持，样本容量过小往往使实验精度下降。为使投针实验的精度达到0.001，置信度为95%，即 $\alpha=0.05$，经过统计推断可知：需要进行88.8万次投针实验方可以95%的置信度，达到0.001的精度来估计 $\pi$ 的值。

所以，要想取得高精度的实验结果，用人工方法进行投针实验几乎是不可能的。对于大型复杂系统，蒙特卡罗方法的求解过程需要大量的独立重复实验，在时间、经济上是不可行的。于是，人们采用计算机模拟进行实验。

## 2.4.3 蒙特卡罗法的应用

蒙特卡罗法目前得到了广泛的应用，例如：几何学中的面积计算、积分计算；物理学中的物理实验、热力学、量子力学实验；优化领域的随机优化、模糊分析；系统分析领域中的元胞自动机系统、复杂网络分析；经济领域的金融风险分析、经济系统风险分析等。

扩展阅读2.1
于敏和中国的氢弹研发之路

案例分析

应用蒙特卡罗法的一般思路如下。

（1）构造问题。将问题构造成一个随机系统，将系统的运行指标设计成问题需要求解的量。

(2) 进行大量的重复实验，收集每次的运行结果。

(3) 通过统计计算估计实验结果的数字特征。

(4) 得到问题的数值解。

蒙特卡罗法的通用性、一般性特点成为后续其他系统模拟方法的基础。一般认为蒙特卡罗法是一种静态模拟方法，后续的系统模拟方法向复杂系统、离散动态系统、交互并行系统等具有时变特性的方向发展。

## 本章小结

本章介绍了系统模拟中所用到的概率论与数理统计的基础知识和方法。首先，介绍了随机变量的性质和数字特征，并列出了系统模拟中常用的若干离散和连续概率分布函数及其数字特征。其次，介绍了统计分析的基本方法，包括：参数的点估计和区间估计，参数的假设检验方法，特别是 $t$ 分布区间估计和卡方检验的概念和方法。同时介绍了中心极限定理和大数定律，这也是蒙特卡罗方法基本思想的理论基础。通过勃丰投针实验的例子说明了蒙特卡罗法的应用过程及其价值。

## 即测即练题

请扫描二维码，参加即测即评练习。

即测即练题

## 思考练习题

1. 试说明离散随机变量和连续随机变量的不同点。
2. 试说明随机变量的独立性和它们的相关系数的关系。
3. 试说明样本均值与样本方差的计算方法。
4. 试说明 $t$ 分布与正态分布的形态有什么不同。
5. 试说明采用 $t$ 分布进行样本平均值区间估计的步骤。
6. 试说明卡方检验的适用范围及步骤。
7. 试说明中心极限定理和大数定律给我们什么启示。
8. 试说明蒙特卡罗方法的基本思想。
9. 要求一种元件平均使用寿命不得低于 1 000 h，生产者从一批这种元件中随机抽取

25件,测得其寿命的平均值为950 h,已知该种元件寿命服从标准差为 $\sigma=100$ h 的正态分布。试在显著性水平 $\alpha=0.05$ 下判断这批元件是否合格。设总体均值 $\mu$ 未知,即需检验假设 $H_0: \mu \geqslant 1\,000, H_1: \mu < 1\,000$。已知 $Z_{0.05}=1.645$。

10. 第9题中,如果生产者又从一批这种元件中随机抽取另外25件,测得其寿命的平均值为950 h,其样本的标准差为100 h,总体均值 $\mu$ 和总体方差 $\sigma^2$ 皆未知。试在显著性水平 $\alpha=0.05$ 下判断这批元件是否合格。

# 第3章
# 离散事件系统模拟

**学习目标**

通过本章学习，读者应该能够：
1. 掌握离散事件系统模拟的基本概念和基本术语；
2. 理解和掌握排队模型、库存模型和网络计划图等系统模型；
3. 理解离散事件系统模拟的时钟推进策略和模拟流程；
4. 了解离散事件系统的各种模拟策略；
5. 了解Petri网的基本概念和建模特点。

## 3.1 离散事件系统的基本概念

### 3.1.1 离散事件系统

离散事件系统是指系统状态只在随机离散时刻产生变化的离散系统，其状态的变化是由某些随机"事件"引起的。由于反映系统活动的本质属性在于那些随机、离散的"事件"，所以此类离散系统被称为离散事件系统，也称为离散事件动态系统。

离散事件系统是广泛存在的一类系统，属于人造系统范畴，如各类排队系统（银行、商店、饭店、电话交换台等服务系统），各类生产系统、库存系统，计算机通信网络系统，各种交通控制与管理系统等。

### 3.1.2 离散事件系统建模

离散事件系统的建模一般很难用数学解析方程来描述，通常采用流程图或网络图来描述。一般地，对离散事件系统的建模的需要描述以下信息：构成组件（components）、组件的描述变量（descriptive variables）、参变量（parameters）、组件间的相互关系（relation）、系统结构图（diagram）等。

在随机运筹学中，可根据离散事件系统的构成及活动特点，采用排队模型、库存模型以及网络活动模型进行建模。由于离散事件系统固有的随机性，虽然经典的概率及数理统计理论、随机过程理论能对一些简单系统提供解析解，但对大量的实际系统，仍需运用系统模拟技术构建模拟模型来提供较为满意的结果。

离散事件系统模拟常常用于解决复杂的排队系统、库存系统及网络活动系统的问题。为此，本章首先讨论常见的离散事件系统模型，包括排队模型、库存模型及网络活动模型。然后讨论离散事件系统模拟策略，最后介绍基于Petri网（Petri net）的离散事件系统建模方法。

## 3.2 排队系统

### 3.2.1 排队系统的构成

排队系统又称随机服务系统，是一个由服务台组成的，按一定的排队规则（queue discipline or rule）服务于到达的顾客的服务系统。排队系统主要解决服务与被服务的问题，是系统模拟的主要应用领域。排队系统的应用实例如表3.1所示。

表 3.1 排队系统的应用实例

| 系统 | 顾客 | 服务台 | 系统 | 顾客 | 服务台 |
|---|---|---|---|---|---|
| 银行 | 顾客 | 窗口 | 电商网站 | 订单 | 服务器 |
| 生产线 | 工件 | 机器 | 计算机系统 | 任务 | CPU，存储器 |
| 医院 | 病人 | 医生 | 维修系统 | 故障 | 维修人员 |
| 公路网络 | 汽车 | 交通灯 | 超市 | 顾客 | 收银台 |
| 仓库 | 货物 | 入出库设备 | 飞机场 | 飞机 | 跑道 |

排队系统中包含两个基本单元：顾客与服务台。服务形式分为两种：顾客到达服务台和服务台到达顾客。排队系统中顾客经历三个过程：到达过程（arrival process）、排队过程（queuing process）、服务过程。图3.1展示了一个最基本的排队系统的构成要素。

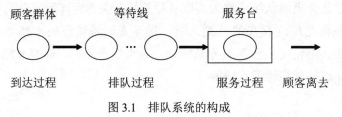

图 3.1 排队系统的构成

### 3.2.2 排队系统模型

一个排队系统可用排队模型表示。排队模型定量化描述一个排队系统的顾客、服务台的特征，明确排队系统中顾客的到达过程、排队过程、服务过程的各个概率分布函数。在此基础上，评估排队系统的服务性能。以下讨论排队系统建模中的相关要素。

**1. 顾客总体**

顾客总体是指潜在到达的顾客总数，可设为有限顾客总体、无限顾客总体。其区别在于如何定义顾客的到达率（单位时间到达的平均数，又称为到达强度）。对具有大量到达数量的顾客总体，可设其为无限顾客总体。对无限顾客总体模型，到达率可设为均衡的或固定的。对有限顾客总体，到达率可设为不均衡的（从0到某个值之间变动）。

**2. 系统容量**

排队系统中，系统能容纳顾客的数量称为系统容量，包括系统中等待服务的顾客数加上正在接受服务的顾客数。当系统容量有限时，到达率及有效到达率（单位时间到达并进入系统的平均数）是有差异的。如一些到达的顾客由于系统容量的限制又离开了系统。

**3. 到达过程**

到达过程是指顾客到达系统的方式。对无限顾客总体，到达过程以相继顾客到达的时间间隔来表征。到达过程分为以下几种方式。

1）规定时间到达

在规定时间到达（scheduled arrival）中，到达时间间隔通常用一个固定的时间或者一个固定的时间加上一个小的随机波动因素表示。如已经预约好的病人去看医生、飞机航班等。

2）随机时间到达

顾客以随机时间到达（random arrival），到达的时间间隔通常用随机分布表示。最重要的随机到达过程是泊松到达（Poisson arrival）。泊松到达用于餐馆、银行、电话服务中心、服务设施等的到达过程。

3）批量到达

批量到达（bulk arrival）是指顾客以群体方式到达，可以是固定批量，也可以是随机批量。

在系统模拟中，主要关注顾客的随机时间到达过程。其中泊松到达过程是一种重要的到达过程，以下进行介绍。

**4. 泊松到达过程**

泊松到达过程中，顾客的到达时间（时刻）和时间间隔的关系如图3.2所示。设$t_n$为第$n$个顾客到达系统的时刻，$t_0 = 0$，$A_n$为顾客$n$和顾客$n-1$之间的到达时间间隔，$A_n = t_n - t_{n-1}$。

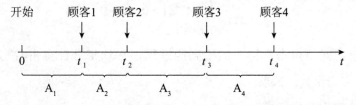

图3.2 顾客的到达时间（时刻）和时间间隔的关系

对于某到达过程，若$N(t)$为时间间隔$(0,t]$内到达的顾客数$(t>0)$，则$N(t)$为随机变量，且$\{N(t)|t\in[0,\infty)\}$为一随机过程。该过程有：

（1）对任意$n$个参数$t_n > t_{n-1} > t_{n-2} > \cdots > t_1 \geq 0$，增量$N(t_1)-N(0)$，$N(t_2)-N(t_1)$，$\cdots$，

$N(t_n) - N(t_{n-1})$ 分别为时间区间 $(0, t_1], (t_1, t_2], \cdots, (t_{n-1}, t_n]$ 到达的顾客数；

（2）在时间区间 $(t, t+\Delta t]$ 内，到达 $k$ 或 $k$ 个以上顾客的概率为

$$P_k(t, t+\Delta t) = P\{N(t+\Delta t) - N(t) = k\} = \sum_{k=2}^{\infty} P_k(t, t+\Delta t)$$

该过程满足下列条件：

（1）$N(0) = 0$（零初值性）；

（2）对任意不同的区间，顾客到达数相互独立；

（3）在时间区间 $(t, t+\Delta t]$ 内，$N(t+\Delta t) - N(t)$ 只与区间长度 $\Delta t$ 有关，与区间起点 $t$ 无关；

（4）对充分小的时间区间 $(t, t+\Delta t]$，$N(t) \geq 2$ 的概率极小，可以忽略不计。

**定义：**$\{N(t) | t \in [0, \infty)\}$ 为到达强度为 $\lambda$ 的泊松过程，有以下性质：

（1）$N(0) = 0$；

（2）$\{N(t)\}$ 是独立增量过程；

（3）对任意 $t_1 < t_2 \in (0, \infty)$，对应的增量 $N(t_1, t_2) = N(t_2) - N(t_1)$ 服从参数为 $\lambda(t_2 - t_1)$ 的泊松分布，即

$$P(N(t_1, t_2) = k) = \frac{[\lambda(t_2 - t_1)]^k e^{-\lambda(t_2 - t_1)}}{k!}, k = 0, 1, 2, \cdots, \lambda > 0$$

均值为 $E[N(t_1, t_2)] = \lambda(t_2 - t_1)$，方差为 $D[N(t_1, t_2)] = \lambda(t_2 - t_1)$。

泊松到达过程中，设 $A_n$ 为顾客 $n$ 和 $n-1$ 之间的到达时间间隔，$A_n = t_n - t_{n-1}$，则 $\{A_1, A_2, A_3, \cdots, A_n\}$ 为随机变量。对于顾客相继到达的时间间隔，有如下定理：

$\{N(t) | t \in [0, \infty)\}$ 为到达的顾客数服从到达率为 $\lambda$ 的泊松过程的充要条件是：顾客相继到达的时间间隔 $A_n$ 相互独立且服从以 $\lambda$ 为参数的指数分布，即若

$$P(N(t) = k) = \frac{(\lambda t)^K e^{-\lambda t}}{k!}, k = 0, 1, 2, \cdots, \lambda > 0$$

则

$$F(t) = \begin{cases} 1 - e^{-\lambda t}, t > 0, \lambda > 0 \\ 0, t \leq 0 \end{cases}$$

**例3.1** 设某网站点击率符合泊松到达过程，平均每分钟点击4次，设 $N(t)$ 为在 $(0, t]$ 时间段内点击次数，试求：

（1）$N(t)$ 的均值、方差；

（2）在第3分钟到第5分钟之间点击数的概率分布；

（3）在第3分钟到第5分钟之间点击数为0次、2次的概率。

**解：** 由题意，$\{N(t) | t \in [0, \infty)\}$ 为一泊松过程，单位时间到达率 $\lambda = 4$ 次/分钟。对任

意固定的 $t$，$N(t)$ 服从参数为 $4t$ 的泊松分布，即

$$N(t) \sim P(4t)$$

$$P(N(t)=k) = \frac{(\lambda t)^k e^{-\lambda t}}{k!}, k=0,1,2,\cdots$$

（1）$N(t)$ 的均值、方差。

均值：$E(t) = \lambda t = 4t$

方差：$D(t) = \lambda t = 4t$

（2）在第3分钟到第5分钟之间点击数的概率分布：

$$P(N(3,5)=k) = P(N(5)-N(3)=k) = P(N(5-3)=k)$$

$$= P(N(2)=k) = \frac{(4\times 2)^k e^{-4\times 2}}{k!} = \frac{8^k e^{-8}}{k!}, k=0,1,2,\cdots$$

（3）在第3分钟到第5分钟之间点击数为0次、2次的概率：

$$P(N(5-3)=0) = P(N(2)=0) = \frac{8^0 e^{-8}}{0!} = \frac{1}{e^8} = 3.335\times 10^{-4}$$

$$P(N(5-3)=2) = P(N(2)=2) = \frac{8^2 e^{-8}}{2!} = \frac{32}{e^8} = 1.073\times 10^{-2}$$

**例3.2** 某社区诊所，设病人的到达过程符合泊松到达，病人到达的间隔时间平均值为2.4分钟。求：

（1）1小时内病人到达数为0、1、2、25的概率；

（2）如果有一位病人已经到达，则在未来5分钟内再来一位病人的概率。

**解**：由题意，$\{N(t)|t\in[0,\infty)\}$ 为一泊松过程，单位时间到达率 $\lambda = 25$ 人/小时。对任意固定的 $t$，$N(t)$ 服从参数为 $25t$ 的泊松分布，即

$$N(t) \sim P(25t)$$

$$P(N(t)=k) = \frac{(25t)^k e^{-25t}}{k!}, k=0,1,2,\cdots$$

（1）在 $t=1$ 小时时间内有 $k$ 位顾客到达的概率符合泊松分布。

$$P(N(1)=k) = \frac{25^k e^{-25}}{k!}, k=0,1,2\cdots$$

将 $k=0$、1、2、25代入，可以求得1小时内病人到达数为0、1、2、25的概率。

$$P(N(1)=0) = \frac{25^0 e^{-25}}{0!} = e^{-25} = 1.388\times 10^{-11}$$

$$P(N(1)=1) = \frac{25^1 e^{-25}}{1!} = 25\times e^{-25} = 3.472\times 10^{-10}$$

$$P(N(1)=2) = \frac{25^2 e^{-25}}{2!} = 312.5\times e^{-25} = 4.339\times 10^{-9}$$

$$P(N(1)=25) = \frac{25^{25} e^{-25}}{25!} = 0.079$$

（2）每单位时间（分钟）的到达率 $\lambda = 1/2.4 = 0.416$，该到达的指数分布表示式为
$$F(t) = 1 - e^{-\lambda t} = 1 - e^{-0.416t} \quad t > 0$$
在未来5分钟内再来一位病人（即下一病人到达）的概率：
$$F(t) = 1 - e^{-0.416 \times 5} = 1 - 0.124 = 0.876$$

**例3.3** 设乘客到达某汽车站符合泊松到达过程，平均每10分钟到达5位顾客，试求20分钟内至少有10位顾客到达汽车站的概率。

**解**：设 $N(t)$ 为在 $(0, t]$ 时间段内到达汽车站的人数，则 $\{N(t) | t \in [0, \infty)\}$ 为一泊松过程。单位时间到达率 $\lambda = 5/10 = 0.5$ 人/分钟。对任意固定的 $t$，$N(t)$ 服从参数为 $\lambda t$ 的泊松分布，即
$$N(t) \sim P(0.5t)$$
$$P(N(t) = k) = \frac{(\lambda t)^k e^{-\lambda t}}{k!}, k = 0, 1, 2, \cdots$$
于是，
$$P(N(20) \geq 10) = \sum_{k=10}^{\infty} \frac{(0.5 \times 20)^k e^{-0.5 \times 20}}{k!} = 1 - \sum_{k=0}^{9} \frac{(10)^k e^{-10}}{k!}$$
$$= 1 - e^{-10} \left[ \frac{(10)^0}{0!} + \frac{(10)^1}{1!} + \frac{(10)^2}{2!} + \cdots + \frac{(10)^9}{9!} \right]$$
$$= 1 - e^{-10} (1 + 10 + 50 + \cdots + 2\,755.731)$$
$$= 1 - e^{-10} \times 10\,086.568 = 1 - 0.457 = 0.543$$

**5. 排队过程和排队规则**

排队过程是顾客在队列中等待服务开始的活动。它是从顾客进入等待队列开始到离开队列去接受服务为止的过程。排队中的顾客也可能选择离开系统、离开队列或转移队列。

排队规则是顾客在队列中等待服务开始的逻辑次序，它决定当服务台空闲时哪一个顾客被选择接受服务。常用的排队规则有：先到先服务（first come first service，FCFS）或先进先出（first in first out，FIFO）、后到先服务（last come first service，LCFS）或后进先出（last in first out，LIFO）、随机服务（service in random order，SIRO）、最短处理时间（shortest processing time，SPT）服务、按优先级（priority，PR）服务等。

**6. 服务时间**

服务时间指顾客接受服务所需要的时间长度，包括固定服务时间和随机服务时间。随机服务时间的分布有指数分布、爱尔朗分布、正态分布、韦布尔分布和伽马分布等。

### 7. 服务设施

服务设施或服务机构是指服务的结构。服务结构指服务台的组成情况，除了单服务台外，还包括多服务台、并行串行服务台、网络服务台等服务结构。图3.3为具有并联串联结构服务台的排队系统举例。

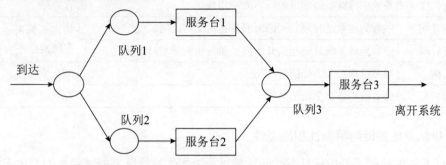

图 3.3　具有并联串联结构服务台的排队系统举例

### 8. 排队系统的标注记号

戴维·乔治·肯德尔（David George Kendall，1953）提出了描述一个平行排队系统的记号体系，1971年扩充为X/Y/Z/A/B/C。各符号含义说明如下。

X：符号，代表顾客到达间隔时间分布类型；Y：符号，代表服务时间分布类型。X、Y取M是指服从指数分布模式，D是指确定性模式，G是一般分布函数。Z：数字，是指并行服务台的数目；A：数字，指系统容量（队列中的顾客数加上正在接受服务的顾客数）；B：数字，指顾客总体的数量，如果系统容量和顾客总体数量无限制，则用符号∞表示。C：符号，代表服务规则，如FCFS、LCFS等。

例如，M/M/1/∞/∞/FCFS表示排队系统的顾客到达间隔时间为指数分布（泊松到达模式）、服务时间为指数分布、单服务台、系统容量无限、潜在到达顾客无限、服务规则为先到先服务。一般地，系统容量无限、顾客总体无限、服务规则为先到先服务的标注可以省略，于是，该排队系统可简写为M/M/1。又如，M/M/c/N表示排队系统为泊松到达过程、指数服务时间、c个服务台、系统容量为N、顾客总体为无限、先到先服务。

## 3.2.3　排队系统的性能指标

### 1. 排队系统的性能评价指标

排队系统的运行状况是指在排队系统的运行方面，顾客、服务台、服务组织所关心的那些问题，称为排队系统的性能。排队系统的性能评价指标是排队系统设计与改善的依据。排队系统评价指标的定义及对服务系统的意义如表3.2所示。

表 3.2　排队系统的评价指标的定义及对服务系统的意义

| 性能指标 | 定义 | 意义 |
| --- | --- | --- |
| 系统队长 | 系统中的平均顾客数（排队等待的顾客和正在接受服务的顾客之和），系统中顾客数的期望值 | 顾客和服务机构都关心，反映系统空间是否合理 |
| 排队长度 | 系统中排队等待服务的顾客的平均数 | |
| 逗留时间 | 顾客到达系统时刻起到结束服务止的平均时间长度 | 顾客最为关心，反映系统的服务水平 |
| 等待时间 | 顾客到达系统时刻起到开始接受服务止的平均时间长度 | |
| 忙期 | 服务机构连续忙碌的时间 | 服务机构关心，反映系统的服务强度 |
| 闲期 | 服务机构连续空闲的时间 | |

**2. 排队系统性能的瞬态性和稳态性**

排队系统的性能评价指标具有时间依赖性。以顾客的排队等待时间为例，由于顾客到达的随机性，在不同时刻，顾客的排队等待时间有所不同。一般地，任何一个排队系统的性能指标的变动情况都会经历两个阶段：排队系统在运行开始后的初期阶段，各项指标受初始条件的影响较显著，这一阶段为过渡阶段，称为瞬态阶段。但在经过足够长的运行时间后，系统处于稳定状态时，各项性能指标不再与时间有关，这一阶段称为稳态阶段。

显然，排队系统的运行性能要从稳态和瞬态两个方面衡量。瞬态性能指标是指系统在某个时刻，处于某种性能状态的概率，具有动态性。稳态性能指标是指系统在足够长的时间后，处于稳定状态时的性能状态的概率，具有稳定性。这两个阶段的性能指标都很重要。相对而言，对瞬态性能指标的分析要更为复杂一些。在对系统固有特性的分析中，人们更关心系统的稳态性能指标。

所以，在分析排队系统的性能时，一方面要掌握性能评价指标的不同计算方法，另一方面还要考虑在不同运行阶段的系统性能指标值。这样才能全面地评价排队系统的运行状况。

**3. 系统队长和排队长度**

系统队长即系统中的顾客数。排队长度为系统中排队等待服务的顾客数。设时刻 $t$ 系统中的顾客数为 $L(t)$，则 $[0,T]$ 时段内系统中的平均顾客数 $L$ 定义为

$$L = \frac{1}{T}\int_0^T L(t)\mathrm{d}t$$

设上式中时间 $T$ 足够长时，系统中的顾客数 $L(t)$ 趋近于系统队长的期望值。在实际的模拟过程中，$L(t)$ 被划分为若干时间段 $T_i$，设 $[0,T]$ 时间段被划分为 $m$ 个子时间段 $T_i$（$i=1,2,\cdots m$），各个时间段的顾客数为 $L(i)$，则系统中的平均顾客数 $L$ 定义为

$$L = \frac{1}{T}\sum_{i=1}^{m} L(i)T_i$$

同理，设时刻 $t$ 系统中的等待顾客数为 $L_Q(t)$，将 $[0,T]$ 时段划分为 $m$ 个子时间段 $T_{Qi}$，各子时间段内系统的平均等待顾客数为 $L_Q(i)$，则 $[0,T]$ 时段内系统的平均等待顾客数 $L_Q$ 为

$$L_Q = \frac{1}{T}\int_0^T L_Q(t)\mathrm{d}t = \frac{1}{T}\sum_{i=1}^m L_Q(i)T_{Qi}$$

**4. 逗留时间和等待时间**

逗留时间即顾客在系统中的经历时间。设时段 $[0,T]$ 内在系统中逗留的顾客数为 $N$，顾客 $i$ 在系统中的逗留时间为 $W_i$，则顾客在系统中的平均逗留时间 $w_{(T)}$ 定义为

$$w_{(T)} = \frac{1}{N}\sum_{i=1}^N W_i$$

设上式中时间 $T$ 足够长时，顾客在系统中的稳态平均逗留时间趋近于期望值 $w$。

同理，设时段 $[0,T]$ 内在系统中排队的顾客数为 $N$，顾客 $i$ 的等待时间为 $W_{qi}$，则顾客在系统中的平均等待时间 $w_{q(T)}$ 定义为

$$w_{q(T)} = \frac{1}{N}\sum_{i=1}^N W_{qi}$$

**5. 服务台利用率**

设区间 $[0,T]$ 的服务台利用率为 $\rho_{(T)}$，其稳态服务台利用率为 $\rho$。设

$$B(t) = \begin{cases} 1, & \text{服务台忙} \\ 0, & \text{服务台空闲} \end{cases},$$

则 $\rho_{(T)} = \frac{1}{T}\int_0^T B(t)\mathrm{d}t$。

当上式中时间 $T$ 足够长时，服务台利用率 $\rho_{(T)}$ 趋近于稳态服务台利用率 $\rho$。

**例3.4** 一个排队系统在 $[0,20]$ 时间段内，顾客数 $L(t)$ 随时间的变动过程以及顾客在系统的平均逗留时间 $W_i$（$i=1,2,\cdots,5$）如图3.4所示。试求系统中的平均顾客数 $L$、平均逗留时间 $w$ 以及服务台利用率 $\rho$。

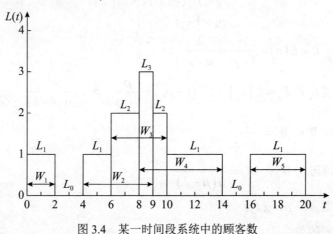

图 3.4 某一时间段系统中的顾客数

**解**：由图3.4可以求得：

系统中的平均顾客数 $L$：

$$L = \frac{\sum_{i=0}^{3} L_i \times T_i}{T} = (0 \times 4 + 1 \times 12 + 2 \times 3 + 3 \times 1)/20 = 21/20 = 1.05$$

顾客在系统中的平均逗留时间 $w$：

$$w = \frac{\sum_{i=1}^{5} W_i}{N} = (2 + 5 + 4 + 6 + 4)/5 = 21/5 = 4.02$$

设当 $B(t) = 1$ 的时间长度为 $T_B$，$T_B = 16$，则服务台利用率 $\rho$：

$$\rho = T_B / T = 16/20 = 0.80$$

### 3.2.4 M/M/1模型

在M/M/1模型中，顾客到达模式为平稳泊松到达。在 $t$ 时刻到达 $n$ 个顾客的概率服从泊松分布 $POIS(\lambda)$，相继两个顾客到达的时间间隔服从指数分布 $EXPO(\lambda)$，服务时间服从服务率为 $\mu$ 的指数分布 $EXPO(\mu)$，服务规则为先到先服务。以下利用排队论方法求解M/M/1排队系统的稳态性能指标。系统性能指标要求模型满足归一化条件和参数条件，即

$$\sum_{n=0}^{\infty} P_n = 1$$

$$\rho = (\lambda/\mu) < 1$$

其中，$n$ 为系统中的顾客数；$\lambda$ 为单位时间内到达的顾客数，即顾客到达的平均速度；$\mu$ 为平均服务速度；$P_n$ 为顾客数为 $n$ 的稳态概率；$\rho$ 为服务台的利用率。

M/M/1模型中，系统中顾客数为 $n$ 的稳态概率 $P_n$：

$$P_n = \rho^n (1-\rho), \ n \geq 1$$

$$p_0 = 1 - \rho$$

系统队长 $L$：$L = E(n) = \dfrac{\rho}{1-\rho} = \dfrac{\lambda}{\mu - \lambda}$

系统排队长度 $L_q$：$L_q = E(n_q) = L - (1 - p_0) = \dfrac{\rho}{1-\rho} - \rho = \dfrac{\lambda^2}{\mu(\mu - \lambda)}$

系统逗留时间 $W$：$W = \dfrac{1}{\mu - \lambda}$

系统平均等待时间 $W_q$：$W_q = \dfrac{\lambda}{\mu(\mu - \lambda)}$

服务台利用率 $\rho$：$\rho = \lambda / \mu$

上述各指标间的关系为

$$\lambda W_q = L_q, \quad \lambda W = L, \quad W = W_q + 1/\mu, \quad L = L_q + \rho = L_q + \lambda/\mu$$

图3.5为服务台利用率 $\rho$ 与 $L_q$ 的关系。

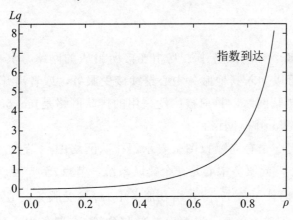

图 3.5　服务台利用率 $\rho$ 与 $L_q$ 的关系

**例3.5**　设某加油站只有一个加油泵，来该站加油的车辆到达模式为泊松到达，到达率 $\lambda$=15辆/小时。加油时间服从负指数分布，平均服务时间为3分钟/辆。

试求系统的稳态指标：$L$、$L_q$、$W$、$W_q$、$P\{n=1\}$、$P\{n>4\}$、$P\{W>15\text{分钟}\}$。

**解：**已知 $\lambda$=15辆/小时，$\mu$=3分钟/辆=20辆/小时，故

$$\rho = (\lambda/\mu) = 15/20 = 0.75$$

（1）$L = \dfrac{\rho}{1-\rho} = \dfrac{\lambda}{\mu-\lambda} = \dfrac{15}{20-15} = 3$（辆）

（2）$L_q = \dfrac{\rho}{1-\rho} - \rho = \dfrac{\lambda^2}{\mu(\mu-\lambda)} = \dfrac{15^2}{20(20-15)} = \dfrac{225}{100} = 2.25$（辆）

（3）$W = \dfrac{1}{\mu-\lambda} = \dfrac{1}{20-15} = 0.2$（小时）

（4）$W_q = \dfrac{\lambda}{\mu(\mu-\lambda)} = \dfrac{15}{20(20-15)} = \dfrac{15}{100} = 0.15$（小时）

（5）由 $P_n = \rho^n(1-\rho)$，$p_0 = 1-\rho$，得

$$P\{n=1\} = \rho(1-\rho) = (3/4)\times(1-3/4) = 3/16 = 0.188$$

（6）同理

$$P\{n>4\} = \sum_{n=5}^{\infty} P_n = \sum_{n=5}^{\infty} \rho^n(1-\rho) = \rho^5(1-\rho) + \rho^6(1-\rho) + \rho^7(1-\rho) + \cdots$$

$$= \rho^5(1-\rho)(1+\rho+\rho^2+\rho^3+\cdots) = \rho^5 = (3/4)^5 = 0.237$$

（7）由 $W = \dfrac{1}{\mu-\lambda}$ 可知：顾客的逗留时间服从参数为 $\mu-\lambda$ 的负指数分布。于是

$$P\{W>15\text{分钟}\} = P\{W>1/4\text{ 小时}\} = 1 - P\{W \leq 1/4\text{ 小时}\}$$

$$= 1 - \left[1 - e^{-(\mu-\lambda)W}\right] = e^{-(20-15)\times 0.25} = 0.286$$

### 3.2.5 排队网络

**1. 基本概念**

排队网络是指多个排队服务中心互相连接所组成的网络,其中任何一个服务中心所服务完的顾客可以加入其他服务中心继续接受服务,或者离开排队网络。Jackon(1957)最早研究排队网络,目前被广泛采用的排队网络是Jackon网络、BCMP网络等。本书简要介绍Jackon排队网络。

排队网络可以用一个有向赋权图来表示。排队网络图={节点,有向弧,权}。节点代表一个服务中心,此服务中心是一个排队系统。节点$i$到节点$j$的弧代表在服务中心$i$服务完的顾客,前往服务中心$j$,再在服务中心$j$接受服务。节点$i$到节点$j$的权$p_{ij}$代表在服务中心$i$服务完的顾客,以概率$p_{ij}$转移到第$j$个服务中心。显然,$p_{ij} \geq 0$,且$\sum_j p_{ij} = 1$。$p_{ij} = 0$表示从$i$到$j$没有弧。

**2. Jackon开环排队网络**

具有多个M/M/c特性的服务中心组成的网络称为Jackon排队网络。Jackon排队网络包括Jackon开环排队网络、Jackon闭环排队网络。图3.6为Jackon开环排队网络。

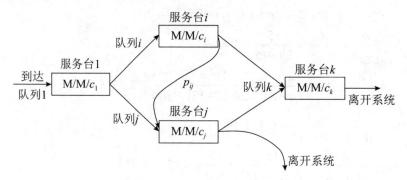

图 3.6  Jackon 开环排队网络

Jackon开环排队网络的属性:网络中有$m$个服务中心,每个服务中心为M/M/c排队系统,所有的服务规则是FIFO。对第$i$个服务中心,顾客的到达和服务是彼此独立的。顾客在第$i$个服务中心接受服务后,或者以概率$p_{ij}$转移到第$j$个服务中心,或者以概率$p_{i0}$离开系统。每个服务中心的缓冲容量无限制,即系统不会发生堵塞现象。

**3. Jackon闭环排队网络**

Jackon闭环排队网络是Jackon开环排队网络的特例。在Jackon开环排队网络中,如果没有输入、输出,就变成Jackon闭环排队网络。图3.7为Jackon闭环排队网络。在Jackon闭环排队网络中,顾客总人数$N$保持恒定不变,各服务中心的顾客数概率分布不再是独立的。

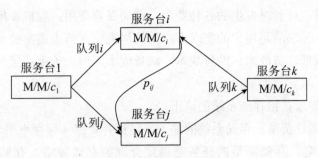

图 3.7 Jackon 闭环排队网络

**4. 排队系统的模拟分析方法**

一般地,一个排队系统可以用排队网络模型表示。采用解析法的主要优点是在某种情况下,可以得到稳态状态的解析解,但其局限在于对系统中的随机特性有比较严格的要求,如平稳、独立、各态经历等,且随机变量仅仅限于几类典型的随机分布。因此,解析法难以用于一些实际的排队系统的建模。对于复杂随机的实际排队系统,利用系统模拟是一个较好的研究方法。

扩展阅读3.1
基于排队论的服务资源可用性相关研究综述

案 例 分 析

## 3.3 存储系统

### 3.3.1 存储系统的构成

存储系统是实际生活中常见的系统。一个典型的存储系统的活动过程如图3.8所示,它包括两个过程:补充过程、需求过程。补充过程是使存储量(又称库存量)增加的各种活动,包括订购、生产、运输等。需求过程则是使库存量减少的各种活动,包括使用、出售和耗费物资等。将需求过程、补充过程以及需求与补充两种因素的相互作用所组成的系统称为存储系统。

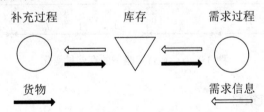

图 3.8 存储系统的活动过程

**1. 存储系统的基本要素**

(1) 存储系统的目标。存储系统的目标是利润极大化、费用极小化。如何使库存总成本最低往往是库存决策的主要目标。

(2) 存储系统的费用组成。存储系统的费用包括:物品费用:购买物资花费的成本；订货采购费用：订货时发生的各种费用；存储保管费用：物资在库存过程中发生的成本；缺货费用：无法满足用户的需求而产生的损失。在需求确定的前提下，增大每次订货批量有利于减低订货成本、购置成本、缺货成本，但由于库存量的增加常常导致保管成本的上升。

（3）需求。需求是指存储系统的输出。

（4）补货量或订货量。存储系统的输入，包括补货点（库存水平）及补货量。

（5）存储策略。存储决策的任务是确定合理的存储策略。存储策略是决定何时补充、每次补货多少的策略，常见的存储策略包括周期检查策略 $(t_0,s,S)$、连续检查策略 $(s,S)$。

### 2. 存储的周期检查策略

周期检查策略是每隔 $t_0$ 时间间隔检查一次存储量 $I_j$，如其在订货点 $s$ 或以下，则进行订货使存储量达到目标水平 $S$。订货量 $Q_j$ 的确定方法为

$$Q_j = \begin{cases} 0 & \text{if } I_j > s \\ S - I_j & \text{if } I_j \leq s \end{cases}$$

周期检查策略由 $t_0$、$s$、$S$ 三个参数表示，也称 $(t_0,s,S)$ 策略。图3.9为周期检查 $(t_0,s,S)$ 策略下的存储量变化示意图。

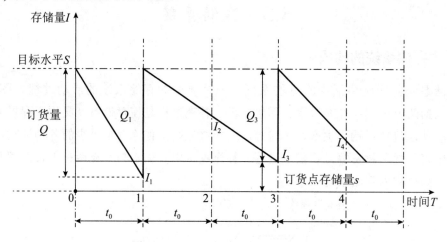

图 3.9 $(t_0,s,S)$ 策略下的存储量变化

### 3. 存储的连续检查策略

连续检查策略是在所有时间监控存储量，在任何时间 $t$，当存储量 $I(t)$ 降到订货点 $s$ 或以下时，则发出订货单位为 $Q(t) = S - I(t)$ 的订货请求，使存储水平达到 $S$。图3.10为连续检查策略下存储量变化示意图。连续检查策略又称为 $(s,S)$ 策略。

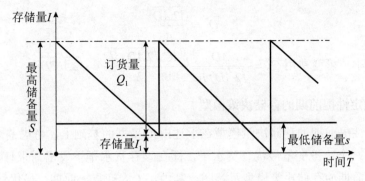

图 3.10 $(s,S)$ 策略下存储量的变化

### 3.3.2 确定性存储系统模型

确定性存储系统模型考虑需求和提前期已知的情况,它是理解其他复杂模型的基础。下面分三种情况进行介绍:没有缺货和零提前期的存储决策模型,具有确定性提前期的存储决策模型,具有延期交货和确定性提前期的存储决策模型。

**1. 没有缺货和零提前期的存储决策模型**

该模型为基本库存决策模型,又称经济订货批量(economic order quantity,EOQ)模型。模型假设为需求确定,无缺货费用,无预订期。图3.11所示为经济订货批量模型库存量变动示意图。

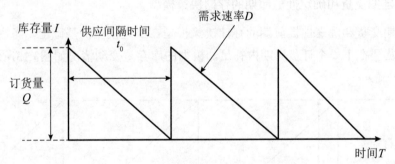

图 3.11 经济订货批量模型库存量变动

每周期的总可变费用为 $C_T =$ 订货采购费用 $C_P +$ 存储费用 $C_H$。

订货采购费为 $C_P = \dfrac{A \times D}{Q}$,其中,$A$ 为每次订货费用,$D$ 为每周期的需求量,$Q$ 为订货量。

存储费用为 $C_H = \dfrac{Q \times i \times C}{2}$,其中,$i$ 为存储保管费用率,$C$ 为物品的费用。

于是,$C_T = \dfrac{AD}{Q} + \dfrac{QiC}{2}$。

对 $Q$ 求导,$\dfrac{\mathrm{d}C_T}{\mathrm{d}Q} = -\dfrac{AD}{Q^2} + \dfrac{iC}{2} = 0$,得到经济订货批量最优值为

$$Q^* = \sqrt{\frac{2AD}{iC}}$$

此时的最小总可变费用 $C_T^* = \dfrac{AD}{\sqrt{2AD/iC}} + \dfrac{iC\sqrt{2AD/iC}}{2} = \sqrt{2AiCD}$。

### 2. 具有确定性提前期的存储决策模型

具有确定性提前期的存储决策模型在上述EOQ模型的基础上，考虑需求滞后到达的情况，追加了一个决策变量最优订货水平，即在该存货水平下发出需求订单。图3.12为具有确定性提前期的存储决策模型示意图，其中，$L$ 为订货提前期。最优订货水平 $R$ 为

$$R = Q \times \frac{L}{t_0}$$

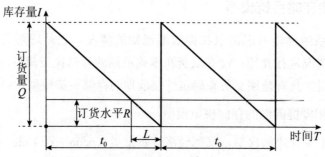

图 3.12  具有确定性提前期的存储决策模型

### 3. 具有延期交货和确定性提前期的存储决策模型

具有延期交货和确定性提前期的存储决策模型在上述模型的基础上，考虑存在缺货的情况，缺货要在下一个订货周期内补足，模型的库存量变动情况如图3.13所示。

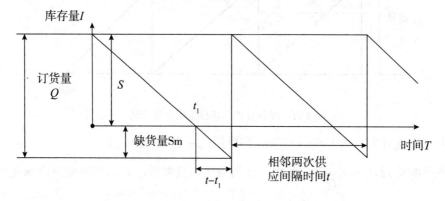

图 3.13  具有延期交货和确定性提前期的存储模型

简化起见，设单位存储费为 $c_1$，每次订货费为 $c_3$，单位缺货损失费为 $c_2$，缺货损失费用为 $C_s$，需求率（单位时间需求）为 $d$，初始存储量为 $S$，可以满足 $t_1$ 时段内的需求，该时段内的平均库存为 $S/2$。在 $t-t_1$ 时段内的存储量为0，平均缺货为 $d(t-t_1)/2$。由于 $S$ 仅能满足 $t_1$ 时段内的需求，故 $S = dt_1$。每周期的总可变费用 $C_T$ 为

$$C_T = \text{订货采购费用 } C_P + \text{存储费用 } C_H + \text{每周期的缺货费用 } C_s$$

每周期的缺货费用 $C_s = \frac{1}{2}c_2 S(t-t_1)^2 = c_2 \frac{(dt-S)^2}{2d}$,每周期的存储费用 $C_H = \frac{1}{2}c_1 S t_1 = c_1 \frac{S^2}{2d}$,

于是,每周期总可变费用

$$C_T = c_1 \frac{S^2}{2d} + c_2 \frac{(dt-S)^2}{2d} + c_3$$

总可变费用是 $S$、$t$ 两者的函数,分别对它们求偏导,令 $\frac{\partial C_T}{\partial S} = 0$,$\frac{\partial C_T}{\partial t} = 0$,得

$$t^* = \sqrt{\frac{2c_3}{c_1 d}} \cdot \sqrt{\frac{c_1+c_2}{c_2}}, \quad S^* = \sqrt{\frac{2c_3 d}{c_1}} \cdot \sqrt{\frac{c_2}{c_1+c_2}}$$

将其代入,得最小总可变费用

$$C_T^* = C(t^*, S^*) = \sqrt{2c_1 c_3 d} \cdot \sqrt{\frac{c_2}{c_1+c_2}}$$

最佳订货批量为:$Q^* = d \cdot t^* = \sqrt{\frac{2c_3 d}{c_1}} \cdot \sqrt{\frac{c_1+c_2}{c_2}}$。

最大缺货量记为 $q^*$,则有

$$q^* = Q^* - S^* = \sqrt{\frac{2c_1 c_3 d}{c_2(c_1+c_2)}}$$

### 3.3.3 随机性存储系统模型

**1. 概述**

在实际的存储系统中,需求和订货提前期往往是随机变量,因此需要在建模中能反映不确定性环境,构建随机性存储模型。随机性存储模型较为复杂,本书介绍两类主要的随机存储模型:单周期存储模型和多周期存储模型。

**2. 单周期存储模型**

单周期存储模型又称单订货模型,模型假定周期末的库存货物对下一个周期没有任何价值。该模型研究的是仅有一次机会存储起来以供需求的产品,如海产、山货、时装、生鲜食品和报纸等短销售周期产品。换句话说,它是由于产品的特殊性质或需求的特殊情况,以致产品不能存贮的一类问题。此类问题还称为报童问题(newsboy problem)或报贩问题(newsvendor problem),因为报童手中今天的报纸若卖不完明天就没有用了。

经典报童问题定义:一位报童从报刊发行处订报后零售,每卖出一份可获利 $a$ 元,若订报后卖不出去,则退回发行处,每份将要赔钱 $b$ 元。那么报童如何根据以往的卖报情况,推算出使每天收益达到最大的订报量 $Q$?

经典报童问题即单周期存储问题,研究的是面对随机需求量,零售商应该订购多少

产品以获得最大的利润。报童需决策的问题是一个关于订购量最优化的问题，优化问题的目标函数等于每天收入的期望。因此，需要考虑供过于求和供不应求的两种情况。

设在整个需求期内只订购一次货物，订货量为 $Q$，订购费和初始库存量均为0，每单位产品的购价（成本）为 $C$。需求量 $X$ 为唯一连续型随机变量，其概率密度为 $f(x)$。当货物售出时，每单位产品的售价为 $U$。需求结束时，没有卖出的货物不存储而是折价出售，单位售价是 $V(V<U)$。试求订购量 $Q$，以使期望利润最大。

首先注意到，当需求量 $X=x$ 为确定时，售出货物数量取决于需求量 $x$ 和订购量 $Q$，即

$$\text{售出货物数} = \begin{cases} x, & \text{若 } x \leq Q \\ Q, & \text{若 } x > Q \end{cases}$$

此时利润 $F$ 同样是 $Q$ 和 $x$ 的函数，并有

$$F(Q,x) = \begin{cases} Ux + V(Q-x) - CQ, & \text{若 } x \leq Q \\ UQ - CQ, & \text{若 } x > Q \end{cases}$$

因需求量 $X$ 为随机变量，故对于给定的 $Q$，其期望利润为

$$\begin{aligned} E[F(Q)] &= \int_0^Q [Ux + V(Q-x) - CQ] f(x) \mathrm{d}x + \int_Q^\infty [UQ - CQ] f(x) \mathrm{d}x \\ &= \int_0^Q [(U-V)x + VQ] f(x) \mathrm{d}x + \int_Q^\infty UQ f(x) \mathrm{d}x - CQ \\ &= (U-C)Q - (U-V) \int_0^Q (Q-x) f(x) \mathrm{d}x \end{aligned}$$

为求最优订购量 $Q$，对上式求关于 $Q$ 的一次导数和二次导数。

由 $\dfrac{\mathrm{d}E[F(Q)]}{\mathrm{d}Q} = (U-C) - (U-V) \int_0^Q f(x) \mathrm{d}x = 0$，可得

$$\int_0^Q f(x) \mathrm{d}x = \frac{U-C}{U-V} \tag{3.1}$$

$$\frac{\mathrm{d}^2 E[F(Q)]}{\mathrm{d}Q^2} = -(U-V) f(Q) < 0$$

综合上述二式，表明满足式（3.1）的 $Q$ 具有最大的期望利润。

**例3.6** 设某商品在销售旺季，其需求量服从在 [10,15]（单位：千克）中的均匀分布律。商品的进货价格为每千克12.5元，售价为每千克15元。若旺季结束时，商品仍有剩余则以每千克11.25元处理掉。若不计缺货损失，订购费用亦忽略不计，试求订购数 $Q$，以使期望利润为最大。

**解**：由上述推导知，使期望利润为最大的 $Q$，应满足式（3.1）：

$$U = 15, C = 12.5, V = 11.25, f(x) = 1/(15-10) = 1/5$$

$$\int_{10}^Q \frac{1}{5} \mathrm{d}x = \frac{U-C}{U-V} = \frac{15-12.5}{15-11.25} = \frac{2.5}{3.75} = 2/3$$

$$\frac{1}{5}(Q-10) = \frac{2}{3}$$

解上式方程，可得最优订购量 $Q = 13\frac{1}{3}$ 千克。

**3. 多周期存储模型**

多周期存储模型解决多周期随机存储决策问题，但要解决的内容依然是何时订货和每次的订货量。该模型比较复杂，本书讨论一种需求是随机连续情况下的 $(s,S)$ 模型。设货物的单位成本为 $K$，单位存储费为 $c_1$，单位缺货损失费为 $c_2$，每次订货费为 $c_3$，需求 $r$ 是连续的随机变量，概率密度为 $\varphi(r)$，分布函数为 $F(a) = \int_0^a \varphi(r)\mathrm{d}r (a>0)$，期初存储量为 $I$，订货量为 $Q$。如何确定订货量 $Q$，使损失的期望值最小或盈利的期望值最大。

本阶段所需的各种费用可表示如下。

（1）订购费：$c_3 + KQ$。

（2）存储费：当需求 $r < I+Q$ 时，未能售出的部分应存储起来，故应付存储费。当 $r \geq I+Q$ 时，不需要付存储费，于是所需存储费的期望值为

$$\int_0^S c_1(S-r)\varphi(r)\mathrm{d}r$$

其中，$S = I+Q$ 为最大存储量。

（3）缺货损失费：当需求 $r > I+Q$ 时，$(r-S)$ 部分需付缺货损失费，其期望值为

$$\int_S^\infty c_2(r-S)\varphi(r)\mathrm{d}r$$

本阶段所需总费用的期望值为

$$C(S) = c_3 + KQ + \int_0^S c_1(S-r)\varphi(r)\mathrm{d}r + \int_S^\infty c_2(r-S)\varphi(r)\mathrm{d}r$$

$$= c_3 + K(S-I) + \int_0^S c_1(S-r)\varphi(r)\mathrm{d}r + \int_S^\infty c_2(r-S)\varphi(r)\mathrm{d}r$$

为求 $C(S)$ 的极小值，令其对 $S$ 求导，得

$$\frac{\mathrm{d}C(S)}{\mathrm{d}S} = K + c_1\int_0^S \varphi(r)\mathrm{d}r - c_2\int_S^\infty \varphi(r)\mathrm{d}r$$

再由 $\frac{\mathrm{d}C(S)}{\mathrm{d}S} = 0$，有

$$\int_0^S \varphi(r)\mathrm{d}r = \frac{c_2 - K}{c_1 + c_2}$$

即

$$F(S) = \frac{c_2 - K}{c_1 + c_2}$$

记 $N = \frac{c_2 - K}{c_1 + c_2}$，称为临界值。

为得出本阶段的存储策略，可先由上式确定 $S$ 的值，再由 $Q^* = S - I$ 确定最佳订货批量。本模型中有订货费 $c_3$，如果本阶段不订货，就可以节省订货费 $c_3$，从而需要考虑原

存储量 $I$ 达到什么水平时可以不订货。假设这一水平是 $s$，每阶段初期检查存储量，当库存 $I < s$ 时需订货，订货数量为 $Q = S - I$；当库存 $I \geq S$ 时，本阶段不订货。显然，在 $s$ 和 $S$ 点，总费用的期望值有如下的关系：

$$Ks + c_1 \int_0^S (s-r)\varphi(r)\mathrm{d}r + c_2 \int_S^\infty (r-s)\varphi(r)\mathrm{d}r$$
$$\leq c_3 + KS + c_1 \int_0^S (S-r)\varphi(r)\mathrm{d}r + c_2 \int_S^\infty (r-S)\varphi(r)\mathrm{d}r$$

因此一定能找到一个使上式成立的最小的 $r$ 作为 $s$。

**例3.7** 某商店经销一种台式电脑，每台进货价为4 000元，单位存储费为60元，如果缺货，商店为了维护自己的信誉，以每台4 300元向其他商店进货后再卖给顾客，每次订购费为5 000元。根据统计资料分析，这种台式电脑的销售量服从区间[75,100]内的均匀分布，即

$$\varphi(r) = \begin{cases} \dfrac{1}{25}, & 75 \leq r \leq 100 \\ 0, & 其他 \end{cases}$$

假定期初无库存。试确定最佳订货量及 $s$，$S$。

**解**：已知 $K = 400, c_1 = 60, c_2 = 4\,300, c_3 = 5\,000, I = 0$。临界值为

$$N = \frac{c_2 - K}{c_1 + c_2} = \frac{4\,300 - 4\,000}{60 + 4\,300} \approx 0.069$$

即 $\int_0^S \varphi(r)\mathrm{d}r = \int_{75}^S \dfrac{1}{25}\mathrm{d}r = 0.069$。所以，$S = 76.7$，最佳订购批量为

$$Q^* = S - I = 76.7 - 0 \approx 77 \text{（台）}$$

将 $s$ 和 $S$ 点总费用的期望值的关系视为等式求解，即

$$4\,000s + 60\int_0^S (s-r)\frac{1}{25}\mathrm{d}r + 4\,300\int_S^{100} (r-s)\frac{1}{25}\mathrm{d}r$$
$$= 5\,000 + 4\,000 \times 76.7 + 60\int_{75}^{76.7}(76.7-r)\frac{1}{25}\mathrm{d}r + 4\,300\int_{76.7}^{100}(r-76.7)\frac{1}{25}\mathrm{d}r$$

经积分和整理后，得方程：

$$87.2s^2 - 13\,380s + 508\,258 = 0$$

解得：$s = 84.3$ 或 $s = 69.2$，由于 $84.3 > S = 76.7$，不合题意，应舍去。所以 $s = 69.2 \approx 70$。

因此最优策略是：最佳订购批量 $Q^* = 77$，最大库存量 $S = 77$，最低库存量 $s = 70$。

**4. 存储系统的模拟分析**

在前述的模型中，随机需求的 $(t_0, s, S)$ 策略模型和 $(s, S)$ 策略模型和实际的存储系统最接近。本节虽然说明了数学解析模型求解的方法，但由于实际的存储系统的动态性和随机性，这些模型直接得到的策略并不符合实际。$(s, S)$ 策略在实际中经常被采用，但其策略变量通常是任意的，$(s, S)$ 策略的推导比较困难。于是，系统模拟成为研究实际存储策略的较好的方法。

## 3.4 网络计划模型

### 3.4.1 基本概念

网络计划方法是利用网络图表达计划任务的进度安排及其各项作业之间的相互关系，进而对网络图分析并计算网络图时间值，确定关键工序及关键路线，求出工期，并运用一定的技术组织优化方案的方法。网络计划有利于对计划进行控制、管理、调整和优化，以便更清晰地了解工作之间相互联系和相互制约的逻辑关系，掌握关键工作和计划的全盘情况。表3.3为网络计划方法的主要类型。

表3.3 网络计划方法的主要类型

| 序号 | 名称 | 特点 |
| --- | --- | --- |
| 1 | 节点式网络图AON（activity-on-node network） | 节点表示活动（activity），箭线表示事件（event） |
| 2 | 决策关键线路法（DCPM） | 在模型中引入决策节点 |
| 3 | 综合网络技术模型（GNA） | 引入概率节点或概率边线 |
| 4 | 随机网络模型（GERT） | GNA的发展。各参数都可具有随机性 |
| 5 | 关键路径法/计划评审技术（CPM/PERT） | 只能表示前面活动结束后，后面的活动才能开始这一类项目 |
| 6 | 风险评审技术（VERT） | 在模型中引入数学表达式 |

### 3.4.2 网络计划图

网络计划方法是用"图"来建模。典型的网络计划图 $G$ 是由两个集合 $V(G)$ 和 $E(G)$ 组成的，记为 $G=(V,E)$，其中 $V(G)$ 为顶点（vertex）的非空集合，$E(G)$ 为有向边（edge）的有限集合，边是顶点的有序对。顶点 $V_1$ 至顶点 $V_2$ 的边也称为弧，如图3.14所示。顶点 $V_1$ 是弧的尾，顶点 $V_2$ 是弧的头。边（弧）的上方为工作代号，下方的数值为该边（弧）的权，表示工作的持续时间。权在不同系统中可以有不同的意义，在运输网络中权可能是该路径（path）的长度或运费，在工程进度网络中可能是各活动所需时间等。

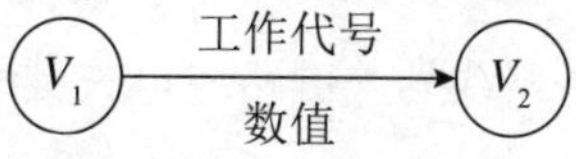

图 3.14 网络计划图的弧表示

网络计划法中的另一个术语是"路径"。在一个网络计划图 $G$ 中，若从顶点 $V_1$ 出发，沿若干边经过顶点 $V_2,V_3,\cdots,V_{n-1}$，到达 $V_n$，则称顶点序列 $(V_1,V_2,V_3,\cdots,V_{n-1},V_n)$ 为 $V_1$ 到 $V_n$ 的路径。路径是有方向的，路径的方向是由起点到终点且与它经过的每条边的方向一致。路径是有长度的，其长度为沿此路径所包括的边的数目，对有权的图，一般取沿路径各边的权之和为此路径的长度。

网络计划法还有一个术语是"度",度是与每个顶点相连的边数。对网络计划图这种有向图,顶点的度有"入度"和"出度"之分。以顶点为头的边(指向顶点)的数目称为入度,以顶点为尾的边(由顶点指向边)的数目称为出度。

网络图由箭线、节点和节点与箭线连成的路径组成。其中,每一条箭线(矢线)代表一项活动或工作;节点(事项)代表活动的开始和结束;路径(通路)是从网络图的始点事项开始到终点事项为止,由一系列首尾相连的箭线和节点所代表的活动和事项所组成的通道。

**例3.8** 某项目由8道工序组成,工序明细如表3.4所示。用箭线法绘制该项目的网络图。

表 3.4 工序明细

| 序 号 | 代 号 | 工序名称 | 紧前工序 | 时间/天 |
| --- | --- | --- | --- | --- |
| 1 | A | 基础工程 | | 40 |
| 2 | B | 构件安装 | A | 50 |
| 3 | C | 屋面工程 | B | 30 |
| 4 | D | 专业工程 | B | 20 |
| 5 | E | 装修工程 | C | 25 |
| 6 | F | 地面工程 | D | 20 |
| 7 | G | 设备安装 | B | 50 |
| 8 | H | 试运转 | E,F,G | 20 |

**解**:箭线网络图如图3.15所示。图的节点就是事件,如事件3表示工序B的完成,同时表示工序C、G、D的开始,它描述了工序B与工序C、G、D的前后关系,只有当工序B完工后,工序C、G、D才能开始。工序B是工序C、G、D的紧前工序,工序A和工序B是工序C、G、D的前道工序;工序B的紧后工序是工序C、G、D,工序B的后续工序是工序C、G、D、E、F、H。

在图3.15中,从事件1到事件7有3条路线,分别为$\{v_1,v_2,v_3,v_4,v_6,v_7\}$,$\{v_1,v_2,v_3,v_6,v_7\}$和$\{v_1,v_2,v_3,v_5,v_6,v_7\}$。不难看出,最长的路线$\{v_1,v_2,v_3,v_4,v_6,v_7\}$的距离是165天,也就是项目的完成时间。网络计划中称这条路线为关键路线,关键路线上的工序称为关键工序。

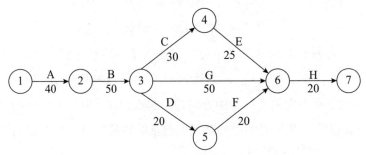

图 3.15 箭线网络图

## 3.5 离散事件系统模拟方法

### 3.5.1 基本术语

离散事件系统模拟是对离散事件系统建立数学模型，并在计算机上对该模型进行动态实验研究的方法。以下介绍离散事件系统模拟的一些基本术语。

**1. 实体**

实体（entity）是系统中活动的部分，其特点是仅在系统中停留一段时间，如库存系统中的货物、商店中排队等待的顾客、医院中候诊的患者等。系统工作过程实质上就是"实体"流动和接受服务、处理的过程。实体用于描述系统中的动态对象，它们通常需要被创建、被处理，在系统中逗留一段时间后，离开系统。

一般认为，离散事件系统中实体可分为两大类：临时实体与永久实体。临时实体只在系统中存在一段时间，一般这类实体由系统外部进入系统，经过系统的处理（服务）后通过系统，最终离开系统，如银行系统中的"顾客"、制造系统中的"零件"等。永久实体是永久驻留在系统中的实体，如银行系统中的"服务员"、制造系统中的"设备"。只要系统处于活动状态，这些实体就存在。临时实体按一定规律不断地到达（产生），在永久实体作用下通过系统，整个系统呈现出动态过程。

**2. 资源**

资源（resource）是系统中固定的部分，特点是永久固定在系统中。资源通常指系统中的设备、营业员、医生、存储空间等。资源的重要作用在于它为系统中的活动实体提供服务。例如，公交系统中，资源为公交车与站台，实体为顾客，公交车为顾客提供服务。

资源是系统模拟中一个非常重要的概念。一个顾客（实体）能否得到服务，取决于该顾客能否获得服务资源。一个实体要想获得服务，首先要请求获取服务资源，如果成功，资源才能对实体进行服务（处理），处理完毕后要释放该服务资源。有时可能需要获取多种资源，如商品在物流中心的入库不仅需要存储空间资源，还需要搬运设备资源。

另外，有些场合对于实体和资源也有用术语"成分"（entity）进行描述。成分和实体是同一概念。成分有两种：主动（active）成分和被动（passive）成分。主动成分是指可以主动产生活动的成分，如生产线上到达的机器零件、库存系统中的货物等。被动成分是指本身不产生活动、只在主动成分作用下才产生状态变化的成分。

**3. 属性**

属性（attribute）反映实体和资源的某些性质。一个实体类型具有一组相同的属性。如顾客的性别、年龄、服务要求等。一个实体有具体属性值。如一个顾客实体，姓名=WANG、性别=男、年龄=20等。属性值必须与某个实体绑定,在模拟过程中,需要不断地对实体的属性值进行实时跟踪和更新。

### 4. 时刻

时刻(time)是指在模拟过程的某个时间数值。事件发生时间是指在这个时刻点上,至少有一个实体的属性被改变的时间数值。注意:时刻是针对被模拟的系统而言,不是计算机的运行时刻。如:银行系统上午9点开店,下午4点闭店,当前时刻值为9点30分。

### 5. 变量

变量(variable)是反映整个系统的某个特征的对象。变量是反映系统的某个时刻的某类信息,所以变量又称全局变量。一个模型中可以设定多个反映系统特征的变量,它们并不与实体绑定。实体可以访问变量并对变量的值进行更新。如旅游缆车的上山运行时间为一个变量,可以设定为某个值,它不属于实体的属性。

### 6. 系统状态

系统状态(system state)是指在某个时刻,对系统所有的实体、资源的属性和活动的描述。如:在时刻9点30分,顾客A接受服务,顾客B排队等待中,服务资源状态为忙。设系统有 $m$ 个状态变量,其状态向量(state vector)为 $X = \{x_1, x_2, \cdots, x_m\}$,则在时刻 $t$,系统的状态为 $X(t) = \{x_1(t), x_2(t), \cdots, x_m(t)\}$。

### 7. 事件

事件(event)指在一个时间点上,引起系统状态发生变化的行为或事情。离散事件系统是由事件驱动的。例如:"顾客到达"在服务系统中可定义为一类事件,因为由于"顾客到达",某服务台的状态可能从闲变到忙(如果原来状态为闲),或是服务台前的排队状态——排队长度发生变化(队列中顾客数加1)。

在一个系统中,一般有许多类事件,每一类事件的发生时间往往带有随机性;某一类事件的发生可能引起其他类事件发生,或者是另一类事件发生的条件等。

例如,理发店事件分析:

系统开始:相当于上班开始的状态,所有人员、设备为初始状态。

顾客到达:"顾客到达"事件会使服务系统的状态发生变化,某服务台的状态可能从闲变到忙(如果原来状态为闲),或是服务台前的排除状态—排队长度发生变化(队列中顾客数加1)。

顾客离开:"顾客离开"事件会使服务系统的状态发生变化,某服务台的状态可能从忙变到闲(如果原来状态为忙),或是服务台前的排队状态—排队长度发生变化(队列中顾客数减1)。

系统结束:相当于闭店状态,所有人员、设备为结束状态。

### 8. 活动

活动（activity）是指同一实体在两个逻辑相关的相邻事件之间的持续过程，它标志着系统状态的转移。

例如：图3.16所示的理发店系统中，其顾客在系统中的经历过程可按顺序描述为：顾客到达—顾客排队—获取/占用服务资源—开始服务—服务过程—结束服务—释放服务资源—顾客整理过程—顾客离开。

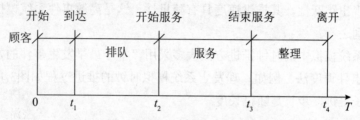

图 3.16　理发店的事件和活动示意图

系统中的事件：顾客到达，开始服务，结束服务，顾客离开。
系统中的活动：顾客排队过程，服务过程，整理过程。

### 9. 过程

过程（process）是指实体在系统中经历的活动顺序，它由系统中若干有序的事件及活动组成。如图3.16所示的理发店系统中，顾客在系统中的全部活动过程按活动顺序分为排队过程、服务过程、整理过程。

有一类过程被称为事务（transaction），是指一个不可分割的有序活动过程。事务描述了各事件活动发生的相互逻辑关系和操作序列，这些操作要么都执行，要么都不执行，它是一个不可分割的工作单位。例如银行转账业务，从一个账号扣款并使另一个账号增款，这两个操作要么都执行，要么都不执行。又如顾客在银行自动柜员机（ATM）的操作过程，从插入银行卡登录系统到退出系统拔出银行卡之间的操作过程是一个事务处理过程。在离散事件系统模拟中，也把这种具有指定顺序的实体活动称为事务。

### 10. 统计累加器

统计累加器（statistical accumulator）对系统的统计变量进行实时跟踪和更新，以得到模拟的输出结果指标。例如，对一个排队系统的模拟，需要统计累加的统计变量，包括已到达实体数、已服务实体数、已经历排队的实体数、总的排队时间、总的服务时间、服务台的总工作时间、顾客逗留的总时间等。

统计累加器的所有统计变量在模拟开始时要初始化。在模拟过程中，一旦发生某个事件，就要对相关的累加器变量进行更新。

### 11. 模拟时钟

模拟时钟，或称模拟钟，是指模拟时间的变化，用于描述实际系统的时间属性。注意与系统的实际运行时间相区别。系统的动态特性表现为系统状态随时间变化而发生变化,离散事件系统模拟就是要使模型在系统状态发生变化的时间点上模拟出实际系统的动态行为。模型中的时间变量就是模拟时钟/模拟钟。

模拟步长:模拟过程中,模拟时钟的取值称为模拟时钟的推进,两次连续取值的间隔称为模拟步长。由于事件发生时间的随机性,因而时钟推进步长也是随机长度。而且,由于相邻两事件之间系统状态不会发生任何变化,因而时钟跨过了这些"不活动"周期,从而呈现出跳跃性,其推进速度具有随机性,这是离散事件系统模拟与连续系统模拟的重要区别之一。

离散事件系统模拟中的时钟推进方法大多采用"下一最早发生事件的发生时间"的方法,亦称为事件调度法。例如,理发店系统模拟时钟的推进过程如图3.17所示,模拟时钟是以变步长推进,步长是随机长度。

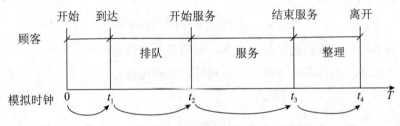

图 3.17 理发店系统模拟时钟的推进过程

**例3.9** 用离散事件系统的观点分析图3.18所示的有一位医生的诊所的活动过程。系统的边界为从诊所的大门到诊室范围,系统活动的内容为医生给病人看病。

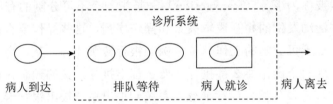

图 3.18 诊所排队系统示意图

**解**:系统中的各主要要素分析如下:

实体:病人(临时实体);

资源:医生(永久实体,固定在系统中);

实体属性:病人的性别、年龄、病症等;

时刻:病人到达,医生看病开始、结束时间等;

状态:某个时刻病人被服务的状态,医生的忙、闲状态;

事件:病人到达诊所,开始看病,结束看病,离开诊所;

活动:病人等待过程,病人看病就诊过程;

事务:病人从到达诊所到离开诊所的全过程。

诊所系统的事件和活动过程如图3.19所示。

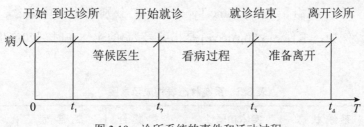

图 3.19 诊所系统的事件和活动过程

### 3.5.2 模拟策略概述

**1. 基本思想**

系统模拟的目的就是描述系统的行为过程。由控制论可知,系统行为就是由给定时间 $t$ 的系统的全部状态的变化过程形成的,而系统状态则是描述系统行为所需变量的最小集合。一般地,系统模拟过程是一个包括时间的推进、系统状态的更新等操作的迭代过程。

设系统有 $n$ 个变量 $x_1, \cdots, x_n$,其中状态变量数为 $m$($m \leq n$),描述变量数为 $n-m$,于是系统的状态向量为 $X = \{x_1, \cdots, x_m\}$,描述向量为 $X_d = \{x_{m+1}, \cdots, x_n\}$。设 $t_M$ 为模拟开始时钟,$t_E$ 为模拟终止时钟。系统模拟的一般步骤如下:

步骤1:预置系统状态变量 $X = \{x_1, \cdots, x_m\}$ 的值为 $Y = \{y_1, \cdots, y_m\}$,描述变量 $X_d = \{x_{m+1}, \cdots, x_n\}$ 的值为 $Y_d = \{y_{m+1}, \cdots, y_n\}$;

步骤2:预置时钟为 $t = t_M$;

步骤3:将相互关系规则 $f(Y)$ 应用于当前状态变量的值 $Y = \{y_1, \cdots, y_m\}$,使之产生新内容 $f(Y) = Y'$,$Y' = \{y_1', \cdots, y_m'\}$;同样,将相互关系规则 $g(Y_d)$ 应用于当前描述变量的值 $Y_d = \{y_{m+1}, \cdots, y_n\}$,使之产生新内容 $g(Y_d) = Y_d'$,$Y_d' = \{y_{m+1}', \cdots, y_n'\}$;$Y = Y'$,$Y_d = Y_d'$;

步骤4:推进时钟 $t = t + h$($h$ 为步长);

步骤5:如果 $t > t_E$,停止模拟。否则,返回步骤3。

**2. 离散事件系统模拟策略**

由上述系统模拟的基本思想可知,系统模拟的核心问题是建立描述系统行为的逻辑模型,即时间的推进、系统状态的更新等操作。离散事件系统属于动态系统,其系统状态变化过程不仅与事件的发生与否有关,也与事件的发生时间有关。因此,离散事件系统的模拟算法或模拟策略就是要决定实体之间的逻辑联系、时间的推进、事件间的关系、活动的关系等问题。

离散事件系统在某一时刻 $t$(模拟时钟)的状态用一个系统状态表来表示,它包含各实体与其属性集合在该时刻的取值、事件表(event list,EL)、统计累加器等,如表3.5所示。其中,事件表记录事件发生的时间与性质。事件表由若干事件有序构成,一个事件可由一个三元组 $e[\text{Entity},\text{Time},\text{Type}]$ 表示，分别表明实体编号、事件发生时刻、事件类型。例如：事件 $e[3,20,\text{Arrive}]$ 是指编号为3的实体在时刻20产生一个到达类型的事件。

表 3.5 系统状态表构成示意图

| 模拟时钟 | 系统状态 | 实体和属性 | 变量集合 | 事 件 表 | 统计累加器 |
| --- | --- | --- | --- | --- | --- |
| $t_1$ | $Y(t_1)$ | … | … | $\text{EL}(t_1)$ | … |
| $t_2$ | $Y(t_2)$ | … | … | $\text{EL}(t_2)$ | … |
| … | … | … | … | … | … |
| $t_n$ | $Y(t_n)$ | … | … | $\text{EL}(t_n)$ | … |

离散事件系统模拟模型中的系统状态数据用表的结构形式表示，于是，离散事件系统模拟过程中的重要任务是：如何处理这个表。表处理是指使用表和操作表的总称，包括表的构成结构和表的操作。表的构成结构是指表的有序记录、表头、表尾、表的遍历等；表的操作包括在表的任意部位对表的记录的增加、删除、修改、查询等。在系统模拟过程中，对表的数据结构的处理主要使用动态分配链表，如单链表、双链表等。目前，主流模拟软件采用多指针链表，采用头部、尾部、中部3个指针。在Java语言中，主要使用ArrayList、LinkedList类来处理表。

目前，比较常用的离散事件系统模拟策略有四种，包括事件调度法、活动扫描法、三段扫描法（three-phase scanning）、进程交互法（process interaction，PI）。从易于理解的角度，下面从事件调度法出发介绍离散事件系统的模拟策略。

### 3.5.3 事件调度法

**1. 基本思想**

事件调度法的基本思想是用"事件"的观点来观察真实系统，即定义事件及每一事件的发生对系统状态的影响，并按事件发生时间顺序来确定每类事件发生时系统中各实体之间的逻辑关系及其状态。在事件调度法中，模拟时钟的推进是按照下一事件的发生时刻来触发。两个相邻事件发生的时间间隔一般是随机的，因此事件调度法是变步长法。图3.20为离散事件系统模拟时钟推进的原理。设有 $n$ 个顾客到达系统接受服务，第 $i$ 个顾客（$i=1,2,\cdots,n$）在系统中的经历分别是在 $t_{i1}$ 时刻到达，然后进入排队过程，在 $t_{i2}$ 时刻开始接受服务，在 $t_{i3}$ 时刻服务结束，经整理后于 $t_{i4}$ 时刻离开系统。于是，系统中事件的发生时刻为 $t_{ij}$（$i=1,2,\cdots,n$；$j=1,2,3,4$），离散事件系统模拟的时钟在这些时刻点上跳跃推进。

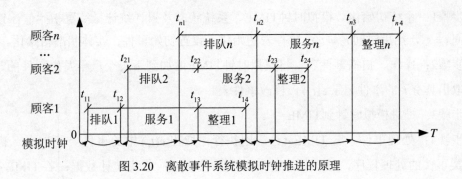

图 3.20 离散事件系统模拟时钟推进的原理

### 2. 事件的处理

模拟模型中所有事件均放在事件表中。事件表的构成如表3.6所示。这里,事件 $e$ 按事件发生的时间先后顺序排列,$t_1 \leq t_2 \leq \cdots \leq t_n$。模型中要设计一个时间控制部件实现模拟时钟的管理与控制。每当处理一类事件时,它总是从事件表中选择最早发生的事件;并将时钟推进到该事件发生的时间;然后调用与该事件相应的事件处理模块;事件处理模块在执行完后都必须返回到时间控制部件。这样,事件的选择与处理不断地进行,模拟时钟按事件时间往前推进,直到模拟终止的条件满足为止。

表 3.6 事件表的构成

| 实 体 编 号 | 模 拟 时 钟 | 事 件 类 型 |
|---|---|---|
| 1 | $t_1$ | Type1 |
| 2 | $t_2$ | Type2 |
| … | … | … |
| $n$ | $t_n$ | Type$n$ |

### 3. 事件调度法的算法流程

事件调度法的流程如图3.21所示。其算法流程如下。

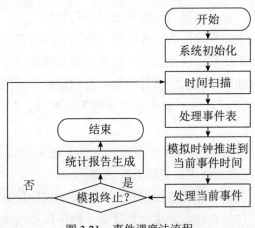

图 3.21 事件调度法流程

步骤1：系统初始化。模拟时钟TIME、系统状态及累计统计量等置初始值；设置初始时间 $t = t_0$，结束时间 $t_\infty = t_e$；事件表初始化，设置初始事件；实体状态初始化。

步骤2：操作、扫描事件表。将模拟时钟TIME增加到下一个最早发生事件的时间 $t_s$ 上；取出具有 $t_s$ 的事件记录 $e(t_s)$，修改事件表。

步骤3：推进模拟时钟到TIME= $t_s$。

步骤4：处理事件。若 TIME $< t_\infty$，则执行：取出 $e(t_s)$ 中的事件类型Type；执行第Type类事件的处理程序，处理该事件，改变系统状态；收集统计数据；若 TIME $< t_\infty$，返回步骤2；否则，执行下一步。

步骤5：分析收集的统计数据，产生报告。

**4. 事件调度法的注意事项**

在执行事件调度法模拟策略时，有两个需要加以特别注意的问题。

第一，"同时事件"的处理。"同时事件"即具有相同发生时间的事件，模型中必须事先规定其处理顺序，亦称为规定"解结规则"，因为在任何时刻，计算机一次只能执行某一个事件的程序。这一般是通过定义事件的优先级来解决的。

第二，"条件事件"的处理。"条件事件"是指在系统中，某些事件的发生不仅具有时间属性，还往往带有条件属性。从本质上讲，事件调度法是一种"预定事件发生时间"的策略，如果按预定时间某一事件应该发生，但发生该事件的条件（如果有的话）不满足，则必须推迟或取消该事件的发生。

上述两方面问题应在相应的模块中特别加以处理，以免产生模型的死锁。

### 3.5.4 模拟程序的构成

为实现图3.21所示的离散事件系统模拟过程，模拟程序由以下部分构成。

（1）主程序：控制整个模拟过程的推进，包括：检查事件表，调用时间推进子程序，确定下一事件，传递控制信息给各事件处理子程序以更新系统状态。

（2）初始化子程序：在开始模拟时对系统进行初始化。

（3）模拟时钟：提供模拟时间的当前时刻，描述系统内部的时间变化。

（4）系统状态：由系统状态变量构成，用来描述系统在不同时刻的状态。

（5）事件表：按时间顺序发生的事件类型和时间对应关系的表。

（6）时间推进子程序：可依据事件表来确定下一事件，并将模拟时钟推移到下一事件的发生时间。

（7）事件处理子程序：一个事件子程序对应于一种类型的事件，它在相应事件发生时，转入该事件子程序进行处理、更新系统状态。

（8）统计累加器：控制与存储模拟过程中的结果的统计信息。

（9）模拟报告子程序：在模拟结束时，计算并输出模拟结果。

（10）随机数发生器：发生随机数和随机变量，是系统模拟的必备部分。

## 3.6　一个手动的模拟推演过程

### 3.6.1　系统的描述

以一个单队列排队系统为例，通过对模拟推演过程的说明来理解离散事件系统的模拟过程。设某理发店有1位理发师。顾客到达时如果理发椅是空闲的，则立即开始理发服务；否则，将进入一个先进先出的队列等待。理发店排队系统如图3.22所示。

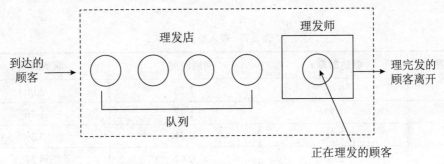

图 3.22　理发店排队系统

离散事件系统的数学模型通常采用流程图或网络图来描述。本系统模型用如图3.23所示的实体流程图描述。

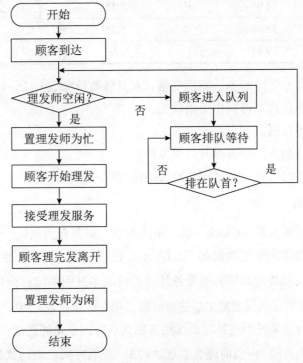

图 3.23　理发店系统实体流程

## 3.6.2 系统建模

### 1. 系统建模分析

本例的系统定义及分析如下。

系统的边界：有1位理发师的理发店，从顾客的到达到顾客的离开为止的过程。

系统的实体：顾客，到达时被创建，离开时被消除。

实体的属性：到达时间。

系统的资源：理发椅（理发师），数量为1个。

到达过程：顾客到达时间或顾客相继到达的时间间隔为一随机变量，具体数值如表3.7所示。

表 3.7 输入数据表

| 顾客序号 | 到达时刻 $t_a$ | 间隔时间 $T_p$ | 服务时间 $T_s$ |
|---|---|---|---|
| 1 | 0.00 | 1.73 | 2.90 |
| 2 | 1.73 | 1.35 | 1.76 |
| 3 | 3.08 | 0.71 | 3.39 |
| 4 | 3.79 | 0.62 | 4.52 |
| 5 | 4.41 | 14.28 | 4.46 |
| 6 | 18.69 | 0.70 | 4.36 |
| 7 | 19.39 | 15.52 | 2.07 |
| 8 | 34.91 | 3.15 | 3.36 |
| 9 | 38.06 | 1.76 | 2.37 |
| 10 | 39.82 | 1.00 | 5.38 |

服务时间：顾客服务时间为一随机变量，其具体数值如表3.7所示。

队列：顾客等待队列，可视作无限队长。

排队规则：先进先出。

系统事件：顾客到达，顾客离开，模拟终止。

系统活动：顾客的队列等待过程，顾客的接受理发过程。

### 2. 模型参数说明

初始化：初始时刻为零（Clock = 0），系统为空，服务台为闲。

输入数据：假设事先给定数据如表3.7所示。包括顾客序号、顾客到达时刻 $t_a$、相继到达间隔时间 $T_p$ 以及服务台对顾客的服务时间 $T_s$，基本时间单位：分钟。注意：$T_p$ 和 $T_s$ 都是随机发生的，我们只是假定发生后的随机数已知，记录在表3.7中。此外，在模拟过程中，除设1号顾客在 $t_a = 0$ 时到达外，后续顾客的到达时刻也是随机的。设当前顾客为 $i$，则第 $i+1$ 位顾客的到达时刻=当前顾客的到达时刻+间隔时间，表达式如下：

$$t_a(i+1) = t_a(i) + T_p(i)$$

模拟时间长度：模拟时钟推进到20分钟时停止。

### 3.6.3 手动模拟过程

**1. 模拟流程图**

以事件调度为中心的模拟推进策略，需要定义系统中的全部事件及相应的事件处理流程，如图3.24所示。

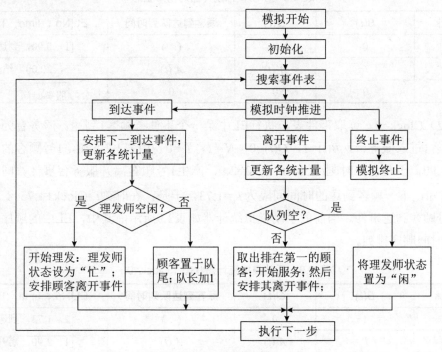

图 3.24 模拟流程

**2. 模拟中的变量**

手动跟踪状态变量、统计收集器等，采用前述给定的到达间隔、服务时间，跟踪事件过程、跟踪模拟时钟的推进过程，并分析以下指标：服务的顾客数、顾客的排队等待时间、排队等待数量与理发师的利用率。

手动模拟统计收集器的变量说明如下：设 $t$ 为当前时刻，$t-1$ 为事件表的上一时刻；Clock：当前模拟时钟，即Clock($t$)；$B(t)$：当前服务台状态，1为忙，0为闲；$Q(t)$：当前顾客排队队长；顾客到达队列时刻：到达时刻序列集合；EL：事件表，格式为[No., time, Type]，分别为顾客序号、事件发生时间、事件类型；$N_q$：完成排队的顾客数：进入服务台的顾客数统计；$T_q$：总排队时间：实体进入服务台时刻-实体到达时刻；$A_q(t)$：当前时刻为止，队长 $Q(t)$ 与时间乘积的累加值，计算方法为

$$A_q(t) = A_q(t-1) + Q(t-1) \times (\text{Clock}(t) - \text{Clock}(t-1))$$

$A_b(t)$：当前时刻为止，资源状态值 $B(t)$ 与时间乘积的累加值，计算方法为

$$A_b(t) = A_b(t-1) + B(t-1) \times (\text{Clock}(t) - \text{Clock}(t-1))$$

### 3. 手动模拟的推进过程

（1）模拟初始化。模拟开始，系统的初始时刻为Clock=0，当前的手动模拟统计器的初始状态如表3.8所示。此时，由输入数据表3.7可知，在 $t_a=0$ 时刻，1号顾客到达。由题意，在Clock=20时刻，模拟终止。

表 3.8 手动模拟统计器的初始状态

| Clock | $B(t)$ | $Q(t)$ | 顾客到达队列时间 | EL[No.，time，Type] |
|---|---|---|---|---|
| 0 | 0 | 0 | ( ) | [1，0.00，到达] |
| $N_q$ | $T_q$ | $A_q(t)$ | $A_b(t)$ | [—，20.00，结束] |
| 0 | 0 | 0 | 0 | |

（2）Clock=0。读取事件表，执行EL中第一个事件：顾客1到达。服务台为空闲，于是顾客1进入服务台，$B(t)=1$，$Q(t)=0$，$N_q=1$，$T_q=0$。由表3.7可知，1号顾客的服务时间 $T_s=2.90$，于是，在时刻$t$=Clock+2.90=2.9，产生1号顾客离开服务台事件。同时，由表3.7可知，下一顾客到达的时间间隔为$T_p=1.73$，于是，在时刻$t$=Clock+1.73=1.73，将产生2号顾客到达事件。当前的手动模拟统计器如表3.9所示，其中，EL中的顺序按事件发生的时间顺序排列。

表 3.9 手动模拟统计器状态（Clock=0）

| Clock | $B(t)$ | $Q(t)$ | 顾客到达队列时间 | EL[No.，time，Type] |
|---|---|---|---|---|
| 0 | 1 | 0 | ( ) | [2，1.73，到达] |
| $N_q$ | $T_q$ | $A_q(t)$ | $A_b(t)$ | [1，2.90，离开] |
| 1 | 0 | 0 | 0 | [—，20.00，结束] |

（3）Clock=1.73。读取事件表，执行EL中第一个事件[2，1.73，到达]：模拟时钟推进到Clock=1.73，顾客2到达。服务台状态为忙，于是顾客2进入队列等待，$B(t)=1$，$Q(t)=1$，$N_q=1$，$T_q=0$，$A_q(t)=0+0\times1.73=0$，$A_b(t)=0+1\times1.73=1.73$。由表3.7可知，下一顾客到达的时间间隔为$T_p=1.35$，于是，在时刻$t$=Clock+1.35=3.08，将产生3号顾客到达事件。当前的手动模拟统计器如表3.10所示。

表 3.10 手动模拟统计器状态（Clock=1.73）

| Clock | $B(t)$ | $Q(t)$ | 顾客到达队列时间 | EL[No.，time，Type] |
|---|---|---|---|---|
| 1.73 | 1 | 1 | (1.73) | [1，2.90，离开] |
| $N_q$ | $T_q$ | $A_q(t)$ | $A_b(t)$ | [3，3.08，到达] |
| 1 | 0 | 0 | 1.73 | [—，20.00，结束] |

（4）Clock=2.90。读取事件表，执行EL中第一个事件[1，2.90，离开]：模拟时钟推进到Clock=2.90，执行顾客1离开事件。顾客2进入服务台，服务台状态依然为忙。此时队列为空，于是，$B(t)=1$，$Q(t)=0$，$N_q=2$，$T_q=2.90-1.73=1.17$，$A_q(t)=0+(2.90-1.73)\times 1=1.17$，$A_b(t)=1.73+(2.90-1.73)\times 1=1.73+1.17=2.90$。

由表3.7，顾客2的服务时间为$T_s=1.76$，于是，在时刻$t$=Clock+1.76=4.66，将产生2号顾客离开事件。当前的手动模拟统计器如表3.11所示。

表 3.11　手动模拟统计器状态（Clock=2.90）

| Clock | $B(t)$ | $Q(t)$ | 顾客到达队列时间 | EL[No.，time，Type] |
|---|---|---|---|---|
| 2.90 | 1 | 0 | ( ) | [3，3.08，到达] |
| $N_q$ | $T_q$ | $A_q(t)$ | $A_b(t)$ | [2，4.66，离开] |
| 2 | 1.17 | 1.17 | 2.90 | [一，20.00，结束] |

（5）Clock=3.08。读取事件表，执行EL中第一个事件[3，3.08，到达]：模拟时钟推进到Clock=3.08，执行顾客3到达事件。因为此时顾客2在服务台接受服务，服务台状态依然为忙，所以顾客3进入队列等待，此时队列长度为1。于是$B(t)=1$，$Q(t)=1$。已完成2个顾客的排队过程，$N_q=2$。没有增加新的完成排队的顾客，$T_q=1.17+0=1.17$。$A_q(t)=1.17+0=1.17$，$A_b(t)=2.90+(3.08-2.90)\times 1=2.90+1.08=3.08$。

由表3.7，下一顾客到达的时间间隔为$T_p=0.71$，于是，在时刻$t$=Clock+0.71=3.79，将产生4号顾客到达事件。当前的手动模拟统计器如表3.12所示。

表 3.12　手动模拟统计器状态（Clock=3.08）

| Clock | $B(t)$ | $Q(t)$ | 顾客到达队列时间 | EL[No.，time，Type] |
|---|---|---|---|---|
| 3.08 | 1 | 1 | (3.08) | [4，3.79，到达] |
| $N_q$ | $T_q$ | $A_q(t)$ | $A_b(t)$ | [2，4.66，离开] |
| 2 | 1.17 | 1.17 | 3.08 | [一，20.00，结束] |

（6）Clock=3.79。执行EL中第一个事件[4，3.79，到达]：模拟时钟推进到Clock=3.79，产生顾客4，执行顾客4到达事件的处理。因为此时服务台状态依然为忙，所以顾客4进入队列等待，此时队列长度为2。于是$B(t)=1$，$Q(t)=2$，$N_q=2$，$T_q=1.17$，$A_q(t)=1.17+(3.79-3.08)\times 1=1.88$，$A_b(t)=3.08+(3.79-3.08)\times 1=3.08+0.71=3.79$。

由表3.7可知，下一顾客到达的时间间隔为$T_p=0.62$，于是，在时刻$t$=Clock+0.62=3.79+0.62=4.41，将产生5号顾客到达事件。当前的手动模拟统计器如表3.13所示。

表 3.13　手动模拟统计器状态（Clock=3.79）

| Clock | $B(t)$ | $Q(t)$ | 顾客到达队列时间 | EL[No.，time，Type] |
|---|---|---|---|---|
| 3.79 | 1 | 2 | (3.79，3.08) | [5，4.41，到达] |
| $N_q$ | $T_q$ | $A_q(t)$ | $A_b(t)$ | [2，4.66，离开] |
| 2 | 1.17 | 1.88 | 3.79 | [一，20.00，结束] |

（7）Clock=4.41。执行EL中第一个事件[5，4.41，到达]：模拟时钟推进到Clock=4.41，产生顾客5，执行顾客5到达事件的处理。因为此时服务台状态依然为忙，所以顾客5进入队列等待，此时队列长度为3。于是，$B(t)=1$，$Q(t)=3$，$N_q=2$，$T_q=1.17$，$A_q(t)=1.88+(4.41-3.79)\times2=1.88+0.62\times2=1.88+1.24=3.12$，$A_b(t)=3.79+0.62\times1=4.41$。

由表3.7可知，下一顾客到达的时间间隔为$T_p=14.28$，于是，在时刻$t$=Clock+14.28=4.41+14.28=18.69，将产生6号顾客到达事件。当前的手动模拟统计器如表3.14所示。下一个事件为Clock=4.66时产生顾客2离开事件。

表 3.14　手动模拟统计器状态（Clock=4.41）

| Clock | $B(t)$ | $Q(t)$ | 顾客到达队列时间 | EL[No.，time，Type] |
|---|---|---|---|---|
| 4.41 | 1 | 3 | (4.41，3.79，3.08) | [2，4.66，离开] |
| $N_q$ | $T_q$ | $A_q(t)$ | $A_b(t)$ | [6，18.69，到达] |
| 2 | 1.17 | 3.12 | 4.41 | [—，20.00，结束] |

（8）Clock=4.66。执行EL中第一个事件[2，4.66，离开]：模拟时钟推进到Clock=4.66，顾客2离开，服务台为空闲，等待中的顾客3进入服务台接受服务，此时服务台状态为忙，即$B(t)=1$。此时，队列长度为$Q(t)=3-1=2$，完成排队顾客数$N_q=3$。因为顾客3在3.08到达，于是$T_q=1.17+(4.66-3.08)=1.17+1.58=2.75$，$A_q(t)=3.12+(4.66-4.41)\times3=3.12+0.25\times3=3.87$，$A_b(t)=4.41+(4.66-4.41)=4.66$。

由表3.7可知，顾客3的服务时间长度为$T_s=3.39$，于是，顾客3离开服务台的时间为4.66+3.39=8.05。当前的手动模拟统计器如表3.15所示。下一个事件为Clock=8.05时产生顾客3离开事件。

表 3.15　手动模拟统计器状态（Clock=4.66）

| Clock | $B(t)$ | $Q(t)$ | 顾客到达队列时间 | EL[No.，time，Type] |
|---|---|---|---|---|
| 4.66 | 1 | 2 | (4.41，3.79) | [3，8.05，离开] |
| $N_q$ | $T_q$ | $A_q(t)$ | $A_b(t)$ | [6，18.69，到达] |
| 3 | 2.75 | 3.87 | 4.66 | [—，20.00，结束] |

（9）Clock=8.05。执行EL中第一个事件[3，8.05，离开]：模拟时钟推进到Clock=8.05，顾客3离开，服务台变为空闲，等待中的顾客4进入服务台，此时服务台状态又为忙，即$B(t)=1$。此时，队列长度为$Q(t)=2-1=1$，完成排队顾客数$N_q=4$。因为顾客4在3.79到达，于是$T_q=2.75+(8.05-3.79)=2.75+4.26=7.01$，$A_q(t)=3.87+(8.05-4.66)\times1=3.87+3.39\times2=3.87+6.78=10.65$，$A_b(t)=4.66+(8.05-4.66)=8.05$。

由表3.7可知，顾客4的服务时间长度为$T_s=4.52$，于是，顾客4离开服务台的时间为8.05+4.52=12.57，即在Clock=12.57时产生顾客4离开事件。当前的手动模拟统计器如表3.16所示。下一个事件为Clock=12.57时产生顾客4离开事件。

表 3.16  手动模拟统计器状态（Clock=8.05）

| Clock | $B(t)$ | $Q(t)$ | 顾客到达队列时间 | EL[No., time, Type] |
|---|---|---|---|---|
| 8.05 | 1 | 1 | (4.41) | [4, 12.57, 离开] |
| $N_q$ | $T_q$ | $A_q(t)$ | $A_b(t)$ | [6, 18.69, 到达] |
| 4 | 7.01 | 10.65 | 8.05 | [—, 20.00, 结束] |

（10）Clock=12.57。执行EL中第一个事件[4, 12.57, 离开]：模拟时钟推进到Clock=12.57，顾客4离开，服务台变为空闲，等待中的顾客5进入服务台，此时服务台状态又为忙，即$B(t)=1$。此时，队列长度为$Q(t)=1-1=0$，完成排队顾客数$N_q=5$。因为顾客5在4.41到达，于是$T_q=7.01+(12.57-4.41)=7.01+8.16=15.17$。$A_q(t)=10.65+(12.57-8.05)\times 1=10.65+4.52=15.17$，$A_b(t)=8.05+(12.57-8.05)=12.57$。

由表3.7可知，顾客5的服务时间长度为$T_s=4.46$，于是，顾客5离开服务台的时间为12.57+4.46=17.03，即在Clock=17.03时产生顾客5离开事件。当前的手动模拟统计器如表3.17所示。下一个事件为Clock=17.03时产生顾客5离开事件。

表 3.17  手动模拟统计器状态（Clock=12.57）

| Clock | $B(t)$ | $Q(t)$ | 顾客到达队列时间 | EL[No., time, Type] |
|---|---|---|---|---|
| 12.57 | 1 | 0 | ( ) | [5, 17.03, 离开] |
| $N_q$ | $T_q$ | $A_q(t)$ | $A_b(t)$ | [6, 18.69, 到达] |
| 5 | 15.17 | 15.17 | 12.57 | [—, 20.00, 结束] |

（11）Clock=17.03。执行EL中第一个事件[5,17.03, 离开]：模拟时钟推进到Clock=17.03，顾客5离开，服务台变为空闲，于是，$B(t)=0$。此时队列长度为$Q(t)=0$，完成排队顾客数$N_q=5$。没有新的排队等待，于是$T_q=15.17+0=15.17$，$A_q(t)=15.17+(17.03-12.57)\times 0=15.17$，$A_b(t)=12.57+(17.03-12.57)=17.03$。

当前的手动模拟统计器如表3.18所示。由事件表可知，下一个事件为Clock=18.69时产生顾客6到达事件。

表 3.18  手动模拟统计器状态（Clock=17.03）

| Clock | $B(t)$ | $Q(t)$ | 顾客到达队列时间 | EL[No., time, Type] |
|---|---|---|---|---|
| 17.03 | 0 | 0 | ( ) | [6, 18.69, 到达] |
| $N_q$ | $T_q$ | $A_q(t)$ | $A_b(t)$ | [—, 20.00, 结束] |
| 5 | 15.17 | 15.17 | 17.03 | |

（12）Clock=18.69。执行EL中第一个事件[6,18.69, 到达]：模拟时钟推进到Clock=18.69，顾客6到达，服务台由空闲变为忙，于是，$B(t)=1$。此时，队列长度为$Q(t)=0$，完成排队顾客数$N_q=6$。没有新的排队等待，于是$T_q=15.17+0=15.17$，$A_q(t)=15.17+(18.69-17.03)\times 0=15.17$，$A_b(t)=17.03+(17.03-12.57)=17.03$。

由表3.7，顾客6的服务时间$T_s$=4.36，于是，在时刻$t$=Clock+4.36=18.69+4.36=23.05，将产生6号顾客离开事件。同时，下一顾客到达的时间间隔为$T_p$=0.70，于是，在时刻$t$=Clock+0.70=18.69+0.70=19.39，将产生7号顾客到达事件。当前的手动模拟统计器如表3.19所示。由事件表可知，下一个事件为Clock=19.39时产生顾客7到达事件。

表 3.19　手动模拟统计器状态（Clock=18.69）

| Clock | B(t) | Q(t) | 顾客到达队列时间 | EL[No., time, Type] |
|---|---|---|---|---|
| 18.69 | 1 | 0 | （ ） | [7，19.39，到达] |
| $N_q$ | $T_q$ | $A_q(t)$ | $A_b(t)$ | [—，20.00，结束] |
| 6 | 15.17 | 15.17 | 17.03 | [6，23.05，离开] |

（13）Clock=19.39。执行EL中第一个事件[7,19.39，到达]：模拟时钟推进到Clock=19.39，顾客7到达，由于服务台忙，即$B(t)$=1，于是进入队列等待，队列长度为$Q(t)$=0+1=1。完成排队顾客数$N_q$=6。没有新的排队等待，于是$T_q$=15.17+0=15.17，$A_q(t)$=15.17+(19.39-18.69)×0=15.17，$A_b(t)$=17.03+(19.39-18.69)=17.03+0.70=17.73。

由表3.7，下一顾客到达的时间间隔为$T_p$=15.52，于是，在时刻$t$=Clock+15.52=19.39+15.52=34.91，将产生8号顾客到达事件。当前的手动模拟统计器如表3.20所示。由事件表可知，下一个事件为Clock=20.00时产生模拟结束事件。

表 3.20　手动模拟统计器状态（Clock=19.39）

| Clock | B(t) | Q(t) | 顾客到达队列时间 | EL[No., time, Type] |
|---|---|---|---|---|
| 19.39 | 1 | 1 | （19.39） | [—，20.00，结束] |
| $N_q$ | $T_q$ | $A_q(t)$ | $A_b(t)$ | [6，23.05，离开] |
| 6 | 15.17 | 15.17 | 17.73 | [8，34.91，到达] |

（14）Clock=20.00。在Clock=20.00时，模拟结束事件发生。此时，服务台忙，于是$B(t)$=1；队列长度为$Q(t)$=1。完成排队顾客数$N_q$=6。没有新的排队等待，于是$T_q$=15.17+0=15.17。$A_q(t)$=15.17+(20.00-19.39)×1=15.17+0.61=15.78，$A_b(t)$=17.73+(20.00-19.39)=17.73+0.61=18.34。

当前的手动模拟统计器状态如表3.21所示。模拟过程结束，开始整理模拟报告。

表 3.21　手动模拟统计器状态（Clock=20.00）

| Clock | B(t) | Q(t) | 顾客到达队列时间 | EL[No., time, Type] |
|---|---|---|---|---|
| 20.00 | 1 | 1 | （19.39） | [6，23.05，离开] |
| $N_q$ | $T_q$ | $A_q(t)$ | $A_b(t)$ | [8，34.91，到达] |
| 6 | 15.17 | 15.78 | 18.34 | |

在整个模拟过程中的$A_q(t)$、$A_b(t)$变化过程曲线如图3.25所示。

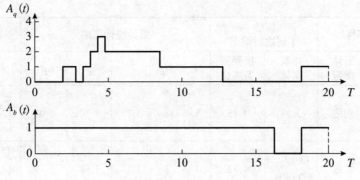

图 3.25 模拟过程中 $A_q(t)$、$A_b(t)$ 变化过程曲线

**4. 手动模拟结果**

用顾客平均待时、单位时间顾客平均数、服务台平均利用率三个指标评价系统的服务性能，计算如下。

（1）顾客平均待时。

$$平均待时 = \frac{总等待时间}{已等待顾客数} = \frac{T_q}{N_q} = \frac{15.17}{6} = 2.528 \text{ 分钟/顾客}$$

（2）单位时间顾客平均数。

$$顾客平均数 = \frac{总逗留时间}{模拟总时间} = \frac{A_q(t)}{T} = \frac{15.78}{20} = 0.789 \text{ 顾客/分钟}$$

（3）服务台平均利用率。

$$平均利用率 = \frac{总繁忙时间}{模拟总时间} = \frac{A_b(t)}{T} = \frac{18.34}{20} = 0.917$$

模拟的完整过程汇总如表3.22所示。其中，$N_s$ 为已完成服务的顾客数。

表 3.22 模拟的完整过程汇总

| 刚执行完事件 | | 属性（到达时间） | | 累计统计结果 | | | | | EL |
|---|---|---|---|---|---|---|---|---|---|
| 序号 | Clock | 事件类型 | 排队实体 | 接受服务实体 | $N_s$ | $N_q$ | $T_q$ | $A_q(t)$ | $A_b(t)$ | [No., time, Type] |
| — | 0.00 | 初始化 | ( ) | — | 0 | 0 | 0.00 | 0.00 | 0.00 | [2，1.73,到达]<br>[1，2.90,离开]<br>[—，20.00,结束] |
| 1 | 0.00 | 到达 | ( ) | 0.00 | 0 | 1 | 0.00 | 0.00 | 0.00 | [2，1.73，到达]<br>[1，2.90，离开]<br>[—，20.00,结束] |
| 2 | 1.73 | 到达 | (1.73) | 0.00 | 0 | 1 | 0.00 | 0.00 | 1.73 | [1，2.90，离开]<br>[3，3.08，到达]<br>[—，20.00,结束] |
| 1 | 2.90 | 离开 | ( ) | 1.73 | 1 | 2 | 1.17 | 1.17 | 2.90 | [3，3.08，到达]<br>[2，4.66，离开]<br>[—，20.00,结束] |

续表

| 序号 | 刚执行完事件 | | 属性（到达时间） | | 累计统计结果 | | | | | EL [No., time, Type] |
|---|---|---|---|---|---|---|---|---|---|---|
| | Clock | 事件类型 | 排队实体 | 接受服务实体 | $N_s$ | $N_q$ | $T_q$ | $A_q(t)$ | $A_b(t)$ | |
| 3 | 3.08 | 到达 | (3.08) | 1.73 | 1 | 2 | 1.17 | 1.17 | 3.08 | [4, 3.79, 到达]<br>[2, 4.66, 离开]<br>[—, 20.00, 结束] |
| 4 | 3.79 | 到达 | (3.79, 3.08) | 1.73 | 1 | 2 | 1.17 | 1.88 | 3.79 | [5, 4.41, 到达]<br>[2, 4.66, 离开]<br>[—, 20.00, 结束] |
| 5 | 4.41 | 到达 | (4.41, 3.79, 3.08) | 1.73 | 1 | 2 | 1.17 | 3.12 | 4.41 | [2, 4.66, 离开]<br>[6, 18.69, 到达]<br>[—, 20.00, 结束] |
| 2 | 4.66 | 离开 | (4.41, 3.79) | 3.08 | 2 | 3 | 2.75 | 3.87 | 4.66 | [3, 8.05, 离开]<br>[6, 18.69, 到达]<br>[—, 20.00, 结束] |
| 3 | 8.05 | 离开 | (4.41) | 3.79 | 3 | 4 | 7.01 | 10.65 | 8.05 | [4, 12.57, 离开]<br>[6, 18.69, 到达]<br>[—, 20.00, 结束] |
| 4 | 12.57 | 离开 | ( ) | 3.79 | 3 | 4 | 15.17 | 15.17 | 12.57 | [5, 17.03, 离开]<br>[6, 18.69, 到达]<br>[—, 20.00, 结束] |
| 5 | 17.03 | 离开 | ( ) | -- | 4 | 5 | 15.17 | 15.17 | 17.03 | [5, 17.03, 离开]<br>[6, 18.69, 到达]<br>[—, 20.00, 结束] |
| 6 | 18.69 | 到达 | ( ) | 18.69 | 5 | 6 | 15.17 | 15.17 | 17.03 | [7, 19.39, 到达]<br>[—, 20.00, 结束]<br>[6, 23.05, 离开] |
| 7 | 19.39 | 到达 | (19.39) | 18.69 | 5 | 6 | 15.17 | 15.17 | 17.73 | [—, 20.00, 结束]<br>[6, 23.05, 离开]<br>[8, 34.91, 到达] |
| — | 20.00 | 结束 | (19.39) | 18.69 | 5 | 6 | 15.17 | 15.78 | 18.34 | [6, 23.05, 离开]<br>[8, 34.91, 到达] |

## 3.7 其他模拟策略简介

### 3.7.1 活动扫描法

**1. 基本思想**

前面介绍的事件调度法中，模拟时钟的推进仅依据对最早发生事件的扫描，因此事件调度法是一种"预订事件发生时间"的策略。这样，模拟模型中必须预先设定系统中最先发生的事件,以便启动模拟进程。此外,在每一类事件的处理程序中,除了需要处理该事件,并相应地改变系统状态之外,还要预定本类事件的下一次事件发生的时间。所以,事件调度策略对于系统活动时间确定性较强的系统来说比较方便。然而,一般而言,复杂系统内部活动的耦合性较强,所以事件的发生不仅与时间有关,还与其他条件有关,即所谓的"条件事件",这时事件调度策略的弱点便会显现出来。其原因在于,条件事件的不确定性较强,所以无法预定事件的下一次发生时间。所以,尽管事件调度法的优点是节省处理时间,但其缺点是对复杂系统的模拟实现和程序设计较为复杂。

活动扫描法是针对系统活动时间不确定性较强的系统产生的。按活动扫描法的观点,系统由成分组成,而成分包含活动,这些活动的发生必须满足某些条件。每一个主动成分均有一个相应的活动子程序。在采用"活动"的观点建模时,活动扫描法要求定义系统中所有"活动"及相应处理"活动"的子程序,包括定义活动发生的条件、活动发生的时间。活动发生的时间也作为条件之一,但它具有最高的优先权。

**2. 活动扫描法的时间推进策略**

活动扫描法的时间推进策略包括两个控制模拟流程的基本部件:活动扫描部件和条件处理部件。

(1)活动扫描部件:任务是在模拟的每一步,对系统中定义的全部活动按优先级从高到低逐个扫描。

(2)条件处理部件:对被扫描活动的有关条件进行测试。

活动扫描法使用活动表(activity list,AL)。活动表是一个包含各主动成分活动记录的集合。每个活动记录由一个多元组构成,表3.23所示为一个活动表的结构。

表 3.23 一个活动表的结构示意图

| 成　　分 | 系统模拟时钟 | 活 动 时 间 | 活 动 类 型 | 条件测试结果 |
|---|---|---|---|---|
| $a_1$ | $TIME_1$ | $t_1$ | Activity1 | YES |
| $a_2$ | $TIME_2$ | $t_2$ | Activity2 | NO |
| … | … | … | … | … |
| $a_n$ | $TIME_n$ | $t_n$ | Activity$n$ | NO |

活动扫描法是按照活动的开始、结束时刻来推进模拟时钟。它们不仅取决于时间,还取决于条件因素。设置两类模拟时钟:系统模拟时钟TIME,主动成分的模拟时钟$t_a(i)$,$i=1,2,\cdots,m$。

$t_a(i) > TIME$,表示该活动$i$在将来某一时刻$t_a(i)$可能发生。

$t_a(i) = TIME$,表示该活动如果条件满足立即发生。

$t_a(i) < TIME$,表示该活动按预定时间早该发生,但因条件没满足,到目前实际上没发生。当前是否发生,需要判断其发生的条件。

活动扫描法模拟时钟TIME的推进原理如图3.26所示。首先扫描所有活动,将系统模拟钟推进到下一最早发生的活动生成时刻$t_1$，成分$a$经历活动从事件1变到了事件2，活动结束。时钟从$t_2$跳到$t_3$，成分$a$再次经过活动并从事件3转移到事件4。最后，判断模拟是否结束，否则重复此过程直到模拟结束。

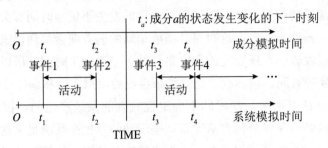

图 3.26　活动扫描法模拟时钟 TIME 的推进原理

活动扫描法的核心是建立活动子例程，包括此活动的发生所引起的自身的状态变化、对其他成分的状态产生的作用等，而条件处理模块则是这种策略实现的本质。

### 3. 活动扫描法的流程

活动扫描法的流程如图3.27所示。

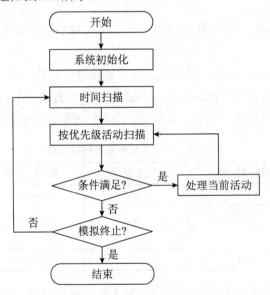

图 3.27　活动扫描法的流程

## 3.7.2　三段扫描法

### 1. 三段扫描法的基本概念

活动扫描法是对事件调度法的改进，但依然存在一些弱点：活动扫描法将确定事件、条件事件的活动例程同等对待，都要通过反复扫描来执行，因而影响程序执行效率。1963年，K.D.Tocher在活动扫描法的基础上，提出了三段扫描法。三段扫描法兼有活动扫描法程序实现简单和事件调度法时间推进高效的优点，在系统模拟中被大量采用。

1）活动例程的分类

三段扫描法的基本模型单元是活动例程。活动例程分为两类：B类活动例程（bound routine）和C类活动例程（condition routine）。B类活动例程：可明确预知活动的起始时间和结束时间的例程；C类活动例程：描述条件事件的活动例程，又称条件活动例程或合作活动例程。C类活动例程的发生和结束时间不可事先预知。

2）实体的三个重要属性

实体的三个重要属性是时间片（time cell）、可用性（availability）、下一活动（next activity）。

（1）时间片是指下一状态转移时间。只有该实体属于将来某时刻发生的B类活动时，该属性才有意义。

（2）可用性是一个布尔型的标志（True/False），用来表示该实体是否能属于将来某时刻发生的B类活动，或者说，该实体是否可以被无条件占用。标志为True时，表明可用；否则为不可用。

（3）下一活动同"时间片"属性，仅当"可用性"为False时，该属性才有意义，它表示"时间片"所预期的B类活动。

**2. 三段扫描法的基本特点**

三段扫描法兼有活动扫描法和事件调度法的优点。

（1）时间推进策略同活动扫描法，采用系统模拟时钟、主成分模拟时钟。

（2）使用活动表和事件表。

（3）使用活动处理子程序处理活动。

**3. 三段扫描法的基本描述**

1）A阶段：时间扫描

扫描事件表，找出下一最早发生事件。将系统模拟时钟推进到该事件发生的时刻TIME。系统时钟一直保持这一时刻直到下一个A阶段发生。其具体做法为：模拟控制程序搜寻出那些"可用性"属性为"False"且具有最小时间片的实体，并将时间片作为下一最早事件发生时刻。因为可能有多个B类活动在下一时刻发生，所以模拟控制程序必须记录在该时刻所有的不可用实体而形成一个DueNow列表。在当前时钟TIME下调用B类活动例程。

2）B阶段：执行DueNow列表

一旦DueNow列表形成，模拟控制程序将顺序扫描该表中的每个实体，从中挑选出可执行的实体，并对每一个可执行的实体进行如下操作。

（1）将实体从DueNow列表中删除。

（2）将该实体的"可用性"属性置为"True"。

（3）执行该实体的"下一活动"属性所代表的活动。

注意：执行一个相应的B类活动将导致同一实体或其他实体归属于当前B类活动或其他未来的B类活动。B类活动例程调用，按优先级执行。

3）C阶段：查询C事件表

注意对其中的事件进行条件测试，看看其条件是否满足。如果条件满足，则执行相应的操作。从最高优先级到最低优先级处理C类活动子例程。在查询C事件表期间，保持当前模拟钟不变，直到C事件表中所有的事件都不满足启动条件为止。

**4. 三段扫描法的流程**

三段扫描法的流程如图3.28所示。

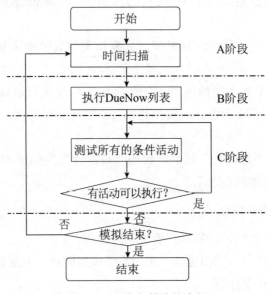

图 3.28　三段扫描法的流程

## 3.7.3　进程交互法

**1. 进程交互法的基本思想**

进程由若干个有序事件及若干有序活动组成，一个进程描述了它所包括的事件及活动时间的相互逻辑关系及时序关系。进程交互法采用进程描述系统，它将模型中的主动成分历经系统时所发生的事件及活动按时间顺序进行组合，从而形成进程表。一个成分一旦进入进程，它将完成该进程的全部活动。进程交互法是面向进程的，这种方法主要用于对实体活动较规则的系统。虽然这种方法较之其他方法要复杂得多，但从用户的观点看，这种策略更易于使用。

进程交互法是事件调度法与活动扫描法的结合，它是以模型的各主动成分的活动为主线来调度事件生成的顺序的。进程交互法使用事件表和活动表。这种策略要求建立两种事件表：当前事件表（current event list，CEL）和将来事件表（future event list，FEL）。

当前事件表：存放从当前时间点开始有资格执行的事件的记录，该事件是否能发生的条件尚未判断。

将来事件表：包含在将来某个模拟时刻发生的事件记录。每一个事件记录中有包括该事件的若干个属性项,其中必须有一个属性,说明该事件所在进程及在该进程中所处位置的指针。

在模拟过程中,当模拟时钟为TIME时,把满足$t_a <$ TIME 的所有事件从FEL移动到CEL。取出 CEL中的事件,判断所属的进程及在进程中的位置,判断该事件发生的条件是否满足,如条件满足则该进程尽可能地连续推进,直到进程结束。如该进程推进过程中,条件不满足,则记录该进程的位置,退出该进程。如此循环进行,直到CEL事件处理完毕。

**2. 进程交互法的流程**

进程交互法的流程如图3.29所示。

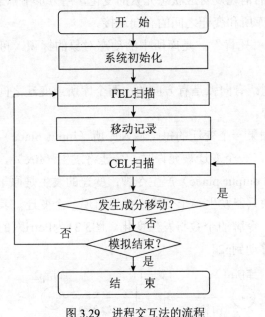

图 3.29　进程交互法的流程

## 3.8　Petri网模型

### 3.8.1　Petri网概述

Petri网是德国人卡尔·亚当·佩特里(Carl Adam Petri,1926—2010)于1962年提出的离散分布并行系统或称离散事件动态系统的表示方法。Petri网模型既有严格的形式化数学表述方式,也有直观的图形表达方式,尤其适合对异步并发系统的建模和分析。目前,Petri网建模方法在软件设计(尤其是模型驱动设计)、工作流管理、流程控制、协议验证、生产管理、信息网络等领域都有广泛应用。本小节对Petri网的基本概念和方法做简要介绍。

**1. Petri网的构成**

经典Petri网由两种节点:库所(place)和变迁(transition),以及有向弧(arc)和令牌(token)等元素组成。图3.30为经典Petri网的一个示例。

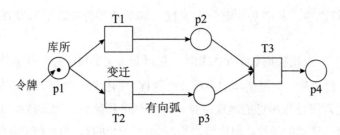

图 3.30　经典 Petri 网的一个示例

（1）库所：即状态元素，表示一个存放一定资源的场所，用圆形节点表示。

（2）变迁：资源的消耗及对应状态元素的变化，用方形节点表示。

（3）有向弧：是库所和变迁之间的有向连接。

（4）令牌：又称"托肯"，是库所中的动态对象的标识，可以从一个库所移动到另一个库所。

Petri网有如下规则：有向弧是有方向的；两个库所或变迁之间不允许有弧；库所可以拥有任意数量的令牌。

Petri网的行为：如果一个变迁的每个输入库所（input place）都拥有令牌，该变迁即为被允许（enable）。一个变迁被允许时，变迁将发生（fire），输入库所的令牌被消耗，同时为输出库所（output place）产生令牌；变迁的发生是原子的；有两个变迁都被允许的可能，但是一次只能发生一个变迁；如果出现一个变迁，其输入库所的个数与输出库所的个数不相等，令牌的个数将发生变化。图3.31为Petri网的行为示例，其中变迁T1被允许，令牌从p1移动到p2。

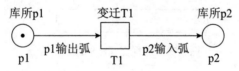

图 3.31　Petri 网的行为示例

### 2. Petri网的形式化定义

一个Petri网 $PN$ 可表示为一个六元组，$PN = (P, T, F, W, M, M_0)$。

其中：

$P = \{p_1, \cdots, p_m\}$，是有限库所节点的集合，$m \geq 0$。

$T = \{t_1, \cdots, t_n\}$，是有限变迁节点的集合，$n \geq 0$。$P \cap T = \varnothing$（$P$、$T$不相交），$P \cup T \neq \varnothing$（$P$、$T$不同时为空）。

$F \in (P \times T) \cup (T \times P)$：$F$ 只存在于 $P$ 与 $T$ 之间，为有向弧，表示由一个 $P$ 元素和一个 $T$ 元素组成的有序偶集合，称为流关系。

$W: F \to \{1, 2, \cdots\}$ 为有向弧的权函数。

$M: P \to \{1, 2, \cdots\}$（集合 $P$ 到非负整数的映射）为状态标识（marking），用令牌表示。

$M_0$：$P \to \{1,2,\cdots\}$（集合$P$到非负整数的映射）为初始状态标识（initial marking）。

对一个$PN$，用$N = (P, T, F, W)$表示Petri网的结构，网$(N, M)$为标识网，为一个二元图。图3.32为Petri网的定义方法示意图。

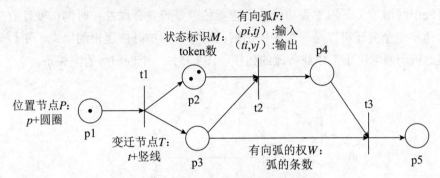

图 3.32　Petri 网的定义方法示意图

用Petri网对一个离散事件系统建模，需要做如下抽象化处理。库所表示系统资源、活动，变迁代表事件，令牌表示实体及其状态（人，货物，机器，信息，条件），弧是系统的流程，发火（fire）代表事件的生成。

**例3.10**　一个由两台机器组成的工件加工系统，如图3.33所示。工件J依次由机器M1、M2加工，M1、M2之间无缓冲区。初始状态为：有1个待加工工件，机器M1、M2均为空闲。试用Petri网建立该系统的模型。

图 3.33　Petri 网建模

**解**：对如图3.33所示的加工系统，采用Petri网进行建模。

库所：J在机器M1、M2的加工活动定义为p1、p2，将机器M1、M2以及工件J定义为p3、p4、p5。

变迁：J在机器M1、M2加工的开始事件定义为变迁t1、t2，在机器M2加工的结束事件定义为变迁t3。由于M1、M2之间无缓冲区，因此无须定义工件J在M1的加工结束事件。

建模初始状态如图3.34所示。

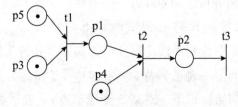

图 3.34　建模初始状态

$M0 = [M0(\text{p1}), M0(\text{p2}), M0(\text{p3}), M0(\text{p4}), M0(\text{p5})] = [0,0,1,1,1]$

### 3. 高级Petri网

经典Petri网具有某些局限性，如：无法测试库所中的零令牌，模型容易变得庞大，模型不能反映时间方面的内容，不支持构造大规模模型等。

高级Petri网增加了下列主要功能：令牌着色：令牌具有属性；时间：变迁有延迟时间；层次化：一个变迁可以是一个子Petri网；时序：增加时序逻辑的定义，更好地描述行为过程。Petri网可用于工作业务流的建模，图3.35为一个Petri网的流关系。

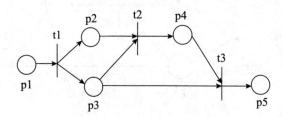

图 3.35　一个 Petri 网的流关系

Petri网的特点如下。

（1）能很好地表达离散事件动态系统建模中常遇到的平行、同步、冲突和因果依赖等关系。

（2）为系统的形式化分析提供了良好的条件。

（3）用图形进行形象化描述，提高了模型的可读性。

（4）可以方便地建立层次化Petri网模型。

（5）与系统结构关系密切，可描述信息流与物流，易于在控制模型的基础上直接实现控制系统。

## 3.8.2　Petri网与系统分析

Petri网主要从逻辑角度分析离散事件系统的结构、行为和参数是否满足预期的逻辑关系。用Petri网进行系统分析的主要指标有可达性（reachability）、有界性（boundness）和安全性（safeness）、活性（liveness）、死锁（deadlock）与陷阱（trap）、冲突（conflict）等。分析这些性质有助于理解Petri网的动态性能。

（1）可达性：在给定初始标识下，"托肯"通过一系列变迁可以达到的状态。其分析方法有基于图的可达树分析法和矩阵方程分析法。

（2）有界性和安全性：在给定初始标识下，对任一个节点$pi$，"托肯"数$M(pi) \leq K$（有限正整数）叫作有界性；对任一个$pi$，"托肯"数$M(pi) \leq 1$（$K=1$）叫作安全性。可见，安全性是一种最为苛刻的有界性（无阻塞）。

（3）活性：在给定初始标识下，对某一变迁节点$t$，在"托肯"可达范围内，都可以找到一个发射序列，则称此变迁节点$t$是活的。如果该网的每一个变迁节点都是活的，则称此Petri网是活的。

（4）死锁与陷阱：死锁是某一变迁节点 $t$，在任一状态标识下都不具有发射权。这时，变迁节点 $t$ 所连接的库所节点的输入必定也是该库所的输出，从而形成死锁。所谓陷阱则是对某一库所节点 $p$，始终含有"托肯"，库所节点的输出同时也是其输入，从而形成陷阱。

（5）冲突：多个变迁节点同时具有发射权，但其输入库所节点为共享，使一个变迁节点发射导致其他一些变迁节点不能发射，称为冲突。

Petri网是一种基于逻辑层次的离散事件系统模型。其分析方法有基于图的可达树法和矩阵方程分析法。Petri网是基于状态描述的，对于大规模离散事件系统来说，其模型的规模庞大，会产生"维数灾难"问题。对实际复杂系统，Petri网难以完整建模。对于Petri网模型，往往将其转换为模拟模型。对于大规模离散事件系统，一般不适于Petri网模型。

## 本章小结

本章讨论了离散事件系统的模型和建模方法。首先介绍了三类经典的离散事件系统模型：排队模型、存储模型和网络计划模型。实践表明，离散事件系统的分析、设计仅仅依赖理论解析模型是不够的，对于复杂的离散事件系统，必须借助系统模拟技术。针对离散事件系统的模拟，介绍了相关的术语及基于事件观点的模拟时间推进策略。通过手动的模拟推演过程，清晰地展示了离散事件系统模拟的计算过程，可以了解模拟过程中实体之间的逻辑联系、时间的推进以及事件间的关系，活动的关系等。此外，还介绍了其他几种离散事件系统模拟策略，包括活动扫描法、三段扫描法和进程交互法。最后，介绍了面向离散事件系统的Petri网建模的基本概念和功能特点。

## 即测即练题

请扫描二维码，参加即测即评练习。

即测即练题

## 思考练习题

1. 试说明离散事件系统的特点。
2. 简述排队模型的基本构成和基本过程。

3. 不同排队规则的特点是什么?
4. 试说明用Kendall方法描述的排队系统G/D/5/∞/∞的含义。
5. 试说明用Kendall方法描述的排队系统M/M/3/9/∞/FCFS的含义。
6. 试说明用Kendall方法描述的排队系统G/M/5/9/∞的含义。
7. 试说明排队网络模型的特点。
8. 单周期存储模型和多周期存储模型有什么不同?
9. 系统中的实体与资源有什么不同?
10. 试说明事件与活动的区别及联系。
11. 试说明属性和变量之间的区别。
12. 系统的状态都包括哪些信息?
13. 以事件调度的观点看,离散事件系统模拟的时间推进特点是什么?
14. 简述事件调度法的模拟流程。
15. 一个离散事件系统模拟软件包括哪些构成要素?
16. 为什么说事件调度法处理条件事件比较困难?
17. 哪些系统模拟策略既使用事件表又使用活动表?
18. Petri网模型的特点是什么?
19. 医院门诊系统建模问题。病人到达医院的模式服从泊松分布,两名病人相继到达的平均时间间隔为20秒。病人到达后先去挂号,共有3个挂号窗口,每次挂号所用的时间服从均值为30秒的指数分布。医院每天上午8点开始到12点为止,最多可以接纳600名病人就诊。病人挂号后以相等的概率分别去5个科室看病,每个科室有3名大夫,为每名病人的初诊时间服从正态分布$N(5,4)$(单位:分钟,下同),每个诊室可容纳6人。有70%的病人初诊后需要去检查室进一步检查,30%的病人去付款取药。检查室有20名护士,可同时容纳20名病人,每次检查所用的时间服从均值为3分钟的指数分布,病人需要等待20分钟取检查结果,然后回到原来的诊室看大夫。大夫复诊开药的时间服从正态分布$N(2,1)$。病人复诊后去付款取药,共有3个付款取药处,病人在取药窗口的平均取药时间服从均值为1分钟的指数分布。结账取药完毕后,病人离开医院。

按要求回答下列问题:
(1)画出到该医院系统就诊的病人的实体活动流程图。
(2)请列出医院系统的离散事件系统模拟建模要素:①实体;②资源;③事件(根据实体活动流程图回答);④活动(根据实体活动流程图回答)。
(3)试写出在$t$时间内有$n$位病人到达的概率分布函数。并写出1小时内有100名病人到达医院的概率表达式。
(4)试写出相继两位病人到达医院的时间间隔的概率分布函数表达式。
(5)画出该医院就诊系统的排队网络图,并用Kendall方法描述各个处理单元的排队系统的构成。

（6）设到达医院的病人有50%是网上挂号，请问医院该如何重新配置挂号窗口的服务资源？

20. 某修理店只有一个修理工，来修理的顾客到达的次数服从泊松分布，平均每小时4人；修理时间服从负指数分布，每次服务平均需要6分钟。求：

（1）修理店空闲的概率；
（2）店内有3个顾客的概率；
（3）店内至少有1个顾客的概率；
（4）在店内平均顾客数；
（5）顾客在店内的平均逗留时间；
（6）等待服务的平均顾客数；
（7）平均等待修理时间。

# 第4章
# 连续系统模拟

## 学习目标

通过本章学习，读者应该能够：
1. 理解连续系统模拟的基本原理并掌握微分方程的数值求解方法；
2. 理解并掌握系统动力学基本概念、基本原理和建模方法；
3. 理解一阶系统和二阶系统的行为特点。

## 4.1 连续系统的建模

### 4.1.1 连续系统的数学模型

连续系统是指系统的状态变量随时间连续变化的系统。连续系统的数学模型一般用微分方程描述。对于集中参数系统，一般用一组微分方程描述。对于分布参数系统，一般用一组偏微分方程描述。连续系统的数学模型有三类，分别是微分方程模型、传递函数模型和状态空间模型。有关连续系统的相关基本概念介绍如下。

**1. 基本概念**

（1）状态变量。状态变量指的是足以完全表征系统状态的个数最小的一组变量。状态变量一般包括水平变量（level variable）、速率变量（rate variable）。一个用$n$阶微分方程描述的系统有$n$个独立变量。

（2）状态向量。形如$\boldsymbol{x}^T(t)=[x_1(t),\cdots,x_n(t)]$的向量为状态向量。其中，状态变量$x_i(t)$是向量$\boldsymbol{x}^T(t)$的分量。

（3）状态空间。由系统状态变量$x_1(t),\cdots,x_n(t)$为坐标轴所构成的$n$维空间称为状态空间（state space）。在某一时刻$t$，状态向量$\boldsymbol{x}^T(t)$在状态空间中是一个点。随着时间的推移，$\boldsymbol{x}^T(t)$在状态空间中描绘出一条曲线，称为轨迹曲线。

（4）状态方程。状态方程指的是由系统状态变量构成的一阶微分方程组。它是描述连续系统的数学模型。如果系统的输入量$u(t)$、输出量$y(t)$、系统内部状态变量$x(t)$都是时间的连续函数，则可用连续时间模型。否则需要用离散模型表示上述的离散时间序列。

（5）模拟时间/模拟时钟。模拟时间/模拟时钟与离散事件系统中的模拟时钟概念相同。对于连续系统模拟，模拟时钟一般采用固定步长时间推进机制。

**2. 连续系统模型的分类**

连续系统模型分为微分方程模型、传递函数模型以及状态空间模型。这三类模型的对比可以参照表4.1。本书主要讨论微分方程模型的建模与模拟问题。

表 4.1 连续系统模型的分类

| 模型分类 | 表达式 | 说　明 |
| --- | --- | --- |
| 微分方程模型 | 设定系统的输入、输出参数<br><br>微分方程模型<br>偏微分方程模型<br>差分方程模型 | 求出输入参数和输出参数之间的关系，往往是一个高阶微分方程<br>面向集中参数系统<br>面向分布参数系统<br>面向连续时间离散化的系统 |
| 传递函数模型 | 用传递函数表示上述方程 | 简便，但对于动态系统不适合 |
| 状态空间模型 | 由系统的状态变量表示的一组微分方程组 | 求出由系统状态变量表示的一组微分方程组 |

### 4.1.2 连续系统建模方法

**1. 基于机理的建模方法**

建立系统数学模型的主要方法有两种。

（1）机理建模法。根据物理定律，列出系统各变量之间的关系的动力学方程，然后得到所需要的微分方程。通常有高阶微分方程、一阶微分方程组、状态方程、传递函数等。

（2）系统辨识建模法。对系统施加一定的实验信号，根据输入、输出数据进行分析，得到较好描述输入-输出关系的数学模型。

**例4.1** 如图4.1所示的RLC电路系统，其中，系统的输入量 $u(t)$、输出量 $u_c(t)$，试建立该系统的微分方程模型。

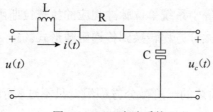

图 4.1 RLC 电路系统

**解**：根据电路基本定律，列出如下的微分方程：

$$u(t) = \frac{L \mathrm{d}i(t)}{\mathrm{d}t} + Ri(t) + u_c(t)$$

$$i(t) = \frac{C \mathrm{d}u_c(t)}{\mathrm{d}t}$$

整理上述方程，分别使用高阶微分方程、一阶微分方程组方法建立微分方程模型。

1）高阶微分方程

将所有原始微分方程合并为一个总微分方程。在该微分方程中只包括输入量、输出项、导数项。消去中间变量 $i(t)$，得到

$$\frac{LC\mathrm{d}^2 u_c(t)}{\mathrm{d}t^2} + \frac{RC\mathrm{d}u_c(t)}{\mathrm{d}t} + u_c(t) = u(t) \tag{4.1}$$

该微分方程的最高阶导数为2，于是该微分方程为二阶微分方程，即该系统为二阶系统。系统的阶次与微分方程的阶次相同。

2）一阶微分方程组

一阶微分方程组中的每一个方程只包含一个未知量，其最高阶导数为1，方程个数与未知变量个数相等。这些未知变量称为状态变量，它们是系统中的独立变量。这些状态变量完全确定了系统的状态，其个数等于系统的阶次。

选 $i(t)$、$u_c(t)$ 为状态变量，可求得如下的微分方程组：

$$\begin{cases} \dfrac{\mathrm{d}i(t)}{\mathrm{d}t} = -\dfrac{Ri(t)}{L} - \dfrac{u_c(t)}{L} + \dfrac{u(t)}{L} \\ \dfrac{\mathrm{d}u_c(t)}{\mathrm{d}t} = \dfrac{i(t)}{C} \end{cases} \tag{4.2}$$

可以看到，对于高阶微分方程法，已知输入 $u(t)$，初始条件 $u_c(0)$、$\mathrm{d}u_c(0)/\mathrm{d}t$，即可得出输出 $u_c(t)$，便于手工解析。对于一阶微分方程组，已知输入 $u(t)$、初始条件 $u_c(0)$ 和 $i(0)$，即可得出输出 $u_c(t)$，便于计算机数值求解。

3）传递函数表示法

微分方程模型的求解往往比较困难，也不便于系统的分析与设计。如不需要准确解，可采用传递函数表示法。传递函数具有如下性质。

（1）适用于线性、定常、集总参数系统。

（2）只与系统的结构有关，与系统的变量无关，可用来分析系统的稳定性。

（3）系统的传递函数等于系统单位脉冲相应的拉普拉斯函数。

（4）可由系统的高阶微分方程转换到传递函数形式。

**2. 状态方程建模方法**

状态方程实际上就是前述的一阶微分方程组，只不过表示成矩阵和向量的形式，因而更加简洁。前述一阶微分方程组（4.2）中，令

$$\boldsymbol{x} = \begin{bmatrix} i(t) \\ u_c(t) \end{bmatrix}, \quad \boldsymbol{A} = \begin{bmatrix} -\dfrac{R}{L} & -\dfrac{1}{L} \\ \dfrac{1}{C} & 0 \end{bmatrix}, \quad \boldsymbol{B} = \begin{bmatrix} \dfrac{1}{L} \\ 0 \end{bmatrix}$$

则式（4.2）可以写成如下矩阵形式：

$$\frac{\mathrm{d}\boldsymbol{x}(t)}{\mathrm{d}t} = \boldsymbol{A}\boldsymbol{x}(t) + \boldsymbol{B}u(t)$$

其中，$\boldsymbol{x}$ 称为状态向量，其中的元素称为状态变量。系统的输出方程是指在指定系统输

出的情况下，该输出与状态变量之间的函数关系式。指定 $u_c(t)$ 为系统输出，一般输出用 $y$ 表示，有 $y(t) = u_c(t)$，则输出方程可以表示为

$$y(t) = u_c(t) = \begin{bmatrix} 0 & 1 \end{bmatrix} \begin{bmatrix} i(t) \\ u_c(t) \end{bmatrix} = \boldsymbol{C}\boldsymbol{x}(t)$$

系统的状态空间表达式是状态方程和输出方程的综合，本系统的状态空间表达式为

$$\dot{\boldsymbol{x}}(t) = \boldsymbol{A}\boldsymbol{x}(t) + \boldsymbol{B}\boldsymbol{u}(t)$$
$$y(t) = \boldsymbol{C}\boldsymbol{x}(t)$$

一般情况下，系统的状态方程模型可以表示为

$$\begin{cases} \dot{\boldsymbol{x}}(t) = \boldsymbol{A}\boldsymbol{x}(t) + \boldsymbol{B}\boldsymbol{u}(t) \\ \boldsymbol{y}(t) = \boldsymbol{C}\boldsymbol{x}(t) + \boldsymbol{D}\boldsymbol{u}(t) \end{cases} \tag{4.3}$$

其中，$\boldsymbol{x}(t) = [x_1(t), \cdots, x_n(t)]^T$ 是 $n$ 维状态向量，$\boldsymbol{u}(t) = [u_1(t), \cdots, u_m(t)]^T$ 是 $m$ 维输入向量，$\boldsymbol{y}(t) = [y_1(t), \cdots, y_r(t)]^T$ 是 $r$ 维输出向量。$\boldsymbol{A}_{n\times n}$、$\boldsymbol{B}_{n\times m}$、$\boldsymbol{C}_{r\times n}$、$\boldsymbol{D}_{r\times m}$ 是系数矩阵，其中 $\boldsymbol{A}_{n\times n}$ 为系统矩阵，$\boldsymbol{B}_{n\times m}$ 为控制矩阵，$\boldsymbol{C}_{r\times n}$ 为输出矩阵，$\boldsymbol{D}_{r\times m}$ 为直接传递矩阵。当单输入/单输出时，$m = r = 1$，$u$ 和 $y$ 均为标量。系统状态方程如图4.2所示。

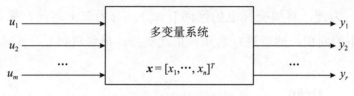

图 4.2 系统状态方程

状态向量的元素是一组独立的状态变量，它们完全决定了系统的状态。状态向量的选择不是唯一的。与传递函数模型只适用于线性、定常、集总参数系统相比，状态方程模型的适用范围更宽。状态方程模型的表示方式比较简洁，其本质就是一阶微分方程组，属于时域的模型表示，适用于用计算机求解。

## 4.2 连续系统的模拟

### 4.2.1 连续系统模拟方法

**1. 基本原理**

连续系统模拟就是描述连续系统的状态空间随模拟时钟的推进而不断演变的过程。一般连续系统模型用微分方程形式给出，因此，连续系统模拟可归结为用计算机求解微分方程的数值解问题。其中，数值积分法就是对常微分方程建立起离散形式的数学模型——差分方程，然后求出其数值解。其基本步骤为：首先求得系统的高阶微分方程模型；接着将其转换为一阶微分方程组或状态方程形式；最后利用数值积分求解。

**2. 数值积分法**

设一阶微分方程及其初值问题表示如下。

$$\begin{cases} \dot{y} = f(t,y) & a \leq t \leq b \\ y(a) = y_0 \end{cases} \tag{4.4}$$

数值积分法是解决在已知初值的情况下,对$f(t,y)$进行近似积分,对$y(t)$进行数值求解的方法。为此,对区间$[a,b]$进行分割,$a = t_0 < t_1 < \cdots < t_N = b$,记$h = t_{n+1} - t_n$($n = 0,1,\cdots,N-1$)为步长,设方程(4.4)在$t = t_0, t_1, \cdots, t_n, \cdots$处的形式上的连续解为

$$y(t_{n+1}) = y(t_0) + \int_{t_0}^{t_{n+1}} f(t,y) \mathrm{d}t = y(t_n) + \int_{t_n}^{t_{n+1}} f(t,y) \mathrm{d}t$$

令$Q_n = \int_{t_n}^{t_{n+1}} f(t,y) \mathrm{d}t$,则需要找到一个近似公式来近似连续解:

$$y_{n+1} \approx y_n + Q_n$$

其中,$y_n$为准确解$y(t_n)$的近似解;$Q_n$是准确积分的近似值。

上述数值积分法的原理示意图如图4.3所示。其目的是求出区间$[t_0, t_N]$范围内$y(t)$下的面积。为此,将横坐标上的区间$[t_0, t_N]$划分为若干单元,先计算出每一单元范围内$y(t)$下的面积,然后进行累加,依次类推,最终求得$[t_0, t_N]$区间内$y(t)$下的面积。

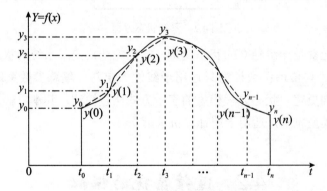

图4.3 数值积分法的原理示意图

数值积分法可以分为三类,分别是单步法、多步法、预估-校正法。其中单步法只由前一时刻的数值$y_n$来求得后一时刻的数值$y_{n+1}$。多步法则在计算$y_{n+1}$时需要用到以前的多个时刻的$y$值。数值积分法计算公式包括显式公式和隐式公式。其中显式公式指的是计算$y_{n+1}$的公式中所用数值均已算出。隐式公式指的是在计算$y_{n+1}$的公式中含有未知量$y_{n+1}$的递推公式。隐式公式相比显式公式具有更高的精度和稳定性。主要的数值积分法有欧拉法、梯形法、龙格-库塔(Runge-Kutta)法、线性多步法、变步长法。这五种方法的对比如表4.2所示。

表 4.2  主要数值积分法

| 大 类 | 方法说明 | 计算公式 |
| --- | --- | --- |
| 欧拉法 | 也叫矩形法。简单且精度低，但反映一般原理 | 显式公式 |
| 梯形法 | 用梯形代替矩形进行计算 | 隐式公式。常综合采用预估-校正法 |
| 龙格-库塔法 | 间接利用泰勒展开进行计算 | 显式、隐式、半隐式公式 |
| 线性多步法 | 利用前面多步的信息进行计算 | 显式、隐式公式。常综合采用预估-校正法 |
| 变步长法 | 计算过程中不断改变步长 | 显式、隐式、半隐式公式 |

**3. 欧拉法**

针对式（4.4）的一阶微分方程初值问题，对公式两端由 $t_0$ 到 $t_1$ 进行积分，得到

$$y(t_1) = y_0 + \int_{t_0}^{t_1} f(t, y) dt$$

其中，积分项为曲线 $f(t, y)$ 及 $t = t_0$、$t = t_1$ 包围的面积。当步长 $h = t_n - t_{n-1}$ 足够小时，可用矩形面积来近似，即

$$y(t_1) = y(t_0) + f(t_0, y_0)(t_1 - t_0)$$

令 $y(t_1)$ 的近似值为 $y_1$，则有

$$y_1 = y_0 + h f(t_0, y_0)$$

把 $t_1$ 作为初始点，重复上述做法，得到 $y_2$，$y_3$，…，$y_n$，有递推公式

$$y_{n+1} = y_n + h f(t_n, y_n) \tag{4.5}$$

欧拉法示意图如图4.4所示。其基本思路是，在计算每一单元的面积时，采用矩形面积近似逼近该单元 $y(t)$ 下的面积。欧拉法的特点是可以清晰地展示数值方法的基本思想且计算简单，但显然精度较低。

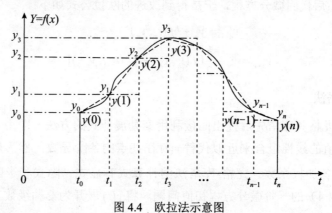

图 4.4  欧拉法示意图

**例4.2**  设系统方程为

$$\dot{y} + y^2 = 0, \quad y(0) = 1$$

试用欧拉法求其数值解（取步长 $h=0.1, 0 \leq t \leq 1$）。

**解**：原方程为

$$\dot{y} = -y^2, \quad f(t,y) = -y^2$$

递推公式为

$$y_{n+1} = y_n + hf(t_n, y_n) = y_n(1-0.1y_n)$$

$$t_0 = 0, y_0 = 1$$

$$t_1 = 0.1, y_1 = y_0(1-0.1y_0) = 0.9$$

$$t_2 = 0.2, y_2 = y_1(1-0.1y_1) = 0.819$$

$$\ldots$$

$$t_{10} = 1.0, y_{10} = y_9(1-0.1y_9) = 0.481$$

已知方程的解析解为 $y = \dfrac{1}{1+t}$，精确解与数值解的精度比较如表4.3所示。可以看出，其误差在 $10^{-2}$ 数量级，精度较差。

表4.3　精确解与数值解的精度比较

| $t$ | 0 | 0.1 | 0.2 | 0.3 | 0.4 | 0.5 | ... | 0.9 | 1.0 |
|---|---|---|---|---|---|---|---|---|---|
| 精确解 $y(t)$ | 1.000 | 0.909 | 0.833 | 0.769 | 0.714 | 0.667 | ... | 0.526 | 0.500 |
| 数值解 $y_n$ | 1.000 | 0.900 | 0.819 | 0.752 | 0.695 | 0.647 | ... | 0.507 | 0.481 |

**4. 梯形法**

基于欧拉公式的思想，用梯形面积替代矩形面积进行近似计算，则有

$$y_{n+1} = y_n + \frac{h}{2}[f(t_n, y_n) + f(t_{n+1}, y_{n+1})]$$

显然，该计算公式为隐式公式。为了求得 $f(t_{n+1}, y_{n+1})$，可以用欧拉公式求出 $y(t_{n+1})$ 的近似值 $y_{n+1}^p$，然后代回微分方程，于是得到改进的欧拉公式如下：

$$y_{n+1}^p = y_n + hf(t_n, y_n) \tag{4.6}$$

$$y_{n+1} = y_n + \frac{h}{2}[f(t_n, y_n) + f^p(t_{n+1}, y_{n+1}^p)]$$

**5. 龙格-库塔法**

德国数学家龙格和库塔先后提出间接利用泰勒展开式的方法，即用几个点上的函数 $y(t)$ 的一阶导数值的线性组合来近似代替 $y(t)$ 在某点的各阶导数，然后用泰勒展开式确定线性组合中的各加权系数。龙格-库塔法的计算式有显式、隐式和半隐式。对于显式公式，考虑式（4.4）的一阶微分方程初值问题。将 $y(t)$ 展开为泰勒级数

$$y(t+h) = y(t) + h\dot{y}(t) + \frac{h^2}{2}\ddot{y}(t) + \cdots$$

$$\ddot{y}(t) = \frac{\mathrm{d}y}{\mathrm{d}t}[f(t,y)] = \frac{\partial f}{\partial t} + \frac{\partial f}{\partial y}\frac{\partial y}{\partial t} = \frac{\partial f}{\partial t} + \frac{\partial f}{\partial y}f(t,y)$$

$$y(t+h) = y(t) + hf(t,y) + \frac{h^2}{2!}[\frac{\partial f}{\partial t} + \frac{\partial f}{\partial y}f(t,y)] + \cdots$$

为了避免计算导数和偏导数，将上式写成

$$y(t+h) = y(t) + h\sum_{i=1}^{r} b_i k_i$$

其中，$r$ 为阶数，$b_i$ 为待定系数，$k_i$ 由下式决定：

$$k_i = f(t + c_i h, y(t) + \sum_{j=1}^{i-1} a_j k_j)(i=1,2,\cdots r)$$

且取 $a_1 = c_1 = 0$，下面讨论 $r$ 的取值。

（1）$r=1$，此时 $k_1 = f(t,y)$，则

$$y(t+h) = y(t) + b_1 h f(t,y) \tag{4.7}$$

取 $b_1 = 1$，得一阶龙格-库塔公式，即为欧拉公式。

（2）$r=2$，此时 $k_1 = f(t,y)$，则

$$k_2 = f(t + c_2 h, y(t) + a_1 k_1 h)$$

将 $k_2$ 在点 $(t,y)$ 处展开为泰勒级数，取 $a_1 = 1$，$b_1 = b_2 = \frac{1}{2}$，$c_2 = 1$，可得

$$\begin{cases} y_{n+1} = y_n + \frac{h}{2}(k_1 + k_2) \\ k_1 = f(t_n, y_n) \\ k_2 = f(t_n + h, y_n + hk_1) \end{cases} \tag{4.8}$$

则此公式为改进的欧拉公式。

（3）$r=3$，此时可以推出常用的三阶龙格-库塔公式。

$$\begin{cases} y_{n+1} = y_n + \frac{h}{4}(k_1 + 3k_3) \\ k_1 = f(t_n, y_n) \\ k_2 = f(t_n + \frac{h}{3}, y_n + \frac{h}{3}k_1) \\ k_3 = f(t_n + \frac{2h}{3}, y_n + \frac{2h}{3}k_2) \end{cases} \tag{4.9}$$

（4）$r=4$，同样，可以推出常用的四阶龙格-库塔公式。

$$\begin{cases} y_{n+1} = y_n + \frac{h}{6}(k_1 + 2k_2 + 2k_3 + k_4) \\ k_1 = f(t_n, y_n) \\ k_2 = f(t_n + \frac{h}{2}, y_n + \frac{h}{2}k_1) \\ k_3 = f(t_n + \frac{h}{2}, y_n + \frac{h}{2}k_2) \\ k_4 = f(t_n + h, y_n + hk_3) \end{cases} \tag{4.10}$$

**例4.3** 设有微分方程：$\dot{y} = 3x + y^2 - 3$，$y(-1) = 1$。求解下列问题：

（1）用欧拉法求解 $y(x)$ 的前三个数值。取 $x_0 = -1$，步长 $h = 1$，计算到 $x = 1$。

（2）试给出四阶龙格-库塔法的递推公式表达式。取值及计算要求同上。

**解：**（1）欧拉法求解：

$$\dot{y} = 3x + y^2 - 3，即$$

$$f(x, y) = 3x + y^2 - 3$$

欧拉法公式：$y_{n+1} = y_n + hf(x_n, y_n)$，则得到三步计算过程：

$$x_0 = -1，y(x_0) = 1$$

$$x_1 = 0，y_1 = y_0 + hf(x_0, y_0) = 1 + 1 \times (3x_0 + y_0^2 - 3) = 1 + (-3 + 1 - 3) = 1 - 5 = -4$$

$$x_2 = 1，y_2 = y_1 + hf(x_1, y_1) = -4 + 1 \times (3x_1 + y_1^2 - 3) = -4 + (3 \times 0 + (-4)^2 - 3) = 9$$

（2）四阶龙格-库塔法的递推公式表达式：

$$y_{n+1} = y_n + \frac{h}{6}(k_1 + 2k_2 + 2k_3 + k_4)$$

$$k_1 = f(x_n, y_n) = 3x_n + y_n^2 - 3$$

$$k_2 = f(x_n + \frac{h}{2}, y_n + \frac{h}{2}k_1) = 3(x_n + \frac{h}{2}) + (y_n + \frac{h}{2}k_1)^2 - 3 = 3x_n + (y_n + \frac{1}{2}k_1)^2 - \frac{3}{2}$$

$$k_3 = f(x_n + \frac{h}{2}, y_n + \frac{h}{2}k_2) = 3(x_n + \frac{h}{2}) + (y_n + \frac{h}{2}k_2)^2 - 3 = 3x_n + (y_n + \frac{1}{2}k_2)^2 - \frac{3}{2}$$

$$k_4 = f(x_n + h, y_n + hk_3) = 3(x_n + h) + (y_n + hk_3)^2 - 3 = 3x_n + (y_n + k_3)^2$$

### 4.2.2 方法的选择及误差控制

**1. 误差及收敛性和稳定性**

数值积分法的误差指的是数值积分近似解与微分方程精确解之间的误差。该误差等于截断误差（泰勒级数展开附加项）和舍入误差（计算机字长引起的误差）的加和。

收敛性指的是对于 $t_n = t_0 + nh$，当 $h \to 0$（且 $n \to \infty$），求得的 $y_n \to y(y_n)$。

稳定性指的是由于误差传播，特别是步长 $h$ 过大时，会使一个稳定系统的模拟结果得出不稳定的结论。如果模拟计算结果对初始误差或计算误差不敏感，则该算法是稳定的，否则就是不稳定的。

**2. 数值积分法的选择**

有效的连续系统模拟必须针对具体问题，合理选择积分方法及步长。而选择积分方法要考虑的因素有精度的要求、计算的速度以及数值解的稳定性。

影响精度的因素包括截断误差、舍入误差和初始误差。在算法阶次选定时，多步法精度高于单步法，隐式法高于显式法。高精度模拟时采用高阶隐式多步算法，采用小步长进行，但是这样做会增加计算量。

计算速度取决于每步积分所花时间（导函数的复杂度）以及积分的总次数（步长）。在方法选定的情况下，如果能保证精度，则尽可能地加大步长。

保证数值解的稳定性是模拟有效成功的先决条件。当微分方程小于四阶时，同阶的龙格—库塔法的稳定性要比显式法更好。对于导函数不是很复杂的函数，且精度要求不是很高，可以采用四阶龙格—库塔法。对于导函数复杂、精度要求高的函数，可以采用Adams预估/校正法。对于实时连续系统模拟问题，可以采用实时模拟方法。

**3. 步长控制方法**

在连续系统模拟中，合理选择步长十分重要。模拟中的总误差不是步长的单调函数，而是一个极值函数。即存在一个最佳步长 $h$，使总误差最小。积分算法选定时，步长的选择要考虑系统的动态响应特性。对于变化剧烈的"快"变量，要选择高阶算法，并采用小步长进行模拟。为了保证计算的稳定性，步长只需要限定在最小时间常量的数量级即可。

## 4.3 系统动力学的基本原理

### 4.3.1 系统动力学基础

**1. 系统动力学的基本定义**

系统动力学是一门基于系统论，吸取反馈理论与信息论等，并借助计算机模拟技术，认识系统问题和解决系统问题交叉的综合性新学科，主要研究社会、经济、生态系统等复杂系统。系统动力学的基本思想是：系统内部结构及其变动主要地决定了系统的功能与行为；基本思路是：从系统思考的角度出发研究问题，定性分析与定量分析相结合，以系统动力学方法为主结合多种方法，建立综合的模型，进行计算机模拟与分析，并进行真实性检验和与实际社会经济系统对照，获得有意义的社会经济学结论。

**2. 系统动力学的学科基础**

系统动力学的学科基础可划分为三个层次，分别为方法论、基础理论和应用技术。

系统动力学的方法论是系统方法论，其基本原则是将所研究对象置于系统的形式中加以考察。系统方法论目前还不很完善，系统动力学自身的发展也将会不断丰富、充实系统方法论。系统动力学的基础理论包括反馈理论、控制理论、控制论、信息论、非线性系统理论、大系统理论和正在发展中的系统学。为了使系统动力学的理论与方法能真正用于分析研究实际系统，使系统动力学模型成为实际系统的"实验室"，必须借助计算机模拟技术。系统动力学模拟软件已经经历几代的发展，已非常成熟易用，常见的有

Dynamo、Vensim、Powersim等。

### 3. 系统动力学的系统描述

根据分解原理，系统$S$可划分成若干个（$p$个）相互关联的子系统（子结构）$S_i$。$S = \{S_i \in S \mid i = 1, 2, \cdots, p\}$，其中$S$代表整个系统，$S_i$代表子系统。每个子系统$S_i$都是由基本单元、反馈回路组成，最小的子系统是一阶反馈回路，它包含状态变量、速率变量及辅助变量。

系统动力学的系统描述如图4.5所示。系统可以用一组随时间变化的状态变量 $X = (x_1, x_2, \cdots, x_n)$ 描述，即系统的相空间。系统有一定的输入：$U = (u_1, u_2, \cdots, u_m)$，即控制量。系统是通过相互作用而发展变化的，即 $X' = f(X, U, t)$。系统动力学的系统模型可用一个一阶微分方程组表示。

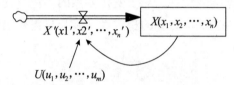

图 4.5 系统动力学的系统描述

系统动力学模型的数学描述如式（4.11）、式（4.12）所示。

$$\dot{L} = PR \tag{4.11}$$

$$\begin{bmatrix} R \\ A \end{bmatrix} = W \begin{bmatrix} L \\ A \end{bmatrix} \tag{4.12}$$

其中，$L$为状态变量向量，$\dot{L}$为状态变量向量的变化率，即纯速率变量向量，$P$为转移矩阵，$R$为速率变量向量，$A$表示辅助变量向量，$W$表示关系矩阵。

## 4.3.2 动力学系统的行为模式与结构

### 1. 反馈的概念

反馈是指系统内同一单元或同一子块其输出与输入间的关系。对整个系统而言，"反馈"则指系统输出与来自外部环境的输入的关系。反馈可以从单元或子块或系统的输出直接连至其相应的输入，也可以经由媒介——其他单元、子块甚至其他系统实现。

反馈的概念是普遍存在的。如图4.6所示，空调设备是人们所熟知的，为了维持室内的温度，需要由热敏器件组成的温度继电器与冷却系统（或加热系统）联合运行。由前者负责室内温度的检测，并与给定的期望室温比较，然后把信息馈送至控制器，使冷却（或加热）器的作用在最大与关停之间进行调节，从而实现控制室温的目的。其中温度继电器就是反馈器件，上述的信息馈送过程就是信息反馈作用。

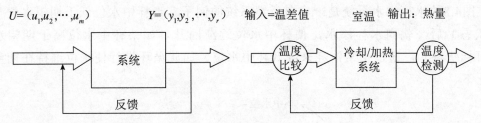

图 4.6 反馈示意图

**2. 反馈系统**

1) 闭环系统与开环系统

系统形成闭合的回路（或称环），称为反馈回路（或反馈环）。具有闭合回路的系统称为闭环系统。开环系统是相对于闭环系统（即反馈系统）而言的，因其内部未形成闭合的反馈环，像是被断开的环，故称为开环系统。

2) 反馈系统的定义

反馈系统就是包含反馈环节与其作用的系统，它由相互联结与作用的一组反馈回路构成。反馈回路就是由一系列的因果与相互作用链组成的闭合回路或者说是由信息与动作构成的闭合路径。反馈系统是闭环系统，它受系统本身的历史行为的影响，把历史行为的后果回授给系统本身，以影响系统未来的行为。

反馈系统中，具有单回路的系统是简单系统，具有3个回路以上的系统可被认为是复杂系统。反馈系统俯拾皆是，生物、环境、生态、工业、农业、经济和社会系统都是反馈系统。图4.6所示的室温空调控制系统是一个反馈系统。

3) 反馈系统的分类

反馈系统包括正反馈系统与负反馈系统。

（1）正反馈系统：包含正反馈回路的系统。正反馈回路的特点是：发生于其回路中任何一处的初始偏离与动作循回路一周将获得增大与加强。正反馈回路可具有诸如非稳定的、非平衡的、增长的和自增强的多种特性。在实际系统中，就系统产生的后果而言，正反馈回路可导致良性循环与恶性循环两类。图4.7为人口增加正反馈回路的举例。

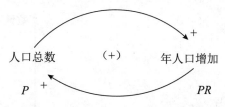

图 4.7 人口增加正反馈回路的举例

（2）负反馈系统：负反馈系统是包含负反馈回路的系统。负反馈回路的特点是：它力图缩小系统状态相对于目标状态（或某平衡状态）的偏离。负反馈回路亦可称为稳定回路、平衡回路或自校正回路。

图4.8的水杯添水系统是一个负反馈系统的例子。当杯中水位低于期望水位（目标状态）后，就向水杯添水，使杯中水位逐渐回升。如果杯中水位高于期望水位（目标状态），通过正常消耗来降低杯中水位。如此循环进行使水位维持在期望水位上下。

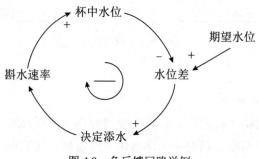

图 4.8　负反馈回路举例

### 3. 动态系统的行为模式

系统动力学认为：系统的行为模式由系统的结构决定。图4.9~图4.14为动态系统典型的几种行为模式。其中，图4.9为指数增长模式，由系统的正反馈结构决定。图4.10为寻的模式，由系统的负反馈结构决定。图4.11为振荡模式，由具有时间延迟的负反馈系统结构决定。图4.12为S形增长模式，由系统的带承载力约束的正-负反馈结构决定。图4.13为过度调整的增长模式，由时间延迟的S形增长模式的结构决定。图4.14为过度调整并崩溃模式，由带承载能力消耗的S形增长模式的结构所决定。

图 4.9　指数增长模式　　　　　图 4.10　寻的模式

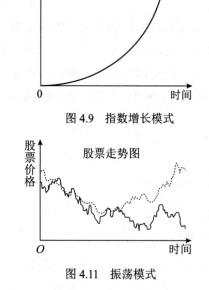

图 4.11　振荡模式

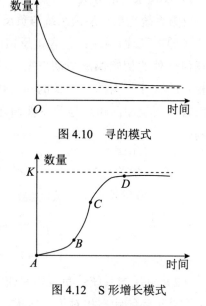

图 4.12　S形增长模式

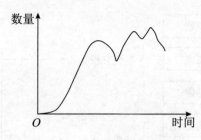

图 4.13 过度调整的增长模式

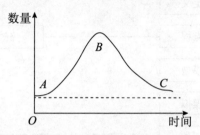

图 4.14 过度调整并崩溃模式

## 4.4 系统动力学的建模过程

### 4.4.1 建模过程概述

系统动力学解决问题的一般过程分为五部分，如图 4.15 所示。

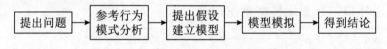

图 4.15 系统动力学解决问题的一般过程

（1）提出问题：明确建立模型的目的，即明确要研究和解决什么问题。

（2）参考行为模式分析：分析系统的事件及实际存在的行为模式，提出设想和期望的系统行为模式，作为改善和调整系统结构的目标。

（3）提出假设建立模型：由行为模式，提出系统的结构假设。由假设出发，设计系统的因果关系图、流图，并列出方程、定义参数，从而将一系列的系统动力学假设表示成清晰的数学关系集合。

（4）模型模拟：调整参数，运行模型，产生行为模式。已建立好的模型可作为一个系统实验室，可以通过实验参数和结构的变化来理解结构与系统行为模式的关系。

（5）得到结论：分析模型运行得到系统行为模式，得出系统分析的结论。

系统动力学建模流程如图 4.16 所示，建模流程可分为三个阶段，即初期（系统分析、结构分析）、中期（初步建立模型）与后期（完成模型调试）。其中，建模初期的重要环节有系统框图、因果回路图（causal loop diagram，CLD）与模型流图的构建。

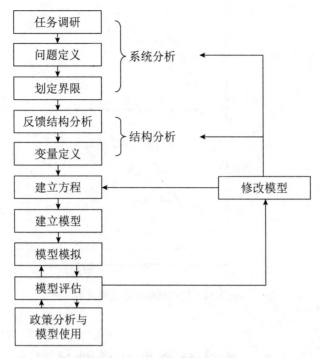

图 4.16　系统动力学建模流程

### 4.4.2　系统框图

系统框图是建模过程中的系统结构性构建，即系统分析的结果。图 4.17 为城市人口经济交通环境综合系统模型框图。

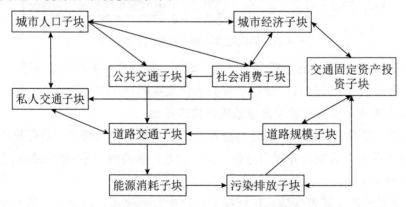

图 4.17　城市人口经济交通环境综合系统模型框图

### 4.4.3　因果回路图的构建

**1. 因果回路图**

因果回路图用于表达系统中变量的动态因果关系，用来构思模型的初始阶段，并且非技术性地、直观地描述模型结构，便于与建模的相关人员交流讨论。图 4.18 为库存控制系统的因果回路图示例。如图所示,发货使库存量减少,当库存低于期望库存水平时,系统开始订货,货物到达后使库存量回升。这样构成了库存水平的因果回路图。

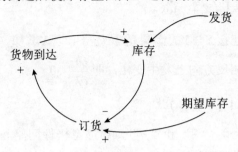

图 4.18 库存控制系统的因果回路图示例

**2. 因果图的记号**

因果链与反馈分析需要注意每个链条代表变量之间的因果关系,不是相关关系。反馈结构应形成闭合回路,图4.18是闭环回路,图4.19是开环回路。

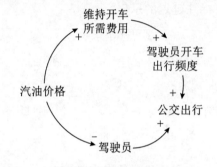

图 4.19 开环回路示例

**3. 因果链的符号**

因果链与反馈分析需要注意在因果与相互关系图中采用名词或名词的短语,不用动词。变量之间的影响与作用以带箭头的因果链表示。在图4.20的因果链与反馈分析示例中,图4.20(a)是错误的,图4.20(b)才是正确的。

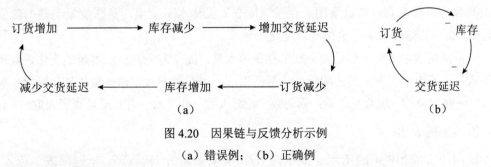

图 4.20 因果链与反馈分析示例
(a)错误例;(b)正确例

**4. 因果链的极性**

因果链 $X \to +Y$:连接$X$与$Y$的因果链取正号。若$X$增加(减少),则$Y$增加(减

少）；或X的变化使Y在同一方向上发生变化，即 $\frac{\partial Y}{\partial X} > 0$

累加情况下，有 $Y = \int_{t_0}^{t}(X+...)ds + Y_{t_0}$。

因果链 $X \rightarrow -Y$：连接X与Y的因果链取负号。若X增加（减少），则Y减少（增加）；或X的变化使Y在相反方向上发生变化，即 $\frac{\partial Y}{\partial X} < 0$

累加情况下，有 $Y = \int_{t_0}^{t}(-X+...)ds + Y_{t_0}$。

因果链回路极性符号为"+"和"-"，要注意极性回路与相关回路朝同一极性绕圈。确定回路极性的一般原则为：若反馈回路包含偶数个负的因果链，则其极性为正；若反馈回路包含奇数个负的因果链，则其极性为负。

**5. 因果回路中的延迟**

延迟使系统产生惰性、产生振荡，要指出因果链中的重要延迟，对延迟进行标注。图4.21用双画线展示了一个标注延迟的示例。

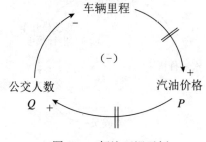

图 4.21 标注延迟示例

### 4.4.4 流图的构建

**1. 存量和流量的概念**

因果回路图表现系统中变量间的因果关系，属于定性描述。当进一步建立变量间量化关系时，需要建立存量流量图。存量（level）又称水平变量，是指变量当前的数值；流量（rate）又称流出率，是指变量变化的速率。

以浴缸里的水为例。存量为浴缸里存在的水量，流量为浴缸里的水量的变化，包括流入的水量、流出的水量。其他的例子包括：工厂：生产量→库存量→销售量；账户：现金流入量→账户余额→现金流出量；职工数：招募人数→职工数→辞、退、离职人数。

**2. 流图的表达**

流图的构成如图4.22所示。图中流入/出箭头表示方向、流入/出速率表示流入/出量，二者为速率变量。矩形表示存量，变化由流入/出量决定，为水平变量。

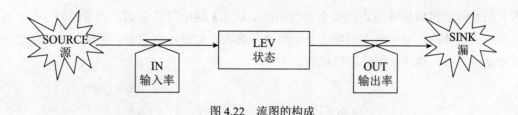

图 4.22 流图的构成

### 3. 流图的数学描述

流图的结构可用数学公式描述为

$$\text{Stock}(t) = \int_{t_0}^{t} \left[ \text{Inflow}(s) - \text{Outflow}(s) \right] ds + \text{Stock}(t_0) \quad (4.13)$$

其中，$\text{Stock}(t)$ 表示 $t$ 时刻的存量；$\text{Inflow}(s)$ 表示流入量；$\text{Outflow}(s)$ 表示流出量；$\text{Stock}(t_0)$ 表示 $t_0$ 时刻的存量。

流量是存量的净改变率，可用存量的微分表示如下：

$$d(\text{Stock})/dt = \text{Inflow}(t) - \text{Outflow}(t)$$

因此流量实际上是一个瞬间值，即速率（导数）。

图 4.23 为劳动力的两状态流图。劳动力队伍一般可分成两部分，一部分为已具有劳动技能的正式工人，另一部分为尚在培训的工人。培训需要一定时间，如半年或一年，称为培训延迟。

图 4.23 劳动力的两状态流图

### 4. 存量流量与系统动态性

1）水平变量和系统状态及连续性

水平变量与系统状态本身虽不能自我产生变化，但它们的存在，才使我们能在不同的时间间隔感觉到系统的连续性（如浴缸中水量）。有了水平变量的概念，才能建立系统连续性的概念（如浴缸水量的动态变化）。

2）水平变量是延迟的来源

由于速率变量是一个行动变量（即时变化的变量），而水平变量是过去所有行动结果的积累，输入有变化时，输出不会马上变化，这样的输出落后于输入的过程称为延迟。而两者的差异体现在存量中，使存量产生变化。

3）水平变量产生不均匀的动态

上述输出与输入的差异性，使得存量平衡了这种差异。所以，可以利用某些政策控制平衡输出、输入间的差异，如粮食的库存、生产的库存等。

### 5. 流图中的反馈回路

就系统整体来说，反馈回路事实上就是联系决策、行动、系统水平变量（系统的状态)以及信息再回到决策点的整个闭合回路。从图4.24中可以看到,决策控制行动,行动影响系统状态,系统状态的新信息又将决策修改,如此不断进行。所以,系统的动态现象是由反馈回路的决策过程形成的。

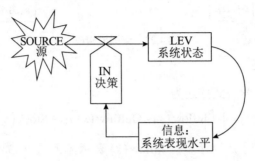

图 4.24　流图中的反馈回路

### 4.4.5　建立模型方程

**1.库存系统建模**

1)模型说明

考虑一个简单的库存系统,系统流图如图4.25所示。设输入、输出速率为常数。设库存量在5个月前为1 200件,假定每月发货与入库各为100件与80件,则库存INV每月减少20件。即:$\mathrm{INV}(t_0)=1\,200$,Input rate = 80,Output rate = 100。可用数学式表达:

$$\mathrm{INV}\text{现在} = \mathrm{INV}\text{过去} + (\text{时间间隔})\times(\text{净速率})$$

则INV现在 = 1 200件+(5个月)×(80件/月-100件/月) = 1 200+5×(-20) = 1 200-100 = 1 100(件)。

当速率随时间变化时,可以把连续的时间分割成小的时间间隔,并假定在各小间隔内速率是固定的。然后,借助计算机逐段地加以计算。若计算的时间间隔足够小,速率变动不大,则此结果将与从微分方程获得的精确解(如果可能求得的话)十分接近。

给变量带上时间标注以区别在时间上的先后,如图4.26所示。$K$表示现在,$J$表示刚刚过去的前一个$DT$时刻,$L$表示紧随当前的下一个$DT$时刻。$DT$表示$J$与$K$或$K$与$L$之间的时间间隔。$JK$表示由$J$到$K$的时间间隔,$KL$同理。

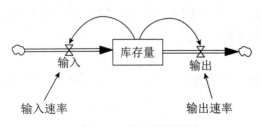

图 4.25　库存系统流图

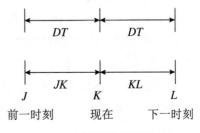

图 4.26　时间标注示意图

库存方程为
$$INV.K = INV.J + DT \times (ORRE.JK - SH.JK)$$
其中，$INV.K$ 表示库存现有量；$INV.J$ 为 $DT$ 前的库存量；$DT$ 表示计算的时间间隔；ORRE 表示在 JK 间隔内收到的订货量；SH 表示在 JK 间隔内的发货量。

2）建立模型方程

模型方程包括水平方程（$L$）、速率方程（$R$）、辅助方程（$A$）、常数赋值（$C$）、计算初始值（$N$）。其中，$L$ 方程是积累（或称积分）方程，$R$ 方程与 $A$ 方程是代数运算方程，$C$ 语句和 $N$ 语句为模型提供参数值。

（1）水平方程。计算水平（状态）变量的方程称为水平变量方程。例如：
$$L:\ LEVEL.K = LEVEL.J + DT \times (INFLOW.JK - OUTFLOW.JK)$$
其中，LEVEL 表示水平变量；INFLOW 表示输入速率（变化率）；OUTFLOW 表示输出速率（变化率）；$DT$ 表示计算间隔（从 $J$ 时刻到 $K$ 时刻）。

（2）速率方程。在水平变量方程中代表输入与输出的变量称为速率，它由速率方程求出。速率的值在 $DT$ 时间内是不变的。进一步说，速率方程是在 $K$ 时刻进行计算，而在自 $K$ 至 $L$ 的时间间隔（$DT$）中保持不变。速率的时间下标为 $KL$。例如：
$$R:\ BIRTHS.KL = BRF \times POP.K$$
其中，BIRTHS 表示出生率，人/年；BRF 表示出生率系数，1/年；POP 表示人口，人。

（3）辅助变量与方程。在建立速率方程之前，若未先做好某些代数计算，把速率方程中必需的信息仔细加以考虑，那么将遇到很大的困难。这些附加的代数运算，称为辅助方程，方程中的变量则称为辅助变量。辅助变量表达决策过程的中间变量，用来描述决策过程中水平变量、速率变量之间信息传递和转换过程。辅助变量只随某些变量的变化而变化。如：库存偏差=目标库存−当前库存。辅助变量往往和相关常量一起构成系统的"控制策略"，如：订货率=库存偏差/库存调节时间。例如：
$$A:\ DISC.K = ROOM - TEA.K$$
$$R:\ CHNG.K = CONST * DISC.K$$
式中，DISC 表示茶水温度与室温之差，℃；ROOM 表示室温，℃；TEA 表示茶水温度，℃；CHNG 表示茶水的温度变化率，℃/分；CONST 表示介质传热系数，1/分。

（4）$N$ 方程。$N$ 方程的主要用途是为水平方程赋予初始值。在模型程序中，$N$ 方程通常紧跟着水平方程。例如：
$$L:\ INV.K = INV.J + (DT) \times (ORRE.JK - SH.JK)$$
$$N:\ INV = 1\,000$$
该 $N$ 方程表明库存的初值为 1 000 件，模拟应从 INV=1 000 开始。

（5）$C$ 方程。$C$ 方程的主要用途是为常数赋值。常量是指在研究期间保持不变的一个量，一般是系统中的某个标准或目标。例如：

$$C: \text{OPL} = 3$$

**2. 库存与劳动力系统建模**

库存与劳动力模型为一个二阶系统模型，属于复合模拟。二阶系统中，一般包括两个独立的状态变量，并且在同一回路中。建模步骤说明如下。

（1）确定问题。该系统的数学描述如下：

$$d(库存)/dt = 产品生产(t) - 产品销售(t)$$
$$d(劳动力)/dt = 净雇佣(t)$$

产品生产量=劳动力×生产能力，单位：件/月。

目标库存量=产品销售×库存周期，单位：件。

目标生产量=产品销售+库存调节，单位：件/月。

库存调节=（目标库存量-库存）/库存调节时间，单位：件/月。

库存周期=3，单位：月。

库存调节时间=2，单位：月。

纯雇佣率=（目标劳动力-劳动力）/劳动力调整时间，单位：人/月。

生产能力=1，单位：件/月/人。

产品销售率=100+STEP（50，20），单位：件/月。其中STEP（height, step time）为阶跃函数，height表示阶跃幅度，step time表示从0到height所用的时间。

目标劳动力=目标生产量/生产能力，单位：人。

劳动力调整时间=3，单位：月。

（2）系统的界限。系统的界限包括库存、劳动力、销售与生产能力。

（3）反馈结构。系统为具有反馈结构的系统，其反馈关系如图4.27所示。

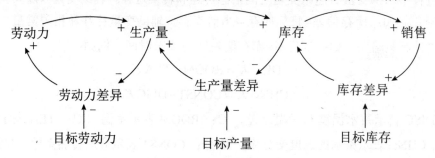

图 4.27　库存与劳动力模型的反馈结构

（4）系统流图。图4.28为库存与劳动力模型系统流图。

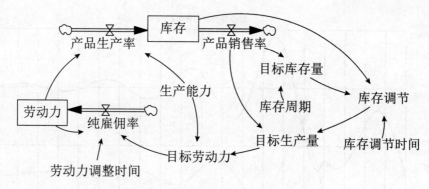

图 4.28 库存与劳动力模型系统流图

(5) 模型基本参数。表4.4为模型的基本参数。

表 4.4 模型的基本参数

| 序号 | 基本参数 | 单位 | 含义 |
|---|---|---|---|
| 01 | FINAL TIME = 100 | 月 | 模拟终止时间 |
| 02 | INITIAL TIME = 0 | 月 | 模拟初始时间 |
| 03 | SAVEPER = TIME STEP | 月 | 保存输出数据的时间间隔 |
| 04 | TIME STEP = 1 | 月 | 时间推进步长 |

(6) 模型方程。表4.5为模型方程。表中,每个状态变量的方程式都是一个积分方程,其格式是INTEG($x$,$y$),意思是在$y$的基础上对$x$进行积分。

表 4.5 模型方程

| 序号 | 方程内容 | 序号 | 方程内容 |
|---|---|---|---|
| 01 | 库存 = INTEG(产品生产率−产品销售率,300)<br>单位:件(Widget) | 07 | 库存周期 = 3<br>库存调节时间 = 2<br>单位:月(Month) |
| 02 | 产品生产量=劳动力×生产能力<br>单位:件/月 | 08 | 库存调节 = (目标库存量−库存)/库存调节时间<br>单位:件/月 |
| 03 | 产品销售率 = 100 + STEP(50,20)<br>单位:件/月 | 09 | 劳动力 = INTEG(纯雇佣率,目标劳动力)<br>单位:人(Person) |
| 04 | 生产能力=1<br>单位:件/月/人 | 10 | 目标劳动力=目标生产量/生产能力<br>单位:人 |
| 05 | 目标库存量=产品销售×库存周期<br>单位:件 | 11 | 劳动力调整时间 = 3<br>单位:月 |
| 06 | 目标生产量=产品销售+库存调节<br>单位:件/月 | 12 | 纯雇佣率=(目标劳动力−劳动力)/劳动力调整时间<br>单位:人/月 |

(7) 系统的行为。图4.29为库存与劳动力模型的系统行为过程图。横坐标为时间轴(单位:月),纵坐标为劳动力(单位:人)和库存(单位:件)的变化情况。

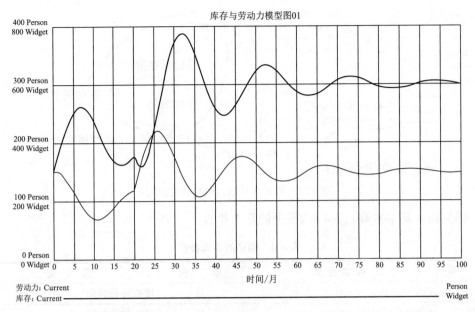

图 4.29 库存与劳动力模型的系统行为过程

### 4.4.6 系统的行为分析

本小节讨论简单系统的结构和行为以及两者之间的关系，包括一阶系统的行为模式和二阶系统的行为模式。

**1. 一阶系统与行为**

1）一阶系统的模型和结构

系统动力学中系统的阶（order）是指系统中状态变量的个数。一阶系统只有1个状态变量。一阶系统的状态方程模型如4.1节中的式（4.3）所示。在一阶系统情况下，式（4.3）中，$\boldsymbol{x}(t)=[x_1(t)]^T$ 是1维状态向量，$\boldsymbol{u}(t)=[u_1(t),u_2(t),\cdots,u_m(t)]^T$ 是$m$维输入向量，$\boldsymbol{y}(t)=[y_1(t),\cdots,y_r(t)]^T$ 是$r$维输出向量，$\boldsymbol{A}(1\times1)$、$\boldsymbol{B}(1\times m)$、$\boldsymbol{C}(r\times1)$、$\boldsymbol{D}(r\times m)$ 是系数矩阵。当单输入/单输出时，$m=r=1$，$u$ 和 $y$ 均为标量。

系统动力学认为一阶反馈回路是构成系统的基本结构，一个复杂系统则是由这些相互作用的反馈回路组成的。一阶系统的基本结构包括正反馈结构、负反馈结构。正反馈结构如图4.7所示的人口增长正反馈回路，负反馈结构如图4.8所示的水杯添水负反馈回路。

2）一阶正反馈回路

以简单人口增长问题为例，该系统为一阶正反馈回路，图4.7为系统的因果回路图，图4.30为系统的流图。系统动力学方程结构片段表示如下：

$$L: P.K = P.J + DT * PR.JK$$

$$N: P = 100$$

$$R: PR.KL = C1 * P.K$$
$$C: C1 = 0.02$$

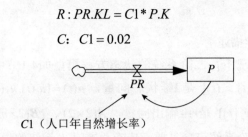

$C1$（人口年自然增长率）

图 4.30　简单人口问题的系统流图

系统的输出特性曲线，即人口增长趋势曲线呈现如图4.9所示的指数型增长特点。

3) 一阶负反馈回路

以简单库存控制问题为例，该系统为一阶负反馈回路，图4.31（a）为系统的因果回路图，图4.31（b）为系统的流图。系统动力学方程结构片段表示如下：

$L: I.K = I.J + DT * R1.JK$

$N: I = 1\,000$

$R: R1.KL = D.K / Z$

$A: D.K = Y - I.K$

$C: Z = 5$

$C: Y = 6\,000$

图 4.31　简单库存控制问题的一阶负反馈回路
（a）因果回路图；（b）流图

系统的输出特性曲线，即库存量变化曲线如图4.32所示，具有负反馈的寻的增长特点。

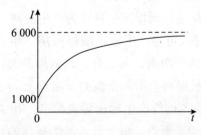

图 4.32　一阶负反馈系统输出特性曲线

## 2. 二阶系统与行为

### 1）二阶系统的数学描述

同前所述，一般情况下，二阶系统的状态方程模型如4.1节中的式（4.3）所示。对于二阶系统，$x(t) = [x_1(t), x_2(t)]^T$ 是2维状态向量，$u(t) = [u_1(t), u_2(t), \cdots, u_m(t)]^T$ 是m维输入向量，$y(t) = [y_1(t), \cdots, y_r(t)]^T$ 是r维输出向量，$A(2 \times 2)$、$B(2 \times m)$、$C(r \times 2)$、$D(r \times m)$ 是系数矩阵。典型的二阶系统可参见前面库存与劳动力系统的说明。其系统动力学模型如图4.28所示，其系统行为如图4.29所示。

### 2）二阶系统的行为模式

常系数二阶系统的行为模式分为两种，一种是非振荡模式：包括阶跃、渐进增长、超调；另一种是振荡模式，包括：减幅振荡、等幅振荡、增幅振荡。图4.33为常系数二阶系统的行为模式。

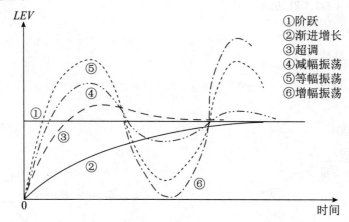

图 4.33 常系数二阶系统系统的行为模式

（1）阶跃：如果输入一个阶跃行为，经过了两阶的管道延迟，那么输出仍将是一个阶跃行为。

（2）渐进增长：阶跃输入可能产生渐进增长的输出，相关的变量逐渐增长，达到新的较高的平衡点。

（3）超调：阶跃输入可能产生超调的输出，相关的变量调整超过了新的平衡点，然后又经过一次下降过程，逐渐达到新平衡点。

以上三种行为没有产生振荡，而以下三种行为产生振荡。

（1）减幅振荡：阶跃输入可能产生输出减幅振荡，相关的变量反复调整，超过新的平衡点，下降、又低于新的平衡点、再上升。减幅振荡的特点就是振荡的幅度越来越小，给予足够长的时间，系统最终会平衡在新的平衡点上。

（2）等幅振荡：阶跃输入可能产生输出等幅振荡，相关的变量反复调整，超过新的平衡点，下降，又低于新的平衡点、再上升。等幅振荡的特点就是振荡的幅度一直保持相同的水平，无论给予多长的时间，系统都不能稳定在新的平衡点上。

（3）增幅振荡：阶跃输入可能产生输出增幅振荡，相关的变量反复调整，超过新的平衡点，下降，又低于新的平衡点、再上升。增幅振荡的特点就是振荡的幅度会随着时间逐渐增加，时间越长，系统行为波动越大。

**3. 系统的其他行为**

除上述讨论的系统行为外，系统动力学还可用来分析其他类型的动态行为，包括：系统的延迟行为，路径依赖（path dependence）与正反馈，老化链（aging chains）与协流（coflow）等。

1）系统的延迟行为

在系统的存量流量结构中，存量的输出流受到各种资源的限制，于是产生了系统的延迟行为。延迟是一种过程，其输出以某种模式滞后于其输入。任何延迟都包括一个存量，它用来积累输入与输出之间的差异。延迟分为物质延迟（material delay）和信息延迟（information delay）两类。

物质延迟：物质流动过程中产生的，如库存系统、生产线系统等。物质延迟系统是守恒系统。系统延迟行为的主要衡量指标有输出流的规则、平均延迟时间、输出流在平均延迟时间附近的分布等。

信息延迟是感知和认定的逐渐调整，其存量在于对过去信息的认知，如对销售量的认知更新和预测需要一个延迟时间。由于没有实实在在的存量，所以信息延迟不能使用物料延迟那样的模型结构。信息延迟是非守恒的，它将影响延迟速率的信息加入延迟过程中。

2）路径依赖与正反馈

路径依赖是一种系统演化模式，系统前期微小的、随机的事件往往能够决定系统运行的最终结果。在存在路径依赖的系统中，系统平衡的最终结果取决于初始条件和随机扰动。这和系统的结构特性有关：稳定系统不取决于初始状态，具有负反馈结构；不稳定系统取决于初始状态，具有正反馈结构。如计算机操作系统的生态问题：大多数人使用Windows操作系统，应用软件也越来越多，人们转向其他系统就越困难。社会及体育比赛中的马太效应现象。网络经济中，网站使用人数越多，越能生存，越有竞争力。又如汽车行驶规则有左侧行驶、右侧行驶之分。瑞典从左行改右行易于成功，而日本则至今保持左侧行驶规则。系统条件不同，系统的锁定效应就不同。

路径依赖具有以下特点：一是蝴蝶效应，指系统对初始条件的敏感性；二是锁定效应，指系统失去平衡后恢复平衡的困难性。

3）老化链与协流

系统动态性取决于系统的存量流量结构。在很多情况下，系统的某些中间阶段也会存在输入流和输出流，这种存量流量结构称为老化链。比如，两个存量流量结构上都有各自的输入流和输出流。一个老化链可以包含任意多个存量，这些存量成为群。每个群可以有任意多个输入或输出流。老化链的例子有：城市发展中的商业、住房和人口老化链的动态过程；人口和经济增长；组织增长和年龄结构等。

> 扩展阅读4.1
> 我国系统动力学研究进展综述

协流结构用来记录一个系统的存量流量结构中流动的物品属性。例如员工的技能、生产率、经验水平、年龄等属性。协流的例子有：预测未来设备投资和职工人数减少带来的成本与效益关系等。

## 本章小结

连续系统模拟就是对连续系统模型的数值求解。连续系统模型可以用微分、差分方程描述，这样连续系统模拟就变成了常微分方程初值问题的数值求解问题，本章介绍了欧拉法、梯形法和龙格-库塔法。在此基础上，本章介绍了系统动力学的基本原理和方法，将建模过程分为三个阶段：初期（系统分析、结构分析），中期（初步建立模型）与后期（完成模型调试），其中本章重点介绍了因果回路图和流图的构建问题。系统动力学的主要思想在于系统的结构决定系统的行为，即系统的动态性取决于系统的存量流量结构特点。最后，讨论了系统动力学中系统的结构和行为之间的关系。

## 即测即练题

请扫描二维码，参加即测即评练习。

即测即练题

## 思考练习题

1. 试比较连续系统模拟和离散系统模拟各自的特点。

2. 试结合欧拉法、梯形法和龙格—库塔法的拟合原理自行推导三个方法的递推公式。

3. 试通过误差比较分析准则比较数值积分法的三种方法。

4. 设有微分方程 $\dot{y} - 2y = x^2 + 3$，$y(0) = 1$，对于 $x \in [0,1]$，步长为0.1，试使用龙格-库塔法求 $y$ 在 $x \in [0,1]$ 上的11个数值。

5. 对于第4题的微分方程，其原函数为 $y = \dfrac{11}{4}e^{2x} - \dfrac{1}{2}\left(x^2 + x + \dfrac{7}{2}\right)$，试计算数值解与精确解之间的平均误差（各个解的误差求平均）。

6. 请结合自己的知识，对某地受教育人数占比的影响因素建立简单的因果回路图。

7. 请阐述系统动力学建模的步骤。

8. 试说明系统动力学模型边界的确定原则、静态结构与动态行为的概念。

9. 设某流图中,Stock($t$):$t$时刻的存量,Inflow($s$):流入量,Outflow($s$):流出量,Stock($t_0$):初始时刻 $t_0$ 时的存量。试简要说明:

(1)指出从 $t_0$ 到 $t$ 时刻水平变量Stock($t$)与速率变量间的变化关系;

(2)指出下列系统动力学方程的含义(其中 $DT$ 为时间间隔):

$$\text{L:Stock.}K = \text{Stock.}J + DT \times (\text{Inflow.}JK - \text{Outflow.}JK)$$

# 第5章
# Agent建模与模拟

**学习目标**

通过本章学习，读者应该能够：
1. 了解复杂系统和微观建模技术的基本概念；
2. 了解"从定性到定量的综合集成"的思想方法；
3. 掌握元胞自动机模型的建模方法；
4. 理解并掌握Agent建模及模拟的基本概念和基本方法。

## 5.1 复杂系统分析方法概述

### 5.1.1 复杂系统的概念

**1. 复杂系统研究的背景**

在现实世界中，事物的发展不是孤立、割裂和互不联系的，而是相互联系、相互作用、相互制约的统一有机体系统。其中复杂系统（complex system）具有智能性和自适应性的特点，很好地表现了现实世界中的有机联系，因而近年来一直被大批学者关注和研究。

复杂系统是指那些由许多相互作用的元素组成，由于系统组成元素之间以及系统和环境之间存在依赖、竞争、关联等复杂的相互作用，因而难以直接建模的系统。系统之所以"复杂"，是因为在这些相互作用中会产生如非线性、涌现、自发秩序、适应性以及反馈回路等特殊性质。依据系统内容的范畴，可将复杂系统划分为如下不同类型。

（1）生物系统：如神经网络及思维过程、动物种群的消长过程、生命起源、DNA（脱氧核糖核酸）的形成、物种的进化、免疫系统、鸟群的运动等。

（2）经济系统：如全球经济系统、国家经济系统、金融股市系统等。

（3）环境生态系统：如沙暴的形成、飓风的形成、黄河断流、土地沙化、水土流失、厄尔尼诺现象等。

（4）社会系统：不同层次的社会活动系统如网络舆情传播、社区交往行为等。

（5）工程系统：如互联网、大型工程（三峡工程）、"两弹一星"等。

（6）自然系统：大如宇宙、小如原子结构等。

上述系统都强调"过程"性，这是因为复杂系统总是呈现出一个动态演化过程。进入21世纪以来，随着人们对复杂现象认识需求的不断深化，对复杂系统的研究一直备受关注。

**2. 复杂系统研究的发展现状**

复杂性科学是21世纪的科学,是一门具有重大理论及实际意义的新兴学科。在中国,20世纪80年代初,钱学森教授组织领导了复杂系统的研讨班,明确提出了"系统学是研究复杂系统结构与功能一般规律的科学"。1990年,钱学森教授在《自然杂志》上发表了《一个科学新领域——开放的复杂巨系统及其方法论》的论文,提出了"开放的复杂巨系统"概念及处理这类系统的方法论,他指出,简单大系统可用控制论的方法,简单巨系统可用还原论范畴的统计物理方法,而开放的复杂巨系统不能用还原论及其派生方法,只能采用本体论方法。1992年,钱学森教授还提出了"从定性到定量的综合集成研讨厅体系"的设想。

同在20世纪80年代,美国有几位在物理学和经济学领域的诺贝尔奖获得者默里·盖尔曼(Murray Gell-Mann)、菲利普·沃伦·安德森(Philip Warren Anderson)、肯尼斯·阿罗(Kenneth Arrow)等认识到复杂系统的重要意义,聚集了一批物理、经济、生物、计算机等方面的研究人员,成立了著名的圣塔菲研究所(Santa Fe Institute,SFI),并将研究复杂系统的这一学科称为复杂性科学(complexity science)。圣塔菲研究所是一个专门研究复杂系统和复杂性问题的跨学科领域的机构,已逐步发展成为著名的美国研究复杂问题中心。其主要研究成就是提出了复杂适应系统(complex adaptive systems,CAS)理论及其研究方法,即创立了Multi-Agent体系和基于Agent的建模与模拟方法学。目前,基于Agent的系统建模与模拟方法已经成为复杂系统问题研究的独特方法。

**3. 复杂适应系统及其特征**

复杂适应系统,也称复杂系统或复杂性科学,是20世纪末叶兴起的前沿科学。对复杂适应系统的定义也是"复杂"的,至今尚无统一的公认定义。复杂适应系统理论的基本思想如下:系统中的成员称为具有适应性的主体(adaptive agent),简称为主体。具有适应性,就是指它能够与环境以及其他主体进行交互作用,主体在这种持续不断的交互作用过程中,不断地"学习"或"积累经验",并且根据学到的经验改变自身的结构和行为方式。整个宏观系统的演变或进化,包括新层次的产生、分化和多样性的出现,新聚合而成的、更大的主体的出现等,都是在这个基础上逐步派生出来的。CAS主要具备适应性主体、共同演化、趋向混沌的边缘(平衡点)和具备涌现现象四种特征。

从适应性主体的视角,复杂适应系统作为由数目众多、可基于局部信息做出行动的智能性、自适应性主体构成的系统,具有以下五种特征。

(1) 复杂系统由大量的主体(agent)单元组成。

(2) 系统是开放的,受外界影响。

(3) 系统内部的作用者间相互作用。

(4) 系统内部相互作用开始时,只有微小变化,系统能进行自组织、自加强和自协调,随着系统的扩大和发展,最终将发生质变。在复杂系统中,这种质变称为"涌现"（emergence）或"突现"。

（5）系统内不同的微小变化，可导致重大差异的结局。

**4. 涌现**

涌现是复杂适应系统的一个重要特征，不同的复杂系统研究领域有不同的认识。通常人们用它来描述这样的"微观的宏观效应"现象："因局部组分之间的交互而产生系统全局行为"或"缘起于微观的宏观效应"。上述对涌现概念的描述是比较模糊的，由于研究的开放性，试图给出一个精确而普适的定义不是很现实，穆勒给出了涌现的三个判据。

（1）一个整体的涌现特征不是其部分的特征之和。

（2）系统涌现特征的种类与系统组分特征的种类完全不同。

（3）涌现特征不能从独立考察组分的行为中推导或预测出来。

这三个判据也称为可加性判据、新奇性判据和可演绎性判据，它们都是从系统特征的微观与宏观联系展开的。可演绎性判据往往被解释成涌现特征的不可解释性或神秘性，这对于复杂系统研究者来说是不可接受的，因为他们的重要目标之一就是要建立起涌现特征与微观机制的联系，认识并控制涌现特征。

**5. 复杂系统研究要解决的问题**

复杂系统研究就其发展趋势看，主要着力解决如下三方面问题。

（1）开放的复杂巨系统及其方法论。对此，钱学森提出了通过对系统科学、思维科学与人体科学及其多学科进行综合研究，采用这方面的研究成果从定性到定量综合集成技术来解决开放的复杂巨系统问题。

（2）复杂性与适应性的关系。为解决这个问题，霍兰通过研究大量复杂系统（自然、社会、生物等）演化规律和复杂性产生机理，创立了"复杂适应系统理论"，其核心思想是"适应性造就复杂性"。他提出，复杂适应系统内部的个体是具有适应能力的智能体，并给出该智能体的适应和学习基本模型，从而使CAS具备了描述和研究复杂系统的能力。

（3）复杂系统的复杂性以及安全性与可靠性的关系。更确切地说，就要利用复杂系统建模方法与技术，通过计算机模拟或半实物模拟从定性到定量综合集成技术来解决发展中的复杂系统问题。

**6. 复杂适应系统模型的特征**

霍兰提出的复杂适应系统模型所具备的七个基本特性，其中前四个是CAS的通用特性，在适应和进化中发挥作用，后三个是个体与环境进行交流时的机制和有关概念，具体如下。

（1）聚集：较小的、较低层次的个体通过某种特定的方式结合起来，形成较大的、较高层次的个体。

(2) 非线性：主体以及它们的属性在发生变化时，并非遵从简单的线性关系，归之于个体的主动性和适应能力。

(3) 流：CAS模型有着众多节点与连接者的某个网络上的某种资源的流动。

(4) 多样性：复杂适应系统的多样性是一种动态模式。

(5) 标志：聚集和边界生成过程中存在的机制，能够促进选择性相互作用。

(6) 内部模型：当适应性主体接收到大量涌入的输入时，就会选择相应的模式去响应这些输入，而这些模式最终会凝固成具有某项功能的结构，即内部模型。

(7) 积木：复杂系统常常是在一些相对简单的部件的基础上，通过改变它们的组合方式而形成的。

## 5.1.2 复杂系统的研究方法

**1. 复杂系统研究方法分类**

复杂系统的研究方法本质地区别于对简单系统或白盒问题的传统方法，主要分为自下而上的"涌现"方法和自上而下的"控制"方法。

1) 自下而上的"涌现"方法

自下而上的"涌现"方法是利用计算机模拟的方法通过模拟复杂系统中个体的行为，让一群这样的个体在计算机所营造的虚拟环境下进行相互作用并演化，从而让整体系统的复杂性行为自下而上地"涌现"出来，这就是圣塔菲研究所研究复杂系统的主要方法。

2) 自上而下的"控制"方法

人脑面对复杂系统可以通过有限的理性和一些不确定信息做出合理的决策，得到满意的结果。因此，研究人脑面对复杂系统是如何解决问题时则采用另一种"自上而下"的解决问题的方法，称为"控制"方法。

目前，大部分研究采用"涌现"方法，虽然"控制"方法在人工智能学科诞生的时候已经开始使用了，但用于复杂系统的研究还很少。

**2. 微观模拟技术**

针对复杂系统自下而上的"涌现"研究方法，由于研究内容元素的复杂性，现多采用微观模拟技术来实现。

1) 微观模拟技术的类型

20世纪60年代开始，模拟技术开始应用于各类社会经济复杂系统的分析，它们都是"自上而下"的建模方法。其基本思想是：选取构成系统的有代表性的多个微观个体作为研究对象，模拟这些微观个体的行为和它们之间的交互。微观个体的行为改变其属性值，而系统的宏观层次的属性值是由这些微观个体的属性值的加和（aggregate）得出的，因此有时也称这种方法为"微观模拟"（micro-simulation or microscopic simulation），可以将微观模拟技术方法分为如下三类。

（1）微观分析模拟（micro-analytical simulation）。微观分析模拟于1957年被提出，其采用微观角度研究大的社会经济行为，模拟的过程建立在一个较大的随机样本之上，事件决定每一期样本的变化，从而预测总体的发展趋势。

（2）元胞自动机（cellular automaton，复数为cellular automata，CA）。元胞自动机是一种空间离散、时间离散、状态离散的模型，由大量简单的、具有局部相互作用的基本构件（元胞）构成。在每一个模拟时刻，元胞根据目前的状态决定下一个时刻的状态，逐次推进，产生整个系统的演化过程。

（3）多Agent模拟（multi-agent simulation）。多Agent模拟于20世纪90年代被提出，其研究对象为多个具有一定自治性、智能性、适应性的微观个体通过相互作用形成的复杂系统。多Agent模拟表现出系统的动态行为，关注系统的演化，通过模拟微观个体的行为得到系统的宏观特性。

微观分析模拟、元胞自动机和多Agent模拟三种模拟方法的特点比较如表5.1所示。

表 5.1  三种微观模拟方法的特点比较

| 比 较 项 目 | 微观分析模拟 | 元胞自动机 | 多 Agent 模拟 |
| --- | --- | --- | --- |
| 描述微观个体 | √ | √ | √ |
| 得到宏观特性 | √ | √ | √ |
| 离散性 | √ | √ | √ |
| 随机性 | √ |  | √ |
| 个体间交互 | × | √（简单） | √（多样） |
| 自治性 | × | × | √ |
| 智能性 | × | × | √ |
| 驱动 | 数据 | 规则 | 规则 |
| 应用 | 经济社会预测 | 人工生命 | 复杂系统研究 |

2）微观模拟技术的特点

由于社会系统的复杂性，研究个体行为引发整体效果时，微观模拟方法能达到较好的效果，因为微观方法的应用特点是针对那些没有集中控制（交互、自治）的社会过程，由个人构成的小组、群体、企业以至整个社会都是复杂系统，对这样的系统采用还原论方法不能取得对系统整体行为的了解。

微观方法关注的焦点是简单的局部交互如何涌现出宏观上复杂的全局模式，采用微观建模模拟方法对社会经济系统进行研究，要遵循以下四种假设。

（1）微观个体之间进行自主交互，无全局控制者。

（2）微观个体之间相互依赖、相互影响。

（3）微观个体的规则比较简单。

（4）微观个体具有适应性、能通过经验学习。

3）微观模拟方法的局限

微观模拟在社会科学领域得到了越来越多的关注，取得了一批突出的研究成果。但该方法与经典的数学方法和实验方法相比还很不成熟，需要在发展过程中加以解决。目前主要存在以下三个问题。

（1）微观模拟方法没有形成一套规范的研究方法论，需要具体问题具体分析，具体建模，无统一过程。针对统一的问题有时建模结果不同，结论甚至相反。

（2）微观因素与宏观模式之间的复杂联系难以得到高度可信的关系，加之随机因素的存在，模拟实验及模拟结果的分析较为复杂和困难。

（3）如何验证模型的有效性始终是一个困难的问题。

**3. 综合集成研讨厅体系**

对于上述所提到的开放复杂巨系统的研究，钱学森提出处理这种系统的方法是"从定性到定量的综合集成"（metasynthesis）。这不仅为开放复杂巨系统的研究，而且为智能系统的研究打下基础，为把群体专家的知识经验注入系统中提供了手段。总之，根据钱学森所提出的"综合集成研讨厅体系"方法论，可以概括出如下的观点。

（1）早期简单系统的发展阶段可概括为以"控制论"为标志，而复杂的系统，体现把专家的知识经验注入系统中的阶段，可概括为以"人工智能"为标志。简单大系统可用控制论的方法，简单巨系统可用还原论范畴的统计物理方法，而开放的复杂巨系统不能用还原论及其派生方法，只能采用本体论方法。

扩展阅读5.1
钱学森论文
《一个科学新领域——开放的复杂巨系统及其方法论》
案例分析

（2）今后系统的发展将进入在系统中体现出群体专家知识经验的新时代，其标志是人机结合的大成智慧。从学科的发展考虑，系统科学与智能科学的研究互相借鉴，找到一个共同点，把两者加以沟通将大有裨益，有利于开拓新的科学领域。

有关"从定性到定量的综合集成"方法的详细说明请参见钱学森的论文《一个科学新领域——开放的复杂巨系统及其方法论》。

# 5.2 元胞自动机模型

## 5.2.1 基本概念

**1. 元胞自动机的基本概念**

元胞自动机是一种计算机模型，许多相同的元胞（即点格）以均匀的方式排列，每个元胞只有几种可能的状态，并且只和周围的几个元胞有相互作用。为了更好地理解元胞自动机，假设元胞网中的每个元胞都由一个初级计算机控制，另外还需要一个时钟，时钟"嘀嗒"一下，每台计算机就开始检查周围的情况，并根据所发现的情况，决定下一时刻的状态,这就是"自动机"所表达的内涵。

元胞自动机由三个要素组成:初始构型、元胞自动机的几何和演化规则。初始构型可以理解成染色体或染色体作为载体所含有各种基因。但在传统元胞自动机的研究中,初始构型被设定为随机的初值,此时,主要研究的不是某个初始位型的变化,而是可能出现的位型,称为斑图。元胞自动机的几何是指点格的排列方式以及相关方式。元胞自动机的几何排列规则如图5.1所示,在正方形网格中,存在两种几何相邻:冯·诺依曼相邻和摩尔相邻。演化规则是确定状态的变换,这往往会导致组合爆炸问题,即所产生的可能的规则个数是个天文数字。迄今为止,人们能考察到的规则是微不足道的,但即便是极其简单的规则也可以演化成非常复杂的图案。

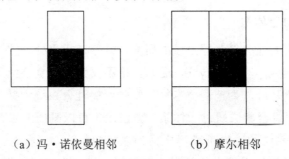

（a）冯·诺依曼相邻　　　（b）摩尔相邻

图5.1　元胞自动机的几何排列规则

**2. 元胞自动机的特点和分类**

元胞自动机不是由严格定义的物理方程或函数构成,而是由一系列模型构造的规则构成。凡是满足这些规则的模型都可以算作元胞自动机模型。因此,元胞自动机是一类模型的总称,或者说是一个方法框架。其特点是时间、空间、状态都离散,每个变量只取有限多个状态,且其状态改变的规则在时间和空间上都是局部的。由于元胞自动机的构建没有固定的数学公式,构成方式繁杂,变种很多,行为复杂,故其分类难度也较大。

基于不同的出发点,元胞自动机有多种分类。其中,最具影响力的当属史蒂芬·沃尔夫勒姆（Stephen Wolfram）在20世纪80年代初做的基于动力学行为的元胞自动机分类。沃尔夫勒姆在详细分析研究了一维元胞自动机的演化行为,并在大量的计算机实验的基础上,将所有元胞自动机的动力学行为归纳为四大类。

（1）平稳型:自任何初始状态开始,经过一定时间运行后,元胞空间趋于一个空间平稳的构形,这里空间平稳即指每一个元胞处于固定状态,不随时间变化而变化。

（2）周期型:经过一定时间运行后,元胞空间趋于一系列简单的固定结构或周期结构。由于这些结构可看作一种滤波器,故可应用到图像处理的研究中。

（3）混沌型:自任何初始状态开始,经过一定时间运行后,元胞自动机表现出混沌的非周期行为,所生成的结构的统计特征不再变化,通常表现为分形分维特征。

（4）复杂型:出现复杂的局部结构,或者说是局部的混沌,其中有些会不断地传播。

### 3. 元胞自动机的发展历程

元胞自动机最早由约翰·冯·诺依曼（John von Neumann）提出。20世纪50年代，为了研究像生物体那样自我繁衍的简单系统，冯·诺依曼使用了称为元胞自动机的模型工具，这是最早的元胞自动机，但是当时并未受到学术界的重视。

20世纪70年代，剑桥大学的约翰·霍顿·康威（John Horton Conway）设计了一个电脑游戏《生命游戏》，又称康威生命游戏（Conway's game of life），引起了科学家们的注意，由此引发元胞自动机热。在这期间，另一个值得关注的是温弗利（Winfree）关于螺旋波的元胞自动机模型，人们发现元胞自动机中存在自组织机制。此后，沃尔夫勒姆对初等元胞机256种规则所产生的模型进行了深入研究，并用熵来描述其演化行为，将元胞自动机分为平稳型、周期型、混沌型和复杂型。

1984年，克里斯·兰顿（Chris Langton）给出了一个真正实现自我繁衍的元胞自动机，他利用Codd通道构造了初始构型，并利用T型结构实现信号的复制，可周期性地产生、发射信号。151个迭代步后出现了自我繁衍，之后这个构型逐渐消失，但新繁衍出的构型将逐渐扩大它们的殖民地。兰顿的这个自我繁衍元胞自动机实际上就是后来"人工生命"的基础。

### 4. 元胞自动机的主要应用

元胞自动机自产生以来，被广泛地应用到社会、经济、军事和科学研究的各个领域。应用领域涉及社会学、生物学、生态学、信息科学、计算机科学、数学、物理学、化学、地理、环境、军事学等。

（1）社会学和生物学应用。元胞自动机用于研究经济危机的形成与爆发过程、个人行为的社会性，流行现象，如服装流行色的形成等。在生物学中，元胞自动机的设计思想本身就来源于生物学自繁殖的思想，因而它在生物学上的应用更为自然而广泛。

（2）生态学应用。元胞自动机用于"兔子-草""鲨鱼-小鱼"等生态动态变化过程的模拟，展示出令人满意的动态效果。元胞自动机还成功地应用于蚂蚁、大雁、鱼类洄游等动物的群体行为的模拟，生物群落的扩散模拟等。

（3）计算机科学、数学和信息学应用。元胞自动机可以被看作并行计算机而用于并行计算的研究，还可以应用于计算机图形学的研究。在数学中，元胞自动机可用来研究数论和并行计算，设计素数过滤器等。在信息学研究中，元胞自动机用于研究信息的保存、传递和扩散过程。

（4）物理学和化学应用。元胞自动机能够应用于磁场、电场等场的模拟，以及热扩散、热传导和机械波的模拟，其还能用来模拟雪花等枝晶的形成。元胞自动机可用来通过模拟原子、分子等各种微观粒子在化学反应中的相互作用研究化学反应的过程。

## 5.2.2 模型的构成与模拟规则

**1. 模型的构成**

标准元胞自动机是一个空间、时间及状态都离散的模型,该模型是由{元胞,元胞状态,邻域,状态更新规则}构成的四元组,用数学符号可以表示为

$$A = (L_d, S, N, f)$$

其中,$A$为一个元胞自动机系统;$L_d$为元胞空间,$d$为元胞自动机内元胞空间的维数,是一正整数;$S$为元胞有限的、离散的状态集合;$N$为某个邻域(neighborhood)内所有元胞的集合;$f$为局部映射或局部规则。

1) 元胞空间

元胞是构成元胞自动机的最基本单元,而元胞空间是元胞所分布的空间网点集合。理论上,元胞空间是在各维向上无限延展的,但实际中无法在计算机上实现。因此,需要定义不同的边界条件。元胞空间的边界条件主要有三种类型:周期型、反射型和定值型。

2) 元胞状态

通常在某一个时刻一个元胞只能有一种元胞状态,而且该状态取自一个有限集合,如 $\{0,1\}$、$\{生,死\}$ 或 $\{0,a,b,c\}$。在社会科学领域中,元胞状态可以用来代表个体所持的态度、个体特征或行为等。

3) 邻域

在空间位置上与元胞相邻的细胞称为它的邻元,由所有邻元组成的区域称为它的邻域。在一维元胞自动机中,通常以半径$r$来确定邻域,距离某个元胞$r$内的所有元胞均被认为是该元胞的邻域。在二维元胞自动机中,通常有以下几种类型的邻域。

(1) 冯·诺依曼型。

(2) 摩尔型。

(3) 马哥勒斯型。

同样,也可以定义二维以上的高维元胞自动机的邻域。

4) 状态更新规则

状态更新规则是指根据元胞$i$当前状态及其邻域中元胞的状态决定下一时刻该元胞状态的状态转移函数。状态更新规则$f$可以写为

$$f: S_i^{t+1} = f(S_i^t, S_N^t)$$

其中,$S_N^t$为$t$时刻的邻域状态组合,称为元胞自动机的局部映射或局部规则。

**2. 模拟规则**

元胞自动机由无限个有规律、坚硬的方格组成,每格均处于一种有限状态。整个格网可以是任何有限维的,同时也是离散的,每格于$t$时的状态由$t-1$时的格的邻域状态决定,每一格的邻居都是已被固定的(某一单元格可以是自己的邻居)。每次演进时,每个单元格均遵从同一规则一齐演进,就形式而言,元胞自动机有三个特征。

(1) 平行计算：每一个细胞个体都同时同步地改变。
(2) 局部性：细胞的状态变化只受周围细胞的影响。
(3) 一致性：所有细胞均受同样的规则所支配。

### 5.2.3 模型案例：康威生命游戏

康威生命游戏于1970年由英国数学家约翰·霍顿·康威提出，它是元胞自动机最著名的例子。"游戏"是一种零玩家游戏，这意味着它的进化是由它的初始状态决定的，不需要人类进一步的输入，人们通过创建初始配置并观察它如何演变来与生命游戏进行交互。

**1. 康威生命游戏的规则**

康威生命游戏与围棋游戏在某些特征上有相似之处，围棋中有黑白两种棋子，而康威生命游戏中的元胞有"生"与"死"两种状态。围棋的棋盘是规则划分的网格，黑白棋子在空间的分布决定了双方的输赢；康威生命游戏也是在规则划分的网格中根据元胞的局部空间状态来决定元胞的生与死，只不过规则较为简单。下面介绍康威生命游戏的构成及规则。

元胞分布在规则划分的网络空间中，元胞个体具有0、1两种状态，0代表"死"，1代表"生"。元胞以相邻的8个元胞为邻居，即摩尔邻居形式。一个元胞当前时刻的状态由其本身的生死状态和周围8个邻居的当前状态共同决定。按以下规则决定。

(1) 当前时刻，如果一个元胞的状态为"生"，且仅当8个相邻元胞中有2或3个状态为"生"，则在下一时刻该元胞才继续保持为"生"。
(2) 当8个相邻元胞中只有0或1个是活细胞时，则该细胞会因孤独而死亡。
(3) 当8个邻近元胞中，有4个或超过4个是活细胞时，则该细胞会因为拥挤而死亡。
(4) 当前时刻，如果一个元胞的状态为"死"，且8个相邻元胞中正好有3个为"生"，则该元胞在下一时刻"复活"，否则保持为"死"。

康威生命游戏模型自产生以来已在多方面得到应用，它的演化规则近似地描述了生物群体的生存繁殖规律：在生命密度过小（相邻元胞数<2）时，由于孤单、缺乏交配繁殖机会和互助会导致生命危机，元胞状态值由1变为0；在生命密度过大（相邻元胞数>3）时，由于环境恶化、资源短缺以及相互竞争而出现生存危机，元胞状态值由1变为0；只有处于个体适中（相邻元胞数为2或3）位置的生物才能生存和繁衍后代。康威还证明，元胞自动机具有通用图灵机的计算能力，与图灵机等价，也就是说给定适当的条件，康威生命游戏模型能够模拟任何一种计算。下面从数学模型角度给出康威生命游戏的模型表达。

**2. 模型构建**

1) 栅格构成

游戏在一个 $L \times L$ 的栅格（grid）内进行，构成一个二维栅格平面，如图5.2所示。设中心栅格的相对坐标为（0,0），则可以确定周围邻居的坐标。

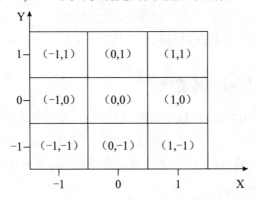

图 5.2 康威生命游戏的二维栅格结构

2）元胞状态

每个栅格内放置一个元胞，其位置的描述为

$$Cells = \{Cell(i,j) | i,j \in I\}, \quad I = L \times L$$

设元胞的邻域半径为1；邻居类型为摩尔型。每个元胞 Cell($i,j$) 有两个状态：Alive(1)，Dead(0)。即对元胞 Cell($i,j$)，其状态为 $s(i,j) = \{Alive, Dead\} = \{1,0\}$。1代表存活，0代表死亡。对于所有 Cell($i,j$) $\in I$，有一个状态序列：

$$S(i,j) = f(s(i,j), s(i,j+1), s(i+1,j), s(i,j-1), s(i-1,j), s(i+1,j+1),$$
$$s(i-1,j+1), s(i+1,j-1), s(i-1,j-1))$$

对每一个 Cell($i,j$) $\in I$，在时间 $t+1$ 的状态是时间 $t$ 的9个最邻近的栅格的状态函数。令 $i=0, j=0$，转移函数给定为

$$S(0,0) = f(s(0,0), s(0,1), s(1,0), s(0,-1), s(-1,0), s(1,1),$$
$$s(-1,1), s(1,-1), s(-1,-1))$$

3）演化规则

演化规则由式（5.1）和式（5.2）表示。

$$\text{若} S^t = 1, \quad \text{则} S^{t+1} = \begin{cases} 1, S = 2,3 \\ 0, S \neq 2,3 \end{cases} \tag{5.1}$$

$$\text{若} S^t = 0, \quad \text{则} S^{t+1} = \begin{cases} 1, S = 3 \\ 0, S \neq 3 \end{cases} \tag{5.2}$$

其中，$S^t$ 表示 $t$ 时刻元胞 Cell(0,0) 的状态，$S$ 为8个相邻元胞状态 $S(0,0)$ 中活着的元胞数，即 $s(i,j)=1$ 的个数。

图5.3详解了康威生命游戏某一构型的动态发展过程。图中黑色栅格代表"活着"的元胞，白色栅格代表"死亡"的元胞。图5.3（a）为初始状态。从图5.3（b）开始，方格内的数字代表当前元胞节点具有"活着"的邻居的数目，根据康威生命游戏定义的演变规则，这个元胞小群落的状态会由图5.3（b）转化为状态图5.3（c），再转化为状态图5.3（d），而状态图5.3（d）是一个很巧妙的状态，其中每个"活着"的元胞个体

都具有2个"活着"的邻居。因此，从状态图5.3（d）开始，这个小群落的构型就保持不变，规则虽然足够简单，但组合出的图形却是意想不到的复杂。

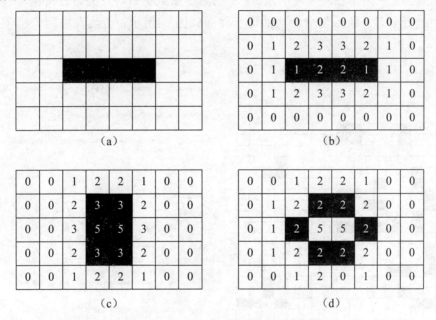

图 5.3　康威生命游戏演化规则示例
（a）初始状态；　（b）第 1 时间步；　（c）第 2 时间步；　（d）第 3 时间步

### 3. 康威生命游戏的模拟步骤

整个模拟步骤如下所示，分为四个阶段：初始化（步骤1至步骤3），状态转移计算（步骤4至步骤5），扫描序列（步骤6至步骤10），时间推进（步骤11至步骤13）。

步骤1：设置 $L \times L$ 空间。

步骤2：设置模型的初始 $S$ 序列（随机给每个元胞赋初值）。

步骤3：设置时钟 $t=0$。

步骤4：使 $\{0, 1\}$ 反转，即 $\{1\} \rightarrow \{0\}$，$\{0\} \rightarrow \{1\}$。

步骤5：若 $s(i, j) = \{1\}$，则命名 $\{1\}$ 为From，$\{0\}$ 命名为To。反之亦然。

步骤6：以某个特殊顺序扫描From序列（如：沿顶行，然后沿第二行）。

步骤7：检索9个值 $\{From(i, j), From(i, j+1), \cdots, From(i-1, j-1)\}$，并将他们存储在Neighbor.States（邻居状态）中。

步骤8：把转换函数应用于Neighbor.States 并将结果置于Next.States（下次状态）。

步骤9：把Next.States存入 $To(i, j)$。

步骤10：如还有未扫描行，返回步骤6；否则继续下一阶段。

步骤11：时钟增量一个单位。即 $t = t + 1$。

步骤12：如果 $t < T_m$，转向步骤4。

步骤13：模拟终止。

**4. 康威生命游戏的运行**

在本书自带的演示程序（见附录C）中内置了康威生命游戏的运行实例，读者可下载程序并运行学习。康威生命游戏的运行界面如图5.4所示，分为左右两个视图，介绍如下。

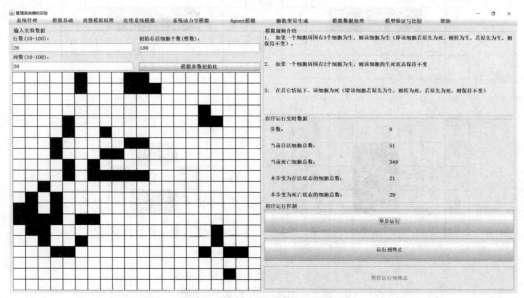

图 5.4　康威生命游戏的运行界面

（1）左侧视图的上部为参数输入区，可设置康威生命游戏中细胞的行数、列数和初始存活细胞个数。

（2）左侧视图的下部为游戏过程中元胞状态的演化及显示区，可以直观观察栅格的状态。

（3）右侧视图的上部为游戏规则的介绍，供学习使用。

（4）右侧视图的中部为游戏模拟过程中的实时数据。

（5）右侧视图的下部为程序控制区，可以按"单步运行""运行到终止"两种模式进行人为控制。其中，"单步运行"模式可使学习者详细观察游戏过程的每一步。"运行到终止"模式可以直接运行到模拟终止，即当某一时刻所有细胞的状态同上一时刻完全相同时，结束模拟过程。

## 5.3　Agent的概念

### 5.3.1　Agent的定义与分类

**1. Agent的定义**

Agent的概念20世纪70年代源于人工智能，Agent（主体，也译为代理、智能体）和多主体系统（multi-agent systems，MAS）随着分布式人工智能的研究而兴起。由于其具有任务性、自治性、反应性、主动性、社会性的特点，目前已用于分析非线性、复杂的系统，在经济学、社会学、生态学等许多领域产生了广泛的影响。

Agent一般是指自包含的（self-contained）、能感知环境并能在一定程度上控制自身行为的计算实体。作为一个自治的计算实体，Agent与外部环境存在相互作用，能够感知环境，并对环境产生作用。通常Agent有一个可用的动作库，这些可能的动作合集表示一个Agent的有效行为。Agent面临的关键问题是决定执行什么动作，以最大限度满足它的目标。而对于Agent内部结构如何、在多大程度上实现自治、应该具有何种智能，目前并没有一致的观点，而是不同的学者各自以自己的理解发展和应用Agent理论和技术。这种现状为规范使用Agent技术带来困难，但也说明Agent相关理论和技术仍有很大的发展空间。

尽管对Agent没有普遍接受的定义，但一些研究者对主体应具有的特性进行了说明，其中影响最大的是迈克尔·伍尔德里奇（Michael Wooldridge）和詹宁斯（Jennings）提出的关于主体的弱定义和强定义的概念。弱定义Agent是指Agent具有自治性、社会性、反应性和能动性等基本特征的个体；强定义Agent是指Agent除了具有弱定义中的基本特征以外，还具有移动性、通信能力、理性或其他特性。他们的观点为不同领域的研究者把握Agent的基本含义提供了有效的参考，特别是主体的弱概念对非人工智能领域中基于Agent的计算有比较大的影响。

**2. Agent的特征**

由Agent的概念可以总结出Agent应具有如下基本特征。

（1）自治性（autonomy）：Agent的行为不受他人直接控制，对自己的行为与内部状态有一定的控制力，其行为是主动、自发、有目的且有意图的，能根据目标和环境的要求对短期行为做出规划，行为自主性是Agent最基本的属性。

（2）反应性（reactivity）：Agent能够感知其所处环境，并借助自己的行为，对环境做出适当反应。

（3）预动性（pro-activeness）：Agent不是对环境中的事件做出简单的应激性反应，而是能够表现出某种目标指导下的行为，为实现其内在目标而采取主动的行为。

（4）社会性（social ability）：Agent存在于由多个Agent构成的社会环境中，与其他Agent交换信息和思想，Agent的存在及其行为都不是独立的，甚至可以这样讲，多个Agent就是一个简化了的小型人类社会。

（5）协作性：各Agent可以通过合作和协调工作来求解单个Agent无法处理的问题，并提高处理问题的能力。在协作过程中，可以引入各种新的机制和算法，协作性是Agent最重要的属性，也是其具有社会性的表现。

（6）运行持续性：Agent的程序在启动后，能够在相当长的一段时间内维持运行状态，不随运算的停止而立即结束运行。

（7）系统适应性：Agent不仅能够感知环境，对环境做出反应，而且能够把新建立的Agent集成到系统中而无须对原有的Agent系统进行重新设计，因此，Agent也具有很强的适应性和可扩展性，也可以把这一特点称为开放性。

（8）功能智能性：Agent强调理性作用，可作为描述机器智能、动物智能和人类智能的统一模型。Agent的功能具有较高智能，而且这种智能往往是构成社会智能的一部分。

### 3. Agent的分类

从Agent自身的概念出发，将Agent分为两类：智能代理Agent和智能主体Agent。

（1）智能代理Agent。智能代理Agent是指可以代替人类去完成某项工作的Agent，这类Agent的智能以人类的意识为引导，接受人类的命令，服务于人，行为具有应激性和一定的程序性，如办公自动化Agent及信息收集Agent等。

（2）智能主体Agent。智能主体Agent是指智能化程度更高、自治性更强的Agent，此时Agent已经拥有人的某些智能特点，其行动模式不再是接受人的某种指令后完成任务，而是具有高度的仿生智能和一定的独立思维能力，甚至还可以拥有人格和情感，可以自行对环境做出判断、指定行动决策。

从Agent的结构出发，将Agent分为三类：反应型Agent（reactive Agent）、慎思型Agent（deliberative Agent）和复合型Agent（hybrid Agent）。

（1）反应型Agent。这类Agent的结构如图5.5所示。它针对外界的刺激，只能从内部找到一条与外界环境相匹配的规则继续工作，然后执行与规则相关的功能，产生对外界刺激的响应。这类Agent类似于智能代理Agent，其特点是智能程度低，系统不灵活，但是求解速度快。

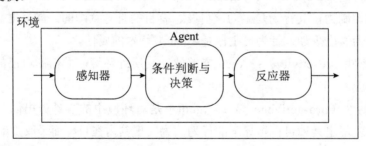

图 5.5  反应型 Agent 结构

（2）慎思型Agent。这类Agent保持了经典人工智能的传统，Agent通过感知器接收外界环境的信息，继而修改其内部状态，然后通过知识库制定动作决策，借助效应器反馈给环境，如图5.6所示。慎思型Agent类似于智能主体Agent，其特点是具有一定的独立思维能力，可以自行对环境做出判断、指定行动决策。

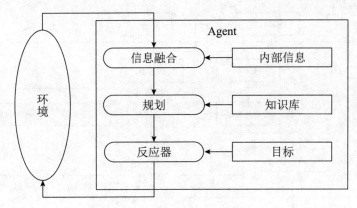

图 5.6  慎思型 Agent 结构

（3）复合型Agent。复合型Agent即在一个Agent内组合多种相对独立和并行执行的智能形态，如图5.7所示。复合型Agent兼有反应型Agent速度快和慎思型Agent智能化的优点。

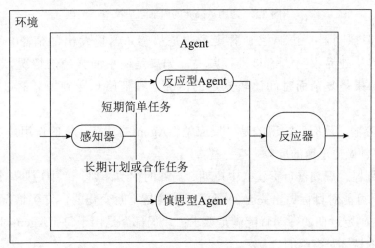

图 5.7  复合型 Agent 结构

以上介绍了几种Agent的结构分类，关于Agent的结构，不同的学者依据不同的背景和研究领域会有不同的设计方式，针对复杂系统的研究，采用何种Agent结构还要视具体情况而决定。

### 5.3.2  Agent的构成内容

通用Agent的内部结构模型如图5.8所示，其中展示了主要部件和内容构成关系，主要包含七种重要部件。

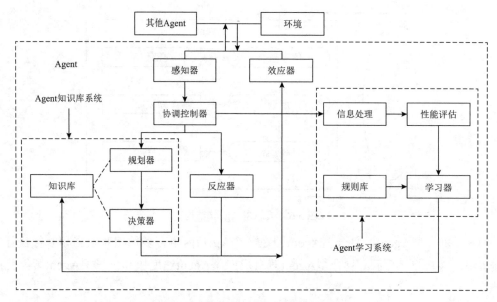

图 5.8  通用 Agent 的内部结构模型

（1）协调控制器。协调控制器接受的是从感知器里发出的信息，协调控制器负责把感知器从外界收到的信息进行归类，如果是简单而紧急的情况，就把信息送到反应器；如果是复杂而时间比较充足的情况，则把信息送到规划器进行更深入的处理。

（2）反应器。反应器实现的是"反应型"Agent的功能，它的作用是让Agent对紧急或简单的事件做出迅速的反应。

（3）规划器。规划器负责建立中短期、局部的行动计划。"中短期"是由于Agent并不需要也不可能对目标做出完全的规划，环境是不断变化的，许多情况是无法预料的，因此只要确定近期的行动就能满足要求；"局部"是由于每个Agent对自身、环境及其他Agent的认知是有限的。

（4）决策器。Agent确定了目标后，就要着手选择预先定义好的、能够实现目标的规划，交给响应的模块执行，这个过程便由决策器来完成。当然，这些预先定义好的规划来源于知识库。

（5）学习器。一个Agent具有智能的最重要表现就在于它拥有学习器。当一个Agent面对新环境和新问题时，它可以将成熟的、效果好的解决方案加入知识库或者对规则库进行更新，方便以后遇到同类问题时采用。

（6）感知器。感知器是Agent与外部世界交互的接口，Agent通过感知器来"看到"现实世界和其他Agent，然后把"看到"的东西进行抽象，送到协调控制器。

（7）效应器。效应器是Agent与外部世界交互的第二接口，根据Agent的动作命令对外界环境产生反馈。

## 5.4 基于Agent的建模及模拟方法

### 5.4.1 基于Agent的建模

#### 1. Agent建模

基于主体的建模（agent-based modeling，ABM）方法的基本出发点是：许多系统可以看作是由多个自治的主体构成的，主体之间的相互作用是系统宏观模式出现的根源，通过建立主体模型，可以更好地理解和解释这类系统。以人类社会为例，在微观层次上人类社会是由多个理性的、追求各自目标的、对自身行为具有一定控制能力的个体组成，个体之间以及个体与环境之间存在信息、物质、能量的交换，表现出复杂的相互作用。研究这样的系统时，可以从微观入手，建立个体行为模型，通过观察个体之间的相互作用，归纳系统的宏观规律，揭示微观与宏观的联系，这是一种自下而上的研究方法。

ABM模型是一类用于模拟主体（个体或集体实体，如组织或团体）的动作和交互的计算模型。它结合了博弈论、复杂系统、涌现、社会计算学、多智能体系统和进化计算的内容，并引入蒙特卡罗方法用于生成随机性，用来评估它们对整个系统的影响。这些模型模拟多个主体的同时操作和交互，试图重新创建和预测复杂现象的出现，该过程是从较低（微观）级别的系统发展到较高（宏观）级别的过程之一。ABM的一个关键原则是简单的行为规则会产生复杂的表现结果，其另一个中心原则是整体大于部分之和。ABM模型的发展可能会经历学习、适应和繁殖三个过程。大多数基于主体的模型有以下特点：在不同尺度上拥有大量的主体、决策采用启发式策略、具有学习规则和适应过程、具有极强的交互性和非主体环境等。

基于Agent的模拟建模相对于一般数学建模而言，在解决离散、非线性系统模拟方面有显著优势，是研究复杂系统产生的全局、自适应行为的一个基本方法。值得一提的是，ABM作为一种新颖的建模方法，不仅可以采用人工智能方法，还可以与传统建模方法结合。一方面可以采用主体观点对传统模型进行封装，如Agent的决策模块可以采用传统的优化计算方法，或根据输入信息按概率规则决定行为。另一方面，Agent也可以嵌合其他模型，如在系统动力学中，某子系统可以采用Agent实现，与其他部分相结合。

#### 2. Agent建模的核心思想

在Agent的模拟中，每个个体都按照一定规则运转，而整体却呈现出有序模式，反映出演化规律。其建模具有确定性与随机性相结合、动态模拟和宏观与微观相结合的特点，基于Agent系统建模的核心思想可概括为以下几点。

1) 对系统进行Agent抽象

根据组成实际系统的物理系统和系统目标的要求，将系统的相应实体（或特定功能）抽象为Agent。这里，Agent是一个自治的计算实体（即软件Agent），它能真实或合理地反映相应实体的自治特性（有、没有或自治程度等）以及相应的行为和状态。

2) Agent之间的交互性

组成系统的Agent为实现自己和系统的特定功能,它们之间需要交换信息和提供服务,所以必须要进行交互和协同运作(Agent之间可能有冲突,必须相互协调)。系统的Agent可能只需要局部的信息就可以完成相应的使命,它们在地理上允许是分布的。

3) Agent的智能性

智能性是指应用系统使用推理、学习和其他技术来分析解释它接触过的或刚提供给它的各种信息和知识的能力,根据研究需要和技术的可行性,Agent需要具备合适的智能特性。

## 5.4.2 基于Agent的模拟

### 1. 定义和特点

基于Agent的建模和模拟(agent-based modeling and simulation,ABMS)是针对由相互作用、自主的Agent所组成的复杂系统的分析方法。Agent作为具有行为(通常用简单规则描述)的主体,同时与其他Agent进行交互,这些交互反过来会影响它们的行为。通过对个体的建模,可以观察到个体在其属性和行为上存在多种影响,同时又作用到系统整体。通过"从头开始"建模系统,Agent之间联系、互动,通常可以在这样的模拟中观察到自组织现象,系统的模式、结构和行为并没有明确地编程到模型中,而是通过Agent交互产生的。

与离散事件模拟和系统动力学等其他模拟技术相比,基于Agent模拟的两个显著特征是对整个种群的智能体异质性建模和自组织现象的出现。基于Agent的建模为我们提供了一种建模社会系统的方法,这些社会系统由相互作用和影响的Agent组成,从它们的经验中学习,并调整它们的行为,以便更好地适应它们的环境。

### 2. ABMS的关键步骤

在应用ABMS方法研究复杂系统时,关键步骤是建立多Agent概念模型,它可以分为三步。

(1) 根据对实际系统的观察和先验知识,辨识系统中与研究目的相关的各类微观个体。

(2) 将这些微观个体抽象为相应的Agent类,建立Agent模型。

(3) 分析Agent之间的交互,根据Agent之间的通信和相互作用机制建立交互模型。

在建立实际系统的多Agent模型时,对Agent的含义应广义理解,将Agent看作可识别对象的一种抽象。实际系统中的个体从通常意义上可以分为智能性个体和非智能性个体,智能性个体一般具有目标,能主动感知环境,根据局部信息进行决策或对外界刺激做出反应,而非智能性个体仅能够被动反应。将智能性个体抽象为Agent是很自然的,但被动反应的非智能性个体也可采用Agent描述,如对电灯开关或简单的温度控制器均可用采用意识立场,将它们看作Agent。

图5.9说明了对实际系统进行多Agent建模的一般理念，下方表示实际系统和环境，实际系统中存在智能性个体（人像符号）和非智能性个体（方块符号），系统和环境以及系统内部个体之间存在相互作用。在建模时，可以将环境和系统中的非智能个体（被动的）Agent和智能性个体对应的（主动的）Agent一起构成多Agent系统。这只是一种示意图，实际情况可能会较复杂，需要分解、归并、简化等操作，实际个体与Agent之间也不一定具备一一对应关系。

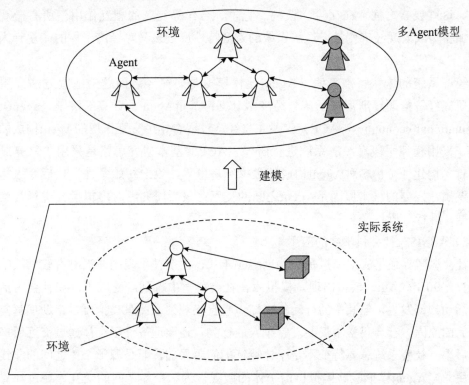

图5.9　建立多Agent模拟的示意图

ABMS是一种针对由自主、相互作用的Agent所组成的系统进行建模和模拟的新方法，在各个领域和学科中的应用越来越多，ABMS尤其适用于需要考虑Agent适应性和涌现性的问题。许多基于Agent的软件和工具包已经被开发出来，并得到了广泛应用，各种因素正在共同推动ABMS的快速发展，这些因素包括：专业的基于Agent的建模方法和工具包的持续发展，基于Agent的建模的广泛应用，基于Agent的建模社区中所不断累积的集体经验，微数据可用性的不断增加，计算机性能的不断提升。ABMS有望在未来对政府及企业的决策支持产生深远的影响。

### 5.4.3　Agent建模及模拟的实例

**1. 在经济系统与社会科学中的应用**

由于经济系统与社会科学都属于复杂系统中较难研究的内容，一直以来，传统的研究方法难以契合上述研究的痛点，Agent建模方法能够弥合微观与宏观之间的割裂，因此在经济系统与社会科学的研究中被广泛地应用。

1）ABMS在经济系统中的应用

经济系统是一个复杂的动态系统，它是由个人、家庭、企业、金融机构、政府等要素组成，这些要素都具有一定的自治性，相对独立地进行决策，在一个不确定的环境下实现效益最大化。另外，这些要素都具有一定的智能性，会根据环境的变化调整行为策略。这些要素之间存在交换、谈判、竞争、合作等复杂的相互作用，所有微观经济行为加和构成宏观经济变量，经济系统的宏观特性反过来又对经济个体的微观行为产生影响。

经济系统的这些特点表明，Agent建模模拟是研究经济问题的适宜方法，用这种方法研究经济问题逐渐形成了一个经济学分支：基于Agent的计算经济学（agent-based computational economics，ACE）。ACE将经济过程看作由交互作用的Agent构成的动态系统，采用模拟手段对经济系统进行研究。ACE的基本研究思路是采用"培养皿"类比，首先构建一个由多种Agent构成的虚拟经济世界，设定初始条件；然后令虚拟世界自然发展，发展的根本原因是Agent之间的交互；最后研究者对虚拟世界进行观察，收集数据，进行分析。

2）ABMS在社会科学中的应用

社会科学界最早应用模拟是在20世纪60年代，由于技术限制，当时有较大缺陷。直到20世纪90年代Agent模拟出现，模拟才在社会科学中得到广泛应用。在社会生活中，有些活动频繁发生，但其中的行动策略却不易直接观察，此时模拟可以帮助理解复杂现象背后的原因。社会科学不仅要理解个人的行为，还要理解许多个体通过交互所产生的总体后果。社会系统总体特征不是个体特征的简单累加，而是源于个体之间的非线性相互作用。多Agent模拟能够模拟自治个体的微观行为和个体之间的交互，通过计算实验自发地涌现出宏观现象，成为解释和理解社会现象的有力方法。Agent模拟不仅可以用于检验、提炼、扩展已有的理论，还能深入理解社会现象内部的因果机制，因此得到了社会科学界的重视。

近年来，越来越多的学者采用Agent模拟方法进行社会科学研究。例如对合作的研究、基于人群的起立鼓掌模型、基于战争规模的扩散模型以及社会舆情事件发展模型等，这些研究表明Agent模拟方法具有独特的价值。尽管如此，目前尚没有形成规范的研究框架，只能通过实例来体验研究的基本过程。

### 2. Agent模拟应用例——狼与羊捕食者模型

狼与羊捕食者模型是Agent建模及模拟的典型应用。下面介绍采用Agent模拟软件NetLogo实现狼与羊捕食者模型及模拟的过程。图5.10为NetLogo中建立的模拟实验界面，该模型是"捕食者—猎物"生态系统模型中"狼—羊"捕食者模型的变体，大致分为模型构建、Agent设定、Agent行为参数设置、Agent基础参数设置和运行模拟实验五个过程。

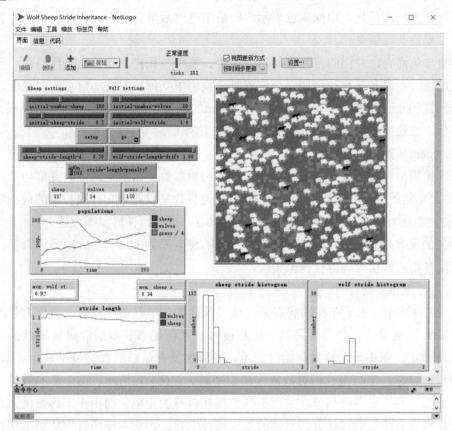

图 5.10　NetLogo 中建立的模拟实验界面

1）模型构建

本模型模拟了简单的捕食行为。在给定的栅格模拟空间内，具有三类Agent：青草、羊与狼。Agent之间的关系为狼捕食羊、羊吃草。羊与狼具有行动的能力，用步幅（stride length）来刻画羊与狼在模拟世界中的运动能力。在此模型基础上，对Agent进行设定。

2）Agent设定

三类Agent均处于网格中，各自性质如下。

青草：会以一定的概率随机生长，具有一定的繁殖恢复周期。

狼和羊：具有一定的能量，会向周围随机移动以寻找并获取能量。每次移动都会损失一定的能量，当能量不足时个体便会死亡，因此这两种Agent都需要进食以补充能量。狼通过吃羊、羊通过吃草来获得一定的能量；狼和羊遵循随机概率进行繁殖，当狼和羊繁殖时，它们的步幅会传给子代，但步幅可能会发生变异，在父代遗传的基础上增加或减少。

3）Agent行为参数设置

除基础状态参数外，还要设置三类Agent的行为参数。

对草而言，具有"生"与"死"两种状态，"生"用浅灰色表示，该位置有草存在，"死"的状态反之，用深灰色表示，即被羊吃过后草会消失。在没有草的位置，草根据再生率值会重新生长。

对狼与羊而言，共同的行为有移动、捕食、繁殖与死亡。当狼与羊移动时，会减少一点能量值。当狼和羊移动到同一个位置时，狼将羊吃掉，并增加自身的能量值，羊吃草也是同样的道理。狼和羊每次繁殖将原Agent的能量在原Agent和新产生的Agent之间进行均分。当狼或羊的能量值减少到0时，该个体死亡。

4）Agent基础参数设置

在开始模拟前还需要设置狼、羊和青草的初始参数。在本案例中，青草初始种群数量为467，羊初始种群数量设置为108，狼初始种群数量设置为30，狼与羊的最小能量为200，最大能量为500，羊初始种群步幅设置为0.2，狼初始种群步幅设置为1，羊产生子代时步幅的变异率为0.49，狼产生子代时步幅的变异率为0.24，开启步幅惩罚项，在设置好初始参数后即可开始运行模拟实验。

5）运行模拟实验

如图5.11所示，由于在初始状态下，草大量存在，羊群在自身附近找到大量的草来进食，能够迅速繁殖。当草下降到一定程度时，羊群能够获取的能量越来越少，群体数量保持稳定。而由于羊群数量始终充足，狼群也就有足够的食物得以繁衍。即在300个时间步时，草、羊与狼的相对数量达到了平衡。如图5.12所示，由于草的数量不断下降，羊想要生存下去并吃到草，需要不断地提高自身的步幅。而由于羊群数量充足，狼只需要保持现有步幅即可捕食到足够的羊以维持生存，因此本模拟过程达到了相对的稳定状态。

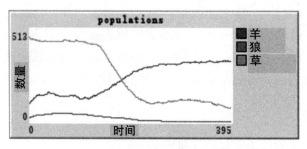

图 5.11 狼、羊与青草群体演化结果

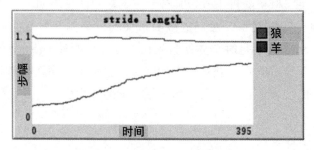

图 5.12 羊与狼的步幅演化结果

在模型约束不被破坏的条件下,读者可以继续模拟过程以观察系统要素的长期变化,探寻在不同的初始条件下,修改哪些条件仍然可以维持模拟系统的动态平衡,并让模拟过程一直存在下去。

**3. 基于Agent的建模与模拟的总结**

1)建模特点

由本章前面的描述和事例分析可以看到,基于Agent的模型的本质是具有自治性的智能体之间的交互所引发的个体行为及基于此的系统演化过程,系统的状态变化无法用微分方程描述,所以看上去ABMS似乎是离散事件系统的一种类型。但ABMS与离散事件系统建模与模拟既有相近之处,又有不同之点。随着人们对基于Agent建模与模拟研究的不断深化,人们将更加深刻理解Agent建模与模拟的内在规律。

2)时间推进策略

离散事件系统模拟的时间推进策略有两种:变步长策略和固定步长策略,一般采用变步长策略(如下一事件推进策略)。我们看到,在Agent模拟中,一般采用固定步长推进策略或时间步进策略,这是与离散事件系统模拟的不同之处。未来的Agent模拟是否也会引入变步长策略将取决于建模的需求与Agent模拟的技术的发展。

## 本章小结

对复杂系统的研究是当代系统建模与模拟的热点领域。Agent建模与模拟是一类用于研究复杂系统的微观模拟技术,它采用自下而上的涌现性思路对复杂系统建立模型。ABMS通过Agent之间以及Agent与环境之间的相互作用,涌现出系统的宏观特性,从而在微观和宏观之间建立起联系的桥梁。本章以康威生命游戏为例介绍了一种微观模拟方法元胞自动机模型,同时以狼与羊捕食者模型为例,讲解了Agent建模模拟应用的具体场景。本章还介绍了钱学森提出的"从定性到定量的综合集成"的开放复杂巨系统的研究方法。

## 即测即练题

请扫描二维码,参加即测即评练习。

即测即练题

## 思考练习题

1. 请说明复杂系统的概念。
2. 依照不同的范畴，复杂系统可以分为哪些类型？
3. 试总结微观模拟技术有哪些类型。
4. 按照动力学行为分类，请简述元胞自动机的类型。
5. 请简要描述康威生命游戏的规则与应用。
6. 请列举并解释Agent所具有的特点。
7. 请简述Agent建模的核心思想。
8. 请比较分析慎思型Agent和反应型Agent的联系与区别。
9. 请思考，Agent建模及模拟能够应用到哪些研究场景中？
10. 试说明"从定性到定量的综合集成"的开放复杂巨系统研究方法的基本思想。
11. 考虑舆情传播模型，设$N$代表群体总人数，$S$代表无知者占总人数的比重，$I$代表传播者占总人数的比重，$R$代表无视舆情者占总人数的比重，$a$代表每个传播者$I$在单位时间内的传播率，$b$代表每个传播者$I$在单位时间转为无视舆情者$R$的转移率。模型假设如下：

（1）舆情传播的过程中，社会发展稳定；
（2）第一个人还会重复参加二次舆情传播；
（3）舆情传播时也会重复传播给了解舆情的人；
（4）舆情消息在总体传播的过程中，单位时间内传播到的平均人数，正比于当时尚未听说此舆情消息的人的个数，且比值恒定不变。

试以上述假设为基础，建立基于Agent的舆情传播模型，给出刻画舆情传播过程的关系式并尝试利用软件进行模拟。

# 第二篇
# 管理系统模拟的数据及分析

---

**第6章** 随机数与随机变量的生成
**第7章** 模拟输入数据分析
**第8章** 单系统模拟输出数据分析
**第9章** 多系统方案比较与优化

# 第6章 随机数与随机变量的生成

**学习目标**

通过本章学习,读者应该能够:
1. 掌握随机数的生成及检验方法;
2. 掌握随机变量的生成方法;
3. 了解到达过程的生成方法。

## 6.1 随机数的生成

### 6.1.1 随机数的作用与性质

**1. 随机数在模拟中的作用**

随机数就是随机变量的样本取样值。由于离散事件系统往往包含1个以上的随机变量,在离散事件系统模拟时,要将随机变量包含在模拟模型中,因此在离散事件系统模拟过程中,随机变量的生成就十分重要。生成随机变量的基础是发生在[0,1]区间上的均匀分布随机数(随机数发生器),其他分布都可以由$U(0,1)$均匀分布随机数经过变换和计算来实现。因此随机数是离散事件系统模拟的基础。

**2. 随机数的性质**

在各种分布的随机数中,最常用和最重要的是在[0,1]区间上的均匀分布随机数。其他许多分布的随机数都可以由$U(0,1)$均匀分布随机数经过变换和计算来生成。

根据式(2.9)和式(2.10)的$U(a,b)$均匀分布随机变量的概率密度函数和分布函数,可以得到$U(0,1)$均匀分布随机变量$X$的概率密度函数:

$$f(x) = \begin{cases} 1, & 0 \leq x \leq 1 \\ 0, & 其他 \end{cases}$$

概率分布函数:

$$F(x) = \begin{cases} 0, & x < 0 \\ x, & 0 \leq x \leq 1 \\ 1, & x > 1 \end{cases}$$

数学期望:

$$E(X) = \int_0^1 x \, \mathrm{d}x = \left.\frac{x^2}{2}\right|_0^1 = \frac{1}{2}$$

方差：
$$D(X) = \int_0^1 x^2 dx - [E(X)]^2 = \frac{x^3}{3}\bigg|_0^1 - (\frac{1}{2})^2 = \frac{1}{3} - \frac{1}{4} = \frac{1}{12}$$

## 6.1.2 随机数的生成方法

**1. 随机数的生成**

1）伪随机数

生成随机数的目的，是发生[0,1]之间的一组数的序列，使之尽可能地模仿具有类似于均匀分布随机变量的独立取样值性质的数。由于随机数是利用计算机程序按照一定的算法计算出来的，会有一定的周期性，因而被称为伪随机数（pseudo random number）。

利用随机数来对随机活动进行统计分析，只要伪随机数的数理统计性质能够满足实际需要即可。一般计算机上生成随机数的函数为$U(0,1)$均匀分布的随机数。

2）计算机生成随机数的要求

伪随机数具有一定的周期性。对随机数值序列的要求如下。

（1）分布的均匀性、抽样的随机性、实验的独立性以及前后的一致性。

（2）足够长的周期，以满足实际需要。

（3）生成的速度要快，占用的内存空间要小。

**2. 计算机生成随机数的算法**

1）基本思想

计算机生成随机数的通常方法是利用一个递推公式：
$$X_{k+1} = f(X_k)$$

给定了第$k$个初始值$X_k$，就可以利用这个递推公式推算出第$k+1$个数$X_{k+1}$。递推公式有多种形式，其中最常见的有两种：平方取中法与同余法。

2）平方取中法

首先给出一个初始数，称为种子（seed）。把这个数平方，然后取中间位的数，再放上小数点就得到一个随机数。这个中间位的数再平方取中得到第二个随机数。

设初值为$x_0$，其中，$x_0$为$2k$位的非负整数，$[x]$表示取$x$的整数部分，$N \bmod M$为对$N$进行模为$M$的求余运算，平方取中法的递推公式为
$$N \bmod M = N - \left[\frac{N}{M}\right] \times M$$

3）同余法

同余法是将一组数据通过一系列特定的数字运算，最后利用一个数字的整除求余，所得的数值就是一个伪随机数。该求随机数的计算过程被称为同余法。同余法有三

种：加同余法、乘同余法和混合同余法。其中以混合同余法生成的随机数统计性质较好，计算简便，因而应用广泛。目前使用最多的是线性同余发生器（linear congruential generator，LCG）。设一个整数序列 $x_1, x_2, \cdots, x_n$，LCG递推公式如下：

$$x_n = (ax_{n-1} + c)(\bmod m)$$

$$\mu_n = x_n / m$$

其中，$m$ 为模数（为随机数的周期），$a$ 为乘子（乘数或乘法因子），$c$ 为增量（加数或加法因子），$x_0$ 为初值（种子），且 $x_0$、$m$、$a$ 均为非负整数，$c>0$。$x_n$ 为根据模数 $m$ 求得的余数，显然，$0 \leq x_n \leq m-1$，为保证所生成的随机数 $\mu_n$ 的非负性，要求 $m>0$，$a<m$，$c<m$ 且 $x_0 <m$。

**例6.1** 混合同余法递推公式中，取 $m=8$，$a=3$，$c=1$，初值 $x_0=1$，求前10次迭代结果。

**解**：这里，$x_n = (3x_{n-1} + 1)(\bmod 8)$，$\mu_n = x_n /8$。

$x_1 = (3x_0 + 1) \bmod 8 = 4 \bmod 8 = 4$，$\mu_1 = x_1 /8 = 4/8 = 0.50$。

依次类推，迭代结果如表6.1所示。

表6.1 混合同余法生成的随机数序列

| $n$ | 1 | 2 | 3 | 4 | 5 | 6 | 7 | 8 | 9 | 10 |
|---|---|---|---|---|---|---|---|---|---|---|
| $x_{n-1}$ | 1 | 4 | 5 | 0 | 1 | 4 | 5 | 0 | 1 | 4 |
| $x_n$ | 4 | 5 | 0 | 1 | 4 | 5 | 0 | 1 | 4 | 5 |
| $3x_n+1$ | 4 | 13 | 16 | 1 | 4 | 13 | 16 | 1 | 4 | 13 |
| $\mu_n$ | 0.50 | 0.625 | 0.00 | 0.125 | 0.50 | 0.625 | 0.00 | 0.125 | 0.50 | 0.625 |

可见，该随机序列中，$x_1 = x_5 = x_9$，从 $n=5$ 开始 $x_n$ 及 $\mu_n$ 循环取 $n=1$ 到 $n=4$ 的值。周期 $T=4<m=8$。如 $T=m$，则称为满周期。为延长随机数的周期，通常取 $m=2^b$（$b$ 为正整数），本例中，取 $b=3$。

线性同余法生成满周期 $U(0,1)$ 均匀分布随机数的基本条件如下。

（1）$c$ 和 $m$ 互质，即没有大于1的公因子。

（2）$m$ 的每个质数因子也是 $a-1$ 的因子。

（3）若4是 $m$ 的因子，则4也是 $a-1$ 的因子。

## 6.1.3 随机数的检验

**1. 随机数检验的意义和种类**

用任何一种方法生成的随机数序列在应用到实际问题之前，都必须进行一些统计检验，看它是否能够令人满意地作为随机变量的独立取样值（显著性检验），是否有较好的独立性和均匀性。从理论上说，统计检验可使我们有较大的把握获得具有较好统计性质的随机数序列。

随机数生成的检验方法分为两大类：实证检验法和理论检验法。实证检验法常用统计检验方法，对实际生成的随机数进行检验。而理论检验法是通过生成器的数值参数进行评估，并不考虑实际生成的随机数。理论检验法更注重对全局的检验，由于需要大量复杂的数学理论，故本书不做讨论。

常用的实证检验法包括均匀性检验、序列检验、独立性检验（游程检验）和相关性检验。本书介绍均匀性检验和相关性检验。

**2. 均匀性检验**

均匀性检验又称频率检验，是对经验频率和理论频率之间的差异进行检验，要求随机数均匀地分布在[0,1]区间。均匀性检验一般采用卡方检验。

1）卡方检验方法

由第2章的介绍所知，卡方检验是统计样本的实际观测值与理论推断值之间的偏离程度。对于随机数的均匀性检验，卡方检验统计量的公式为

$$\chi^2 = \sum_{i=1}^{k} \frac{(O_i - E_i)^2}{E_i} = \frac{k}{n} \sum_{i=1}^{k} (f_i - \frac{n}{k})^2$$

其中，$k$ 为分组区间数；$n$ 为总观察次数；$O_i$ 为在第 $i$ 个分组区间的观察频数，$O_i = f_i$；$E_i$ 为在该分组区间的期望频数，对于 $U(0,1)$ 均匀分布来说，当各组尺寸相同时，每组中数的期望频数 $E_i$ 由下式给出：

$$E_i = n / k$$

2）检验步骤

第一步：将 [0,1] 区间分成 $k$ 个等长的子区间（即分组数为 $k$）

$$\left[ \frac{i-1}{k}, \frac{i}{k} \right] \ (i = 1, 2, \cdots, k)$$

第二步：由均匀性假设，$x_i$ 落入第 $i$ 个子区间 $\left[ \frac{i-1}{k}, \frac{i}{k} \right]$ 的概率为 $1/k$，计算理论频数 $\mu_i$，$\mu_i = n/k (i = 1, 2, \cdots, k)$；

第三步：计算 $\{x_i\}$ 序列落在区间 $\left[ \frac{i-1}{k}, \frac{i}{k} \right]$ 中的个数 $f_i (i = 1, 2, \cdots, k)$，即经验频数；

第四步：由于样本统计量

$$\chi^2 = \frac{k}{n} \sum_{i=1}^{k} (f_i - \frac{n}{k})^2$$

渐近地服从自由度为 $k-1$ 的卡方分布，对给定显著性水平 $\alpha$，查卡方分布表得临界值：

$$\chi^2(k-1) : P\{\chi^2 > \chi_\alpha^2(k-1)\} = \alpha$$

第五步：计算出卡方统计量的值 $\chi^2$，如果 $\chi^2 \leq \chi_\alpha^2(k-1)$，可以得出结论：经验频数

与理论频数之间没有检测出明显的差异。如果 $\chi^2 > \chi_\alpha^2(k-1)$，拒绝假设。

**例6.2** 卡方检验例题。某随机数发生器发生100个随机数如下：

| | | | | | | | | | |
|---|---|---|---|---|---|---|---|---|---|
| 0.34 | 0.9 | 0.25 | 0.89 | 0.87 | 0.44 | 0.12 | 0.21 | 0.46 | 0.18 |
| 0.67 | 0.76 | 0.79 | 0.64 | 0.7 | 0.81 | 0.94 | 0.74 | 0.83 | 0.26 |
| 0.22 | 0.74 | 0.96 | 0.99 | 0.77 | 0.67 | 0.56 | 0.41 | 0.52 | 0.97 |
| 0.73 | 0.99 | 0.02 | 0.47 | 0.3 | 0.17 | 0.82 | 0.56 | 0.05 | 0.88 |
| 0.45 | 0.37 | 0.18 | 0.05 | 0.79 | 0.71 | 0.23 | 0.19 | 0.82 | 0.64 |
| 0.93 | 0.65 | 0.37 | 0.39 | 0.42 | 0.99 | 0.17 | 0.99 | 0.46 | 0.47 |
| 0.05 | 0.66 | 0.10 | 0.42 | 0.18 | 0.49 | 0.37 | 0.51 | 0.54 | 0.60 |
| 0.01 | 0.81 | 0.28 | 0.69 | 0.34 | 0.75 | 0.49 | 0.72 | 0.43 | 0.11 |
| 0.56 | 0.97 | 0.30 | 0.94 | 0.96 | 0.58 | 0.73 | 0.05 | 0.06 | 0.29 |
| 0.39 | 0.84 | 0.24 | 0.4 | 0.64 | 0.4 | 0.19 | 0.79 | 0.62 | 0.78 |

给定显著性水平 $\alpha=0.05$，用卡方检验法检验其均匀性。以0.1为单位统计 $x_i$ 序列落在各区间 $(a,b)$ 的个数，即经验频数。

**解：** 第一步：已知 $n=100$，将 $[0,1]$ 区间分成10个小区间，即 $k=10$。

第二步：计算理论频数 $\mu_i = n/k = 100/10 = 10$。

第三步：计算 $x_i$ 序列落在10个子区间的个数，即经验频数，如表6.2所示。

表6.2 经验频数统计表

| 区间 | 经验频数 $f_i$ | 区间 | 经验频数 $f_i$ |
|---|---|---|---|
| 0.0~0.1 | 7 | 0.5~0.6 | 7 |
| 0.1~0.2 | 9 | 0.6~0.7 | 10 |
| 0.2~0.3 | 8 | 0.7~0.8 | 15 |
| 0.3~0.4 | 9 | 0.8~0.9 | 9 |
| 0.4~0.5 | 14 | 0.9~1.0 | 12 |

第四步：样本统计量

$$\chi^2 = \frac{k}{n}\sum_{i=1}^{k}(f_i - \frac{n}{k})^2 = \frac{10}{100}\sum_{i=1}^{10}(f_i - \frac{100}{10})^2 = 7,$$

对给定的显著性水平 $\alpha=0.05$，查卡方分布表得临界值：$\chi_{0.05}^2(9) = 16.919$。

第五步：$\chi^2 = 7 < 16.919$，可以得出结论：经验频数与理论频数之间没有检测出明显的差异，即该随机数均匀地分布在 $[0,1]$ 区间上。

**3. 相关性检验**

1）检验方法

相关性检验评价所产生的随机数是否呈现相关性，基本思路是：给定某个 $l$ 值，计算其滞后 $j=1,2,\cdots,l$ 的相关系数的估计。给定一个随机变量序列 $X_1, X_2, \cdots, X_n$，对于某

个 $j$ 而言，其滞后 $j$ 的相关系数定义为 $\rho_j = C_j / C_0$，其中

$$C_j = \mathrm{Cov}(X_i, X_{i+j}) = E(X_i X_{i+j}) - E(X_i) E(X_{i+j})$$

表示在一个序列中相隔 $j$ 个元素的协方差系数。这里，$C_0 = \mathrm{Cov}(X_i, X_i) = D(X_i)$。当 $X_1, X_2, \cdots, X_n$ 是符合 $U(0,1)$ 的随机数序列时，$E(X_i) = 1/2$，$D(X_i) = 1/12$。于是，有

$$C_j = E(X_i X_{i+j}) - 1/4, \quad C_0 = D(X_i) = 1/12$$

从而，$\rho_j = C_j / C_0 = (E(X_i X_{i+j}) - 1/4)/(1/12) = 12 E(X_i X_{i+j}) - 3$

设给定 $n$ 个随机数 $X_1, X_2, \cdots, X_n$，可以从中选出子序列 $X_i, X_{i+j}, X_{i+2j}, \cdots, X_{i+hj}$ 来计算 $\rho_j$ 的估计值，其中 $i + hj \leq n$。一般情况下，常选择 $X_1, X_{1+j}, X_{1+2j}, \cdots, X_{1+hj}$，其中 $h = \lfloor (n-1)/j \rfloor - 1$。具体地，$\rho_j$ 的估计值可以通过求 $X_1 \cdot X_{1+j}, X_{1+j} \cdot X_{1+2j}, \cdots, X_{1+(h-1)j} \cdot X_{1+hj}$ 的均值来估计 $E(X_i X_{i+j})$，于是

$$\hat{\rho}_j = \frac{12}{h+1} \sum_{k=0}^{h} X_{1+kj} X_{1+(k+1)j} - 3$$

其中，$h = \lfloor (n-1)/j \rfloor - 1$。假设 $X_i$ 相互独立，则有

$$D(\hat{\rho}_j) = \frac{13h + 7}{(h+1)^2}$$

基于假设 $\rho_j = 0$ 且 $n$ 足够大，则可构造如下的统计量：

$$A_j = \hat{\rho}_j / \sqrt{D(\hat{\rho}_j)}$$

该统计量近似服从标准正态分布 $N(0,1)$。当给定显著性水平 $\alpha$ 时，记 $z_{1-\alpha}$ 为 $N(0,1)$ 上的 $1-\alpha$ 临界点；若 $|A_j| > z_{1-\alpha/2}$，拒绝假设；若 $|A_j| \leq z_{1-\alpha/2}$，不拒绝假设。

2）检验步骤

第1步：设原假设 $H_0 : X_1, X_2, \cdots, X_n$ 独立同分布，$X_i \sim U(0,1)$，$\rho_j = 0$。

第2步：随机发生 $n$ 个随机数，$X_1, X_2, \cdots, X_n$，计算 $\hat{\rho}_j$。

第3步：当 $n - j$ 充分大，取统计量 $A_j$，$A_j$ 渐进服从 $N(0,1)$ 分布。

第4步：给定显著性水平 $\alpha$（0.01或0.05）。

第5步：记 $z_{1-\alpha}$ 为 $N(0,1)$ 上的 $1-\alpha$ 临界点；若 $|A_j| > z_{1-\alpha/2}$，拒绝 $H_0$；若 $|A_j| \leq z_{1-\alpha/2}$，不拒绝 $H_0$。

## 6.2 随机变量的生成

### 6.2.1 生成方法概述

**1. 随机变量生成的前提**

这里设定随机变量生成的前提是已经得到服从独立同分布的 $U(0,1)$ 随机数，以

此为基础，进一步构造所需的某随机变量。所生成的随机变量 $X$ 符合其概率分布函数 $F(X)$。随机变量的生成方法有逆变换法（inverse transform）、函数变换法、卷积法（convolution）、组合法、舍选法（acceptance-rejection method）等。这里所有方法都假定：

第一，在区间 $[0,1]$ 中的随机数 $x_1, x_2, \cdots, x_n$ 是随时可用的；

第二，每个 $x_i$ 的概率密度函数是 $U(0,1)$ 均匀分布的概率密度函数；

第三，每个 $x_i$ 的概率分布函数是 $U(0,1)$ 均匀分布的概率分布函数。

**2. 随机变量的生成算法树**

所有分布的随机变量的生成都是从符合 $U(0,1)$ 均匀分布的随机数开始。一个随机变量的生成往往要经过多步才能实现，各随机变量的生成过程归纳为图6.1所示的生成算法树。比如，要生成符合对数正态分布的随机变量序列，经由的算法路径是：$U(0,1)$ 均匀分布随机数—正态分布—对数正态分布。要生成符合爱尔朗分布的序列，其算法路径是：$U(0,1)$ 随机数—指数分布—爱尔朗分布。

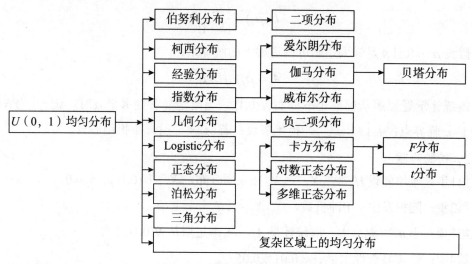

图 6.1  随机变量的生成算法树

## 6.2.2 逆变换法

**1. 逆变换法原理**

逆变换法是最常用且最为直观的一种随机变量生成方法。它基于概率积分变换定理，通过对分布函数进行逆变换来实现，因此称为逆变换法。逆变换法可用于均匀分布、指数分布、三角分布、威布尔分布以及经验分布的生成，同时也是很多离散分布生成样本的基本方法。逆变换法的关键是能够求出某一随机变量的概率分布函数 $F(x)$ 并能显式表达其逆函数 $F^{-1}(U)$。下面对逆变换法的原理和用法进行说明。

如果 $U \sim U(0,1)$,而 $F^{-1}(U)$ 是 $F(x)$ 分布函数的反函数,则
$$X = F^{-1}(U) \to F(x)$$
利用该公式,可以由 $U(0,1)$ 随机数 $\{u_i\}$ ($i=1,2,\cdots,n$),直接生成规定分布 $F(x)$ 的随机数 $\{x_i\}$ ($i=1,2,\cdots,n$)。该方法叫作逆变换法或反函数法。

逆变换法的步骤为:

第一步:生成独立的 $U(0,1)$ 随机数 $\{u_i\}$ ($i=1,2,\cdots,n$);

第二步:令 $x_i = F^{-1}(u_i)$,则序列 $\{x_i\}$ ($i=1,2,\cdots,n$)就是给定分布 $F(x)$ 的随机变量。

### 2. 均匀分布随机变量的生成

在 $[a,b]$ 区间上的均匀分布 $U(a,b)$ 的分布函数为
$$F(x) = (x-a)/(b-a) \quad (a \leq x \leq b)$$
其反函数 $F^{-1}(X)$ 的抽样公式为
$$U = F^{-1}(X) = (b-a)X + a$$
采用逆变换法生成 $U(a,b)$ 随机变量的步骤:

第一步:生成独立的 $U(0,1)$ 随机数序列 $\{u_i\}$ ($i=1,2,\cdots,n$);

第二步:令 $x_i = (b-a)u_i + a$,$i=1,2,\cdots,n$。

### 3. 指数分布

指数分布的概率分布函数为
$$F(x) = 1 - e^{-\lambda x}, \quad x > 0$$
其反函数 $F^{-1}(X)$ 公式:
$$U = F^{-1}(X) = -(1/\lambda)\ln(1-X)$$
由于 $X$ 与 $1-X$ 均为服从 $U(0,1)$ 的随机变量,抽样公式为
$$U = F^{-1}(X) = -(1/\lambda)\ln(X)$$
采用逆变换法生成指数分布 $EXPO(\lambda)$ 的步骤:

第一步:生成独立的 $U(0,1)$ 随机数序列 $\{u_i\}$ ($i=1,2,\cdots,n$);

第二步:令 $x_i = -(1/\lambda)\ln(u_i)$,$i=1,2,\cdots,n$。

### 4. 威布尔分布

威布尔分布 $WEIB(\alpha,\beta)$ 的概率分布函数为
$$F(x) = 1 - e^{-(\beta x)^\alpha}, \quad x > 0$$
其反函数 $F^{-1}(X)$ 公式为
$$U = F^{-1}(X) = [-\frac{1}{\beta}\ln(1-X)]^{1/\alpha}$$

由于 $X$ 与 $1-X$ 均为 $U(0,1)$ 随机变量，抽样公式为

$$U = [-\frac{1}{\beta}\ln(X)]^{1/\alpha}$$

采用逆变换法生成威布尔分布 $WEIB(\alpha,\beta)$ 随机变量的步骤：

第一步：生成独立的 $U(0,1)$ 随机数序列 $\{u_i\}$（$i=1,2,\cdots,n$）；

第二步：令 $x_i = [-\frac{1}{\beta}\ln(u_i)]^{1/\alpha}$，$i=1,2,\cdots,n$。

### 5. 任意离散分布

任意离散分布适用于具有一般的离散分布的情况。设随机变量 $X$ 的概率分布为

$$P\{X = x_i\} = p_i, i = 1,2,\cdots$$

设 $x_1 < x_2 < x_3 < \cdots$，$X$ 的分布函数为

$$F(x) = P\{X \leq x\} = \sum_{x_i \leq x} p_i$$

设 $U \sim U(0,1)$，若 $U \leq F(x_1)$，令 $X = x_1$；否则当 $F(x_{i-1}) < U \leq F(x_i)$（$i=1,2,\cdots$）时，令 $X = x_i$，则 $X \sim F(x)$。

$P\{X = x_1\} = P\{U \leq F(x)\} = F(x_1) = p_1$

$P\{X = x_i\} = P\{F(x_{i-1}) < U \leq F(x_i)\} = F(x_i) - F(x_{i-1}) = p_i$，$i=1,2,\cdots$

故 $X \sim F(x)$。

由此得具体算法步骤：

第一步：生成独立的随机数 $U \sim U(0,1)$；

第二步：返回非负整数 $X = i$，当满足如下条件时：

$$F(i-1) = \sum_{k=1}^{i-1} p_k \leq U < \sum_{k=1}^{i} p_k = F(i)$$

**例6.3** 某一离散随机变量，其取值范围 $P = \{1,2,3,4\}$，所对应的概率分别为 $p(1)=0.1$，$p(2)=0.4$，$p(3)=0.2$，$p(4)=0.3$。则可以得到其 $F(i)$，如表6.3所示。

表 6.3 任意离散分布

| $i$ | 1 | 2 | 3 | 4 |
|---|---|---|---|---|
| $p(i)$ | 0.1 | 0.4 | 0.2 | 0.3 |
| $F(i)$ | 0.1 | 0.5 | 0.7 | 1 |

**解：**

第一步：生成独立的 $U(0,1)$ 随机数 $U$，例如，生成一个随机数 $U=0.6$；

第二步：$U$ 满足如下条件

$$F(2) = 0.5 = p(1) + p(2) \leq U < p(1) + p(2) + p(3) = 0.7 = F(3)$$

于是，返回正整数 $X = 3$。

更为完整的说法是，如果 $U \in [0, 0.1)$，则 $X=1$；$U \in [0.1, 0.5)$，则 $X=2$；$U \in [0.5, 0.7)$，则 $X=3$；$U \in [0.7, 1]$，则 $X=4$。

### 6.2.3 函数变换法

**1. 函数变换法原理**

函数变换法是关于随机变量的函数（仍为随机变量）的抽样法。通过随机变量间的关系式可导出其分布函数间的关系式，故可用常用分布的随机变量生成某个确定分布的随机变量。该方法的理论依据下述定理。

定理：设随机变量 $X$ 具有概率密度函数 $f(x)$，$Y = g(x)$ 是随机变量 $X$ 的函数；又设 $x = g^{-1}(y) = h(y)$ 存在且有一阶连续导数。则 $Y = g(X)$ 的密度函数为

$$p(y) = f[h(y)][h'(y)]$$

设常用随机变量 $X$ 的概率分布函数为 $F(X)$，$X$ 的函数 $Y = g(X)$ 也是随机变量，其分布函数为

$$G(y) = P(Y = y) = P\{g(x) \leq y\} = P\{X \leq g^{-1}(y)\} = F[g^{-1}(y)]$$

利用逆变换法可得函数变换法的抽样公式为 $Y = g(X)$。

于是由随机变量 $F(X)$ 生成随机变量 $G(X)$ 的步骤如下：

第一步：生成独立的 $F(X)$ 随机数序列 $\{x_i\}$（$i = 1, 2, \cdots, n$）；

第二步：令 $y_i = g(x_i)$，$i = 1, 2, \cdots, n$。

由此可知，逆变换法是一种特殊的函数变换法，相当于取随机变量 $X \sim U(0,1)$。下面说明正态分布和对数正态分布的生成。

**2. 正态分布的生成**

对于任何给定的 $X \sim N(0,1)$，可以通过构造一个函数变换 $Y = \sigma X + \mu$ 来得到 $Y \sim N(\mu, \sigma^2)$。以下介绍标准正态分布 $N(0,1)$ 的生成方法。

对于正态分布的概率分布函数式，要直接求 $F^{-1}(y)$ 是很困难的，可利用函数变换等方法。这里介绍应用广泛的 Box-Muller 法，其优点是成对处理随机数，并成对生成正态分布随机变量。设 $u_1$、$u_2$ 是两个独立的 $U(0,1)$ 均匀分布随机数，令

$$\begin{cases} z_1 = \sqrt{-2\ln u_1} \times \cos(2\pi u_2) \\ z_2 = \sqrt{-2\ln u_1} \times \sin(2\pi u_2) \end{cases}$$

则 $z_1$、$z_2$ 为两个独立的 $N(0,1)$ 分布随机数。

由上，生成正态分布 $Y \sim N(\mu, \sigma^2)$ 随机变量的算法步骤如下：

第一步：生成两个独立的均匀分布 $U(0,1)$ 随机数 $u_1$、$u_2$；

第二步：计算 $z_1$、$z_2$，生成符合 $N(0,1)$ 随机分布变量；

第三步：返回 $y_i = \sigma z_i + \mu$，$i = 1,2$。

即每次由2个 $U(0,1)$ 生成2个 $N(\mu, \sigma^2)$。

### 3. 对数正态分布的生成

若 $X \sim N(\mu, \sigma^2)$，则称 $Y = e^X$ 服从对数正态分布 $LN(\mu, \sigma^2)$。利用正态分布和对数正态分布的关系可以生成 $LN(\mu, \sigma^2)$ 随机变量，具体算法步骤如下：

第一步：生成正态分布 $X \sim N(\mu, \sigma^2)$ 的随机变量序列 $\{x_i\}$（$i = 1, 2, \cdots, n$）。生成过程见前面的正态分布生成算法。

第二步：令 $y_i = e^{x_i}$，$i = 1, 2, \cdots, n$。

## 6.2.4 卷积法

### 1. 卷积法简介

一些概率分布的随机变量 $Y$ 可以表示为两个或多个独立同分布随机变量 $X_1, X_2, \cdots, X_n$ 之和。由于新构成的随机变量的概率密度函数是原始变量的概率密度函数的卷积，因此这种生成随机变量的方法称为卷积法。卷积法是一种特殊的函数变换法，相当于取抽样公式：

$$Y = g(X_1, X_2, \cdots, X_n) = X_1 + X_2 + \cdots + X_n$$

卷积法应用于爱尔朗分布、泊松分布、二项分布、近似正态分布等。下面介绍爱尔朗分布和泊松分布的生成。

### 2. 爱尔朗分布

一个 $m$ 阶爱尔朗分布 $Y \sim E_m(\lambda)$ 的概率密度函数如式（2.16）所示，它是由 $m$ 个独立且同服从指数分布 $X \sim EXPO(\lambda)$ 的随机变量之和，令 $Y = X_1 + X_2 + \cdots + X_m$，则 $Y$ 服从 $m$ 阶爱尔朗分布。利用该性质，即一个平均值为 $\beta$（$\beta = 1/\lambda$）的 $m$ 阶爱尔朗分布的随机数等价于 $m$ 个独立的并且具有平均值为 $\beta/m$ 的指数分布随机数之和，可以得到生成 $m$ 阶爱尔朗分布 $Y \sim E_m(\lambda)$ 的随机变量的算法步骤。

第一步：生成 $m$ 个独立的 $U(0,1)$ 随机数 $\{u_i\}$（$i = 1, 2, \cdots, m$）；

第二步：令 $x = \prod_{i=1}^{m} u_i = u_1 u_2 \cdots u_m$；

第三步：令 $y = -\dfrac{\beta}{m} \ln(x) = -\dfrac{1}{m\lambda} \ln(x)$。

### 3. 泊松分布

参数为 $\lambda$ 的泊松分布 $POIS(\lambda)$ 与参数为 $\lambda$ 的指数分布 $EXPO(\lambda)$ 描述的是同一种随机

过程。泊松分布的含义为，在一个单位时间内，以一个常数发生率 $\lambda$ 发生的事件的个数的分布。而指数分布的含义为，以平均发生间隔时间 $1/\lambda$ 发生的相邻两个事件的间隔时间的分布。因此，本质上，它们描述的是同一个过程。

泊松分布随机变量的生成思路为：在时间 $t_1$，$t_1+t_2$，$t_1+t_2+t_3$，…各产生一个事件，其时间间隔 $t_1$，$t_2$，$t_3$，…为服从指数分布 $EXPO(\lambda)$ 的随机变量，若要生成一个服从泊松分布的随机变量，就是要找到一个整数 $x$ 满足如下条件：

$$\sum_{i=1}^{x} t_i \leq 1 < \sum_{i=1}^{x+1} t_i$$

经过变换（推导过程从略），可以得到

$$\prod_{i=1}^{x} U_i \geq e^{-\lambda} > \prod_{i=1}^{x+1} U_i$$

于是，可以得到泊松分布随机变量的生成算法，步骤如下。

第一步：令 $a = e^{-\lambda}$，$b = 1$，$i = 0$。

第二步：生成随机数 $U_{i+1} \sim U(0,1)$，并令 $b = bU_{i+1}$。如果 $b < a$，则返回 $X = i$，否则转到第三步。

第三步：令 $i = i+1$，返回第二步。

### 6.2.5 组合法

当希望生成的分布函数 $F(X)$ 可以表成若干个其他分布函数 $F_1(X)$，$F_2(X)$，…的凸组合，即

$$F(X) = \sum_j p_j F_j(X)$$

其中，$p_j \geq 0$，$\sum_j p_j = 1$，且 $F_j(X)$ 的随机数易于抽取时，常采用组合法由 $F_j(X)$ 的随机数来生成 $F(X)$ 的随机数。

具体算法如下。

第一步：随机生成一个正整数 $J$，满足 $P\{J = j\} = p_j$ $(j = 1, 2, \cdots)$。

第二步：生成一个分布为 $F_j(X)$ 的随机数序列 $\{x_i\}$（$i = 1, 2, \cdots, n$）。

重复上述步骤，则 $\{x_i\}$（$i = 1, 2, \cdots, n$）就是符合 $F(X)$ 的随机数序列。

可以证明 $X \sim F(X)$。

$$P\{X \leq x\} = P\{(X \leq x) \cap \sum_j (J = j)\}$$

$$= \sum_j P\{J = j\} P\{X \leq x | J = j\}$$

$$= \sum_j p_j F_j(x) = F(x)$$

**例6.4** 设 $0 < a < 1$，给定如下分布（右倾四边形）的密度函数：

$$f(x) = \begin{cases} a+2(1-a)x, & 0 \leq x \leq 1 \\ 0, & \text{其他} \end{cases}$$

试产生具有该密度函数的随机变量。

**解**：$f(x)$ 的密度函数曲线图如图6.2所示。可以通过图中的虚线将 $f(x)$ 之下的区域分为一个面积为 $a$ 的矩形和一个面积为 $1-a$ 的三角形。

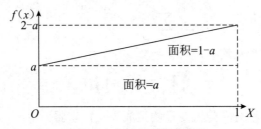

图 6.2 右倾四边形密度函数

于是，$f(x)$ 可以分解为如下形式：

$$f(x) = aI_{[0,1]}(x) + (1-a)2xI_{[0,1]}(x)$$

其中，$I_A(x)$ 表示集合 $A$ 的指示函数，定义为

$$I_A(x) = \begin{cases} 1, & x \in A \\ 0, & \text{其他} \end{cases}$$

因此，$f(x)$ 是 $f_1(x)$ 与 $f_2(x)$ 的凸组合，两者都是密度函数。$f_1(x) = I_{[0,1]}(x)$ 对应于图6.2下半部分的 $U(0,1)$ 分布密度函数，$f_2(x) = 2xI_{[0,1]}(x)$ 对应于图6.2上半部分的右三角分布密度函数。$p_1 = a$，$p_2 = 1-a$。则此组合过程如下。

第一步：产生 $U_1 \sim U(0,1)$。

第二步：如果 $U_1 \leq a$，产生一个独立的 $U_2 \sim U(0,1)$，并返回 $X = U_2$；如果 $U_1 > a$，则需要生成右三角分布随机变量，生成 $U_2 \sim U(0,1)$，返回 $X = \sqrt{U_2}$。

### 6.2.6 舍选法

**1. 舍选法简介**

前面介绍的几种随机变量生成方法都是直接面对分布函数，可称为直接法，而舍选法是一种非直接法。该方法对于已知的随机变量须通过某个检验条件决定取舍，才能得到 $F(X)$ 的随机变量。如果随机变量的分布函数比较复杂，无法使用直接法，可以采用舍选法。

设 $f(x)$ 为所求随机变量的概率密度函数，舍选法要求选定一个覆盖函数 $t(x)$，满足 $t(x) \geq f(x)$，一般地，$t(x)$ 不是一个密度函数，因为

$$C = \int_{-\infty}^{+\infty} t(x)\mathrm{d}x \geq \int_{-\infty}^{+\infty} f(x)\mathrm{d}x = 1$$

其中，$C$ 为将 $t(x)$ 积分得到的常量，则可构造出函数 $r(x) = t(x)/C$，有 $\int_{-\infty}^{+\infty} r(x)\mathrm{d}x = 1$，故 $r(x)$ 是一个概率密度函数。这样，可以得到一个满足密度函数 $r(x)$ 的随机变量。

利用舍选法生成 $F(X)$ 随机变量的通用算法如下。

第一步：生成具有密度函数 $r(x)$ 的随机变量 $Y$。

第二步：生成独立于随机变量 $Y$ 的 $U \sim U(0,1)$。

第三步：若 $U \leq f(Y)/t(Y)$，则返回 $X = Y$；否则，转到第一步重新抽样。

**2. 伽马分布**

伽马分布 $GAMM(\alpha, \beta)$ 的概率函数如式（2.17）所示。由于伽马分布的分布函数更为复杂，无法采用直接法。需要指出的是，对于 $X \sim GAMM(\alpha, 1)$，对任意 $\beta > 0$，令 $X' = \beta X$，我们可以得到 $GAMM(\alpha, \beta)$ 随机变量 $X'$。从而，我们只需讨论 $GAMM(\alpha, 1)$ 随机变量的生成方法即可。进而，由伽马分布的特性可知，当 $\alpha = 1$ 时，$GAMM(1,1)$ 就是指数分布 $EXPO(1)$，生成方法见前面的介绍。当 $\alpha > 1$ 且为整数时，$GAMM(m,1)$ 就是 $m$ 阶爱尔朗分布，生成方法如前介绍。对于 $\alpha > 1$ 但不是整数情况下的随机变量生成方法可另见参考文献。以下介绍 $0 < \alpha < 1$ 情况下的 $GAMM(\alpha, 1)$ 随机变量的生成方法。

对于 $0 < \alpha < 1$ 的情况，以下直接给出一种基于舍选法的生成算法。步骤如下。

第一步：产生 $U_1 \sim U(0,1)$，令 $P = bU_1$，其中 $b = [(e+\alpha)/e] > 1$，如果 $P > 1$，转到第三步，否则推进到第二步；

第二步：令 $Y = P^{1/\alpha}$，并产生 $U_2 \sim U(0,1)$，如果 $U_2 \leq e^{-Y}$，则返回 $X = Y$，否则返回到第一步；

第三步：令 $Y = -\ln[(b-P)/\alpha]$，并产生 $U_2 \sim U(0,1)$，如果 $U_2 \leq Y^{\alpha-1}$，则返回 $X = Y$，否则返回到第一步。

舍选法的优势是无须对密度函数进行积分求得分布函数，也不需要进行任何形式的函数转换，因此这种思路更加具有一般性和普适性。但是其缺点也是很明显的，由于大量的采样点被舍弃，其效率不高。影响采样效率的关键就是 $t(x)$ 形状。一方面，$t(x)$ 是否可以迅速且简单地获得直接影响了取舍法的效率；另一方面，$t(x)$ 所包含的面积与 $f(X)$ 所包含的面积的比率越小，采样效率越高。

## 6.3 到达过程的生成

### 6.3.1 泊松到达过程

对于到达率为 $\lambda$（$\lambda > 0$）的（稳态）泊松到达过程而言，具有一个重要的性质，

即到达间隔时间 $A_i$（$A_i = t_i - t_{i-1}$）为均值是 $1/\lambda$ 的独立同分布的指数随机变量。因此，可以采用以下迭代算法来生成下一个到达时间 $t_j$。

第一步：生成 $U(0,1)$ 随机数 $u$。

第二步：返回 $t_i = t_{i-1} - (1/\lambda)\ln u$（$i = 1, 2, \cdots, n$）。

上述过程从 $t_1$ 开始，$t_0 = 0$。

此算法可以非常容易地移植到任何到达过程上，只要其到达间隔时间是独立同分布的随机变量，而不局限在指数分布上。

### 6.3.2 批到达过程

批到达的含义：顾客的到达不是一次到达一个，而是一次到达多个，即以批的形式到达。例如，一个到达过程，在时刻 $t_i$ 到达的第 $i$ 批顾客，其个数为离散随机变量 $B_i$。设 $B_i$ 为独立同分布的变量，且与 $t_i$ 相互独立；可以采取如下的算法来生成此到达过程。

第一步：生成下一个到达时间 $t_i$。

第二步：生成随机变量 $B_i$，其中 $B_i$ 独立于以前的 $B_j$ 和所有 $t_1, t_2, \cdots, t_i$。

第三步：返回 $t_i$ 时刻到达 $B_i$ 个顾客的信息。

显然，到达的批次的大小可以为任意离散分布，因此可以采用之前所讨论的相应算法来解决。

## 本章小结

本章介绍了随机数和随机变量的生成方法。首先，发生在[0,1]区间上的均匀分布随机数是生成随机变量的基础。随机数通过随机数发生器的迭代算法实现，随机数在应用前必须进行统计检验：均匀性检验和独立性检验。在得到服从独立同分布的 $U(0,1)$ 随机数后，就可以进一步生成所需的随机变量。随机变量的生成通过函数变换实现，主要方法有逆变换法、函数变换法、卷积法、组合法及取舍法等。通过这些方法可生成主要随机变量，如均匀分布、指数分布、正态分布、威布尔分布、泊松分布、爱尔朗分布等。最后，介绍了到达过程的生成方法。

## 即测即练题

请扫描二维码，参加即测即评练习。

即测即练题

## 思考练习题

1. 在系统模拟中，为什么随机数又被称为伪随机数？
2. 用哪几个性质检验所生成的随机数的优劣？
3. 生成随机变量的方法有哪几种？
4. 简述采用逆变换法生成随机变量的原理。
5. 写出采用逆变换法生成符合指数分布 $EXPO(10)$ 的随机数的步骤。
6. 根据算法生成树，简述生成对数正态分布随机变量的过程。
7. 试写出生成符合正态分布 $N(4,9)$ 的随机变量的步骤。
8. 试说明符合泊松分布 $POSI(8)$ 的随机变量的生成算法。
9. 某离散型经验分布随机变量 $X$ 取值为1、2、3、4的概率分布为0.20、0.25、0.35、0.20。试确定当抽样随机数分别为0.91、0.60、0.18、0.41时的 $X$ 的值。
10. 用线性同余法产生随机数，设其递推公式的参数：$m=32$，$a=3$，$c=1$，$x_0=1$，求该公式所发生的前10个随机数值 $u_n$，并把计算过程填入表6.4。

表6.4 线性同余法产生随机数的计算过程

| $n$ | 1 | 2 | 3 | 4 | 5 | 6 | 7 | 8 | 9 | 10 |
|---|---|---|---|---|---|---|---|---|---|---|
| $ax_{n-1}$ | | | | | | | | | | |
| $x_n$ | | | | | | | | | | |
| $u_n$ | | | | | | | | | | |

# 第7章
# 模拟输入数据分析

学习目标

通过本章学习,读者应该能够:
1. 理解从原始数据到正确的可输入数据的处理过程;
2. 掌握对输入数据进行分布假设及分布参数估计的方法;
3. 掌握对样本分布进行拟合优度检验的方法。

## 7.1 输入数据分析概述

### 7.1.1 输入数据分析的意义

输入数据是模拟系统运行的重要前提条件。系统的模拟运行依赖于输入数据,系统模拟中典型的输入数据如表7.1所示。以排队系统为例,在系统模型中所用到的顾客到达间隔时间、顾客服务时间的分布等参数是需要从外部输入的数据。一个错误的输入数据将导致模拟输出结果的错误,使得模拟分析工作失败。在一个实际系统中,往往存在众多随机因素,使得输入数据呈现随机分布特性。如何正确确定输入数据的随机分布参数是保证模拟分析质量的关键。所以,如何从原始数据出发通过合适的统计分析技术得到正确的输入数据对于模拟分析的成功十分重要。

表 7.1 典型的模型输入数据

| 系 统 名 称 | 典型的输入数据 |
|---|---|
| 排队系统 | 顾客到达间隔时间、服务时间、服务类型 |
| 生产系统 | 作业到达的间隔时间、作业类型、作业量、加工时间 |
| 交通运输系统 | 车辆到达的间隔时间、乘客/货物到达数量、车辆运输时间 |
| 电子商务系统 | 订单到达的间隔时间、订货量、订单配送时间 |
| 可靠性系统 | 设备故障间隔时间、故障类型、维修时间 |

### 7.1.2 输入数据分析的步骤

输入数据分析的主要步骤如下。

(1) 数据需求计划:根据所研究系统的目的和模型特点,确定信息/数据需求。

(2) 收集原始数据:对数据收集的方法做预先的设计和估算,进行数据收集。这是一个关键的、细致的工作,是输入数据分析的基础。

(3) 数据的统计特性分析：分析数据的统计特性，如数据的独立性、数据的自相关性等，以判断是否满足经典统计技术的假设。

(4) 基本统计分布的辨识：通过统计的数学手段（如频率分析、直方图等），得出统计分布的概率函数假设（如正态分布、指数分布等）或概率分布族假设。

(5) 参数估计（parameter estimation）：根据统计特征，计算确定数据的假设分布的参数。

(6) 拟合优度检验：运用统计分布的检验方法，对假设的分布函数进行可信度检验，通常采用的是卡方检验。

综上，从统计分析视角，从收集原始数据到确定准确的输入数据的过程如图7.1所示。这是一个收集数据、分布辨识、参数估计、拟合优度检验的循环过程，直到得到满意的输入数据为止。

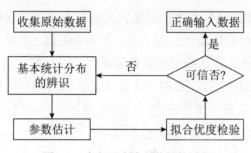

图 7.1　确定正确输入数据的过程

## 7.2　数据收集过程

### 7.2.1　数据收集的作用

数据收集是针对实际问题，经过系统分析或经验的总结，以系统的特征为目标，收集与此有关的资料、数据、信息等反映特征的相关数据。在一个模拟项目中，数据收集的工作量很大，是模拟工作中最重要、也最困难的环节之一。

数据收集是形成高质量模型输入数据的前提。即使一个模拟模型结构是正确的，但若收集的输入数据不正确，或数据分析不对，或这些数据不能代表实际情况，那么利用这样的数据作为决策的依据必将导致错误，造成损失和浪费。

数据收集工作应该具有科学的态度、忠于现实的工作作风，应该将数据收集工作、模拟工作的意义让参与者明确，得到参与者的支持和理解。

### 7.2.2　数据收集注意事项

针对7.1节中阐述的输入数据分析的主要步骤中的数据需求计划、收集原始数据和输入数据分析三个步骤，在数据收集过程中应注意以下事项。

（1）做好模拟计划。详细规划模拟所需要收集的数据，根据问题的特征进行模拟的前期研究。分析影响系统的关键因素。从相关事物的观察入手，尽量收集相关的数据。为此可以事先设计好调研表格，并注意不断完善和修改调研方式，使收集的数据更符合模拟对象的数据需要。

（2）注意分析数据。数据的收集与模拟的试运行是密切相关的，应当是边收集数据，边进行模拟的试运行。然而系统模拟是一项专业性很强的工作，要正确认识"模拟"的含义，抓住模拟研究的关键，避免求全、求精。确信所收集的数据足以确定模拟中的输入量，而对模拟无用或影响不显著的数据就不必多加收集。

（3）数据的均匀组合。尽量把均匀数据组合在一组里。校核在相继的时间周期里以及在一个时间周期里的数据的均匀性。当校核均匀性时，初步的检验是看一下分布的均值是否相同。

（4）收集的数据要满足独立性的要求。为进行数据的独立性判别，针对模拟所收集的各个数据需要进行相关性检验。为了确定在两个变量之间是否存在相关，要建立两个变量的散布图，通过统计方法确定相关的显著性。

（5）数据自相关性的检验。考察一个似乎是独立的观察序列数据是否存在自相关的可能性。自相关可能存在于相继的时间周期或相继的顾客中，例如，第 $i$ 个顾客的服务时间与第 $(i+n)$ 个顾客的服务时间相关。

## 7.3 分布的识别

### 7.3.1 分布识别的任务

分布的识别（identifying distribution）对应输入数据分析步骤（4）：基本统计分布的辨识，即通过统计的数学手段（如频率分析、直方图等），得出输入数据统计分布的概率函数假设（如正态分布、指数分布等）或概率分布族假设。一般情况下，对输入数据采用符合某种目前已知的标准理论分布函数，除非确实无法找到合适的理论分布的情况下，才考虑利用经验分布函数。

为确定输入数据的概率分布函数类型，首先采用定性的经验分析方法进行判定。一般用点估计方法、直方图法（频率统计分析）、概率图法等分析方法来进行分布的假设。下面介绍比较简单易行、适用于任何分布的直方图法。

### 7.3.2 直方图的构筑

直方图是一种根据图形的频度特点判别数据分布的直观方法，可以清晰地反映出所拟合分布的密度函数的形状。直方图构筑方法如图7.2所示。其具体步骤如下。

图 7.2　直方图构筑方法

（1）取值区间的划分。分组区间的组数依赖于观察次数以及数据的分散程度。设样本量为 $n$，一般分组区间组数 $m$ 近似等于样本量的平方根，即 $m \approx \sqrt{n}$。合适的区间组数（$m$ 值）是分布函数分析的基础，如果区间太宽，组数过少（$m$ 太小），则直方图太粗或呈短粗状，其形状不能良好地显示出来；如果区间太窄，组数过多（$m$ 太大），则直方图显得凹凸不平，不好平滑。

（2）对水平坐标轴的区间进行标注。

（3）区间内频数的计算。设有 $m$ 组，区间 $i$ 中的频数为 $n_i$（$1 \leqslant i \leqslant m$），则有

$$n = \sum_{i=1}^{m} n_i$$

（4）对垂直坐标轴的频数进行标注。

（5）绘制各个区间上发生的频数，形成直方图。

对所绘制的直方图进行曲线拟合，所得到的曲线应该就是该随机变量的概率密度函数。通常，我们通过标准分布函数的假设，将所拟合数据的概率分布假设成标准分布函数形式，如指数分布、泊松分布、正态分布等。

**例 7.1**　表 7.2 是一个交通路口从上午 7 点到 7 点零 5 分的 5 分钟周期内所到达的车辆数的统计，试以此数据制作直方图。

表 7.2　到达车辆统计表

| 每周期内到达的车辆数 | 频　　数 | 每周期内到达的车辆数 | 频　　数 |
|---|---|---|---|
| 0 | 12 | 6 | 7 |
| 1 | 10 | 7 | 5 |
| 2 | 19 | 8 | 5 |
| 3 | 17 | 9 | 3 |
| 4 | 10 | 10 | 3 |
| 5 | 8 | 11 | 1 |

**解**：由表 7.2 可知，$n = 100$，于是，取 $m \approx \sqrt{100} \approx 10$，根据表的车辆数，取 $m = 12$。制作的直方图见图 7.3。

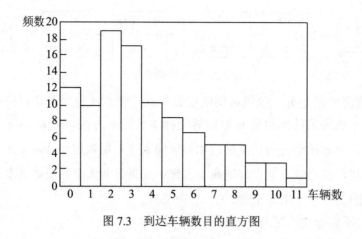

图 7.3  到达车辆数目的直方图

## 7.4 参数估计

在7.3节中，通过对输入数据样本的直方图分析，我们已经得到了某个随机分布假设，这是一种定性分析的结果。之后，需要进一步确定这一分布函数的特征参数，这个过程就是参数估计。参数估计的方法之一是极大似然估计法（maximum-likelihood estimate，MLE），其原理是：所观测到的数据是系统中所产生的概率最大的一组。具体地，参数估计是先求出选定分布的密度函数，然后利用判断极值的方法（利用导数）求出产生概率最大值时的分布参数。设某一随机样本有 $n$ 个抽样样本 $x_1, x_2, \cdots, x_n$，样本统计量包括样本均值 $\overline{X}(n)$ 和样本方差 $S^2(n)$，计算公式参见第2章的式（2.21）、式（2.22）。以下直接给出模拟中常用的一些分布参数的建议估计量，见表7.3。其他分布参数的估计量请查阅相关资料。

表 7.3  分布参数建议估计量

| 分 布 | 参 数 | 建议使用的估计量 |
| --- | --- | --- |
| 泊松分布 | $\lambda$ | $\lambda = \overline{X}(n)$ |
| 指数分布 | $\lambda$ | $\lambda = 1/\overline{X}(n)$ |
| $[a,b]$ 上的均匀分布 | $a, b$ | $a = x_{\min}, b = x_{\max}$ |
| 正态分布 | $\mu, \sigma$ | $\mu = \overline{X}, \sigma = \sqrt{\frac{n-1}{n}S^2(n)}$ |

**例7.2**  对例7.1中表7.2的数据进行统计分析，并进行分布的参数估计。

**解**：（1）数据的统计分析。由表7.2可知，$n=100, k=12$，样本是离散数据且已经按频数分组，则有

$$\overline{X} = \frac{1}{n}\sum_{i=1}^{k} f_i X_i, \quad S^2 = \frac{1}{n-1}\left(\sum_{i=1}^{k} f_i X_i^2 - n\overline{X}^2\right)$$

其中，$k$ 是 $X$ 中不相同数值的个数即分组数，$f_i$ 是 $X$ 中数值 $X_i$ 的观察频数。由表7.2：

$$\sum_{i=1}^{12} f_i X_i = 365, \quad \sum_{i=1}^{12} f_i X_i^2 = 2\,080$$

得到数据统计表,如表7.4所示。

表7.4 数据统计表

| $i$ | 1 | 2 | 3 | 4 | 5 | 6 | 7 | 8 | 9 | 10 | 11 | 12 |
|---|---|---|---|---|---|---|---|---|---|---|---|---|
| $f_i$ | 12 | 10 | 19 | 17 | 10 | 8 | 7 | 5 | 5 | 3 | 3 | 1 |
| $X_i$ | 0 | 1 | 2 | 3 | 4 | 5 | 6 | 7 | 8 | 9 | 10 | 11 |
| $X_i^2$ | 0 | 1 | 4 | 9 | 16 | 25 | 36 | 49 | 64 | 81 | 100 | 121 |
| $f_i X_i$ | 0 | 10 | 38 | 51 | 40 | 40 | 42 | 35 | 40 | 27 | 30 | 11 |
| $f_i X_i^2$ | 0 | 10 | 76 | 153 | 160 | 200 | 252 | 245 | 320 | 243 | 300 | 121 |

根据表7.4中数据求样本均值和样本方差。于是

$$\bar{X} = \frac{\sum_{i=1}^{12} f_i X_i}{n} = \frac{364}{100} = 3.64, \quad S^2 = \frac{\sum_{i=1}^{12} f_i X_i^2 - n\bar{X}^2}{n-1} = \frac{2\,080 - 100(3.64)^2}{99} = 7.63$$

(2)进行分布参数估计。由对图7.3的直方图的直观判断,可假设它是具有未知参数 $\lambda$ 的泊松分布。由表7.3中的分布参数建议估计量,对泊松分布,$\lambda$ 的估计量是 $X$ 的样本均值,即估计输入数据服从参数为 $\lambda = \bar{X} = 3.64$ 的泊松分布。

## 7.5 拟合优度检验

将前面讲过的假设检验方法应用于对输入数据分布形式的假设检验,即拟合优度检验,它用来检验总体是否符合一个事先给定的分布。通常使用的方法为卡方检验与K-S检验。

### 7.5.1 卡方检验

**1. 问题的定义**

在很多时候,我们对母体分布的类型一无所知,此时需要根据子样本对母体分布的假设进行检验。这些分布函数的检验法通常都是大样本检验法,用 $\chi^2$ 拟合优度检验。

此类假设检验问题的一般定义为:设总体 $X$ 的分布未知,$x_1, x_2, \cdots, x_n$ 是来自 $X$ 的子样本,检验以下假设:

$H_0$:总体 $X$ 的分布函数是 $F(x)$

$H_1$:总体 $X$ 的分布函数不是 $F(x)$

其中,$F(x)$ 不含未知参数。

## 2. 检验方法

根据第2章介绍的卡方分布及卡方检验方法的原理，得到卡方拟合优度检验法。检验样本量为 $n$ 的随机变量 $X$ 是否服从某一特定分布形式的假设 $F(x)$，步骤如下：

（1）将 $n$ 个观察值（$n \geq 50$）分成 $k$ 个分组区间或单元（一般是7~14个），如图7.4所示。此外，要求 $np_i$ 不能过小，应有 $np_i \geq 5$，否则应适当合并 $A_i$，即减少 $k$ 值（分组数），以满足要求。

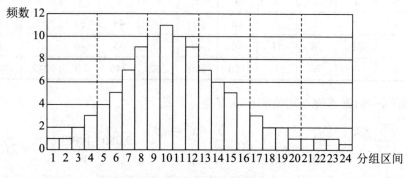

图7.4 观察值的分组

（2）构建检验统计量：

$$\chi_0^2 = \sum_{i=1}^{k} \frac{(f_i - np_i)^2}{np_i} = \sum_{i=1}^{k} \frac{(O_i - E_i)^2}{E_i}$$

式中，$O_i$ 是在第 $i$ 个分组区间的观察频数，$O_i = f_i$；$E_i$ 是在该分组区间的期望频数，$E_i = np_i$，$p_i$ 是理论值，是对应第 $i$ 个分组区间的假设分布的概率；$k$ 为分组区间数。

（3）计算期望频数 $E_i$（$i = 1, 2, \cdots, k$）。

（4）计算观察频数 $O_i$（$i = 1, 2, \cdots, k$）。

（5）计算统计量 $\chi_0^2$，$\chi_0^2$ 近似服从具有自由度 $f = k - s - 1$ 的 $\chi^2$ 分布。这里 $s$ 表示由采样统计量所估计的假设分布的参数个数，例如，泊松分布 $s=1$，正态分布 $s=2$。

（6）设定一个拟合优度的显著性水平 $\alpha$，根据设定的 $\alpha$ 以及分布的自由度 $f$，可以查 $\chi^2$ 表得到 $\chi_\alpha^2(f)$。

（7）比较，如果 $\chi_0^2 > \chi_\alpha^2(f)$，则拒绝假设 $H_0$；否则，接受假设 $H_0$。

**例7.3** 用 $\chi^2$ 检验对例7.1的样本分布进行拟合优度检验。

**解**：针对例7.1的样本，已由例7.2得到分布假设为泊松分布，分布的参数估计 $\lambda = 3.64$。分布的拟合优度检验假设如下：

$H_0$：总体 $X$ 的分布是泊松分布 $POSI(3.64)$

$H_1$：总体 $X$ 的分布不是泊松分布 $POSI(3.64)$

步骤如下：

(1) 由表7.2，把 $n=100$ 个观察值分成 $k=12$ 个组。
(2) 构建卡方统计量。公式见前面的说明。
(3) 计算期望频数。对泊松分布，概率密度函数

$$P(x) = \begin{cases} \dfrac{e^{-\lambda}\lambda^x}{x!}, & x=0,1,2,\cdots \\ 0, & 其他 \end{cases}$$

$$P(0) = \frac{2.718^{-3.64} \times 3.64^0}{0!} = \frac{1}{38.077} = 0.026$$

$$P(1) = \frac{2.718^{-3.64} \times 3.64^1}{1!} = \frac{3.64}{38.077} = 0.095$$

$$P(4) = \frac{2.718^{-3.64} \times 3.64^4}{4!} = \frac{175.55}{38.077 \times 24} = 0.192$$

依次类推，可以求得 $p_i$、$E_i = np_i$（$i=1,2,\cdots,12$）的值。

例如：$E_1 = np_1 = 100 \times 0.026 = 2.60$。类似可算出其余的 $E_i$ 值。$p_i$ 与 $E_i$ 值的对应如表7.5所示。表中，$i$ 为组号，$x_i$ 为该组样本的取值。

表 7.5  $p_i$ 与 $E_i$ 值对应表

| $i$ | $x_i$ | $p_i$ | $E_i = np_i$ | $i$ | $x_i$ | $p_i$ | $E_i = np_i$ |
|---|---|---|---|---|---|---|---|
| 1 | 0 | 0.026 | 2.60 | 7 | 6 | 0.085 | 8.50 |
| 2 | 1 | 0.095 | 9.50 | 8 | 7 | 0.044 | 4.40 |
| 3 | 2 | 0.174 | 17.40 | 9 | 8 | 0.020 | 2.00 |
| 4 | 3 | 0.211 | 21.10 | 10 | 9 | 0.008 | 0.80 |
| 5 | 4 | 0.192 | 19.20 | 11 | 10 | 0.003 | 0.30 |
| 6 | 5 | 0.140 | 14.00 | 12 | 11 | 0.001 | 0.10 |

要求 $np_i$ 不能过小，应有 $np_i \geq 5$。由于 $E_1 = 2.60 < 5$，因此，把期望频数 $E_1$、$E_2$ 合并，这时，观察频数 $O_1$ 和 $O_2$ 也合并，并且 $k$ 减去1。同理，最后5个分组区间也合并起来，并且 $k$ 减去4，则分组区间数变为 12-1-4=7，分组结果如表7.6所示。

表 7.6  分组结果

| $x_i$ | 观察频数 $O_i$ | | 期望频数 $E_i$ | | $(O_i - E_i)^2 / E_i$ |
|---|---|---|---|---|---|
| | 原 始 | 合 并 后 | 原 始 | 合 并 后 | |
| 0 | 12 | 22 | 2.60 | 12.10 | 8.10 |
| 1 | 10 | | 9.50 | | |
| 2 | 19 | 19 | 17.40 | 17.40 | 0.15 |
| 3 | 17 | 17 | 21.10 | 21.10 | 0.79 |
| 4 | 10 | 10 | 19.20 | 19.20 | 4.41 |

续表

| $x_i$ | 观察频数 $O_i$ | | 期望频数 $E_i$ | | $(O_i-E_i)^2/E_i$ |
|---|---|---|---|---|---|
| | 原始 | 合并后 | 原始 | 合并后 | |
| 5 | 8 | 8 | 14.00 | 14.00 | 2.57 |
| 6 | 7 | 7 | 8.50 | 8.50 | 0.26 |
| 7 | 5 | 17 | 4.40 | 7.60 | 11.62 |
| 8 | 5 | | 2.00 | | |
| 9 | 3 | | 0.80 | | |
| 10 | 3 | | 0.30 | | |
| 11 | 1 | | 0.10 | | |
| 合计 | 100 | | 100 | | 27.90 |

（4）计算观察频数 $O_i$（$i=1,2,\cdots,12$）。

（5）计算统计量 $\chi_0^2$。以合并后的第1组（$i=1$）和第2组（$i=2$）为例：

$$\chi_0^2(i=1)=\frac{(O_1-E_1)^2}{E_1}=\frac{(22-12.10)^2}{12.10}=\frac{98.010}{12.10}=8.10$$

$$\chi_0^2(i=2)=\frac{(O_2-E_2)^2}{E_2}=\frac{(19-17.40)^2}{17.40}=\frac{2.56}{17.40}=0.15$$

依次类推，计算出卡方统计量的值：

$$\chi_0^2=\sum_{i=1}^{7}\frac{(O_i-E_i)^2}{E_i}=27.90$$

（6）设定显著性水平 $\alpha=0.05$，由于分组区间数 $k=7$，自由度 $f=7-1-1=5$，查 $\chi^2$ 表得到临界值 $\chi_{0.05}^2(5)=11.070$。

（7）比较，$\chi_0^2>\chi_{0.05}^2(5)$，结论：应拒绝 $H_0$ 假设。

结论：在0.05的显著性水平下，总体 $X$ 不服从参数为 $\lambda=3.64$ 的泊松分布。

## 7.5.2 K-S检验

**1. 方法简述**

K-S检验可以用于任意的连续分布假设的拟合优度检验。K-S检验不需要对数据分组，因此没有任何信息丢失。K-S检验对于任意大小的样本（在所有参数已知的情况下）都是有效的。

与卡方检验相比，K-S检验的结果比较准确，也免于区间分组的困难；同时，K-S检验的缺点在于它只适合连续的数据且假设分布的所有参数已知的情况（即参数不能由样本数据来估计），因而卡方分布具有更大的适应性。一般地，卡方检验适用于样本量较大（$n\geq 50$）的检验，K-S检验适用于较小样本的检验。

## 2. K-S统计量

设 $X_1, X_2, \cdots, X_n$ 为独立同分布的随机变量，假设这些数据已经从小到大进行了排列，即 $X_i \leq X_{i+1}$，定义经验分布函数 $F_n(x)$ 如下：

$$F_n(x) = \frac{X_i \leq x \text{的个数}}{n}$$

其含义是：观测数据中小于或等于 $x$ 的比例。它是一个右连续的阶跃函数。这样，对于 $i = 1, 2, \cdots, n$，$F_n(X_i) = i/n$。如果 $\hat{F}(x)$ 为拟合的分布函数，则评估拟合优度的方法就是测量函数 $F_n(x)$ 和 $\hat{F}(x)$ 之间的接近程度。K-S检验统计量的形式化定义如下：

$$D_n = \sup_x \{|F_n(x) - \hat{F}(x)|\}$$

$D_n$ 就是对 $x$ 的所有值，$F_n(x)$ 和 $\hat{F}(x)$ 之间的最大距离。数的集合 $A$ 的 "sup" 的含义为大于或等于 $A$ 的所有数的最小值。例如，如果 $A = (0,1)$，sup 为1。统计量 $D_n$ 为

$$D_n^+ = \max_{1 \leq i \leq n} \left\{ \frac{i}{n} - \hat{F}(X_i) \right\}, \quad D_n^- = \max_{1 \leq i \leq n} \left\{ \hat{F}(X_i) - \frac{i-1}{n} \right\}$$

令 $D_n = \max(D_n^+, D_n^-)$，如果 $D_n = \max(D_n^+, D_n^-)$ 超过K-S检验临界值 $d_{n,1-\alpha}$，则拒绝原假设 $H_0$。$\alpha$ 为给定的显著性水平。

## 3. 检验步骤

第一步：将 $n$ 个样本数据从小到大排列，$x_1 < x_2 < \cdots < x_n$。

第二步：计算 $D_n^+ = \max_{1 \leq i \leq n} \left\{ \frac{i}{n} - \hat{F}(X_i) \right\}$，$D_n^- = \max_{1 \leq i \leq n} \left\{ \hat{F}(X_i) - \frac{i-1}{n} \right\}$。

第三步：计算 $D_n = \max(D_n^+, D_n^-)$。

第四步：在指定的显著性水平和给定的样本量 $n$ 之下确定临界值 $d_{n,1-\alpha}$。

第五步：如果 $D_n > d_{n,1-\alpha}$，拒绝原假设 $H_0$。如果 $D_n \leq d_{n,1-\alpha}$，可以得出结论：在 $x_1 < x_2 < \cdots < x_n$ 的真实分布与被估计参数的假设分布之间没有显著性差异。

# 7.6 相关性分析

## 7.6.1 协方差和相关性分析

### 1. 相关性分析的意义

在前面的分析中，虽然我们假设这些随机变量之间是独立的，但实际上它们之间可能是独立的，也有可能是相互有关联的，关联的强弱程度有所不同。例如以下的几种情景。

情景1：在实际系统运行过程中，随机变量往往有多个，它们之间存在某种关联。如：库存管理系统中订货周期和年需求量两个变量之间存在某种关系。

情景2：在股票交易市场中，买卖双方的订单到达并不是独立的，它们具有相互的依存关系。订单到达的时间间隔可以表述为一个时间序列。

为了更好地了解系统以及系统随机变量间的关联性，需要进行相关性分析，以便能更正确地把握问题的关键。此外，需要注意的是：本书仅提及输入数据范围内的随机变量的相关性分析，实际上，输出变量和输出变量之间，输入变量和输出变量之间也要进行相关性分析。

随机变量的相关性分析利用协方差和相关系数进行。有关协方差和相关系数的定义参见第2章的说明。这里引入样本协方差的概念。

**2. 样本协方差**

对于两个随机变量 $X_1$、$X_2$，设有 $n$ 个独立同分布的序列对 $(X_{11}, X_{21})$，$(X_{12}, X_{22})$，…，$(X_{1n}, X_{2n})$，则可求得样本协方差 $\hat{C}_{12}$ 或 $\hat{\mathrm{Cov}}(X_1, X_2)$：

$$\hat{C}_{12} = \hat{\mathrm{Cov}}(X_1, X_2) = \frac{1}{n-1}\sum_{j=1}^{n}(X_{1j} - \overline{X}_1)(X_{2j} - \overline{X}_2) = \frac{1}{n-1}\left(\sum_{j=1}^{n} X_{1j} X_{2j} - n\overline{X}_1 \overline{X}_2\right)$$

则相关系数的估计值

$$\hat{\rho}_{12} = \frac{\hat{\mathrm{Cov}}(X_1, X_2)}{\hat{\rho}_1 \hat{\rho}_2}$$

其中，$\hat{\rho}_1$ 和 $\hat{\rho}_2$ 为样本标准差。

### 7.6.2 单变量线性回归

在利用协方差和相关系数对随机变量进行相关性分析的基础上，通常采用回归分析的方法分析变量之间的因果相关性。由于篇幅所限，本书主要介绍单变量线性回归模型，其他模型请参见相关参考文献。单变量线性回归是要估计一个自变量 $x$ 与一个因变量 $y$ 之间的相关性。设在 $y$ 与 $x$ 之间真实相关是线性关系，这里观察值 $y$ 是随机变量，而 $x$ 是数学变量。那么在给定 $x$ 的值之下，$y$ 的期望值假设是 $E(y|x) = \beta_0 + \beta_1 x$，式中，$\beta_0$ 为一未知常数，是 $x$ 取零时 $y$ 的值；$\beta_1$ 为斜率，也是一个待定的未知常数。回归直线如图7.5所示。

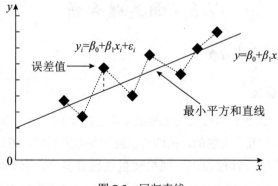

图 7.5　回归直线

假设 $y$ 的每一个观察值可用 $y = \beta_0 + \beta_1 x + \varepsilon$ 表示。式中，$\varepsilon$ 是均值为0、方差为 $\sigma^2$ 的随机误差。假设存在 $n$ 对观察值 $(x_i, y_i)$，$i = 1, 2, \cdots, n$，通常采用最小二乘法来估计上式中的 $y_i$。设 $y_i = \beta_0 + \beta_1 x_i + \varepsilon_i$，则 $\varepsilon_i = y_i - \beta_0 - \beta_1 x_i$，$i = 1, 2, \cdots, n$。假设 $\varepsilon$ 是不相关的随机变量，随机变量偏差 $\varepsilon$ 的平方和为（最小二乘法函数形式）

$$L = \sum_{i=1}^{n} \varepsilon_i^2 = \sum_{i=1}^{n} (y_i - \beta_0 - \beta_1 x_i)^2$$

为了使上式中的 $L$（偏差）极小，可求出 $\dfrac{\partial L}{\partial \beta_0}$ 和 $\dfrac{\partial L}{\partial \beta_1}$，并置它们为0，从而可以得到 $\beta_0$、$\beta_1$ 的线性代数方程，即有

$$\frac{\partial L}{\partial \beta_0} = -2 \sum_{i=1}^{n} (y_i - \beta_0 - \beta_1 x_i) = 0$$

$$\frac{\partial L}{\partial \beta_1} = -2 \sum_{i=1}^{n} (y_i - \beta_0 - \beta_1 x_i) x_i = 0$$

整理得

$$n\beta_0 = \sum_{i=1}^{n} y_i - \beta_1 \sum_{i=1}^{n} x_i$$

$$\beta_1 \sum_{i=1}^{n} x_i^2 = \sum_{i=1}^{n} x_i y_i - \beta_0 \sum_{i=1}^{n} x_i$$

即

$$\beta_0 = \bar{y} - \beta_1 \bar{x}, \quad \beta_1 = \frac{\sum_{i=1}^{n} y_i (x_i - \bar{x})}{\sum_{i=1}^{n} (x_i - \bar{x})^2}$$

其中，$\bar{x} = \dfrac{1}{n} \sum_{i=1}^{n} x_i$，$\bar{y} = \dfrac{1}{n} \sum_{i=1}^{n} y_i$。

## 本章小结

系统模拟运行结果的正确与否依赖于正确的输入数据。正确输入数据的获取需要收集原始数据、基本统计分布的辨识、参数估计以及拟合优度检验等步骤。在分布的识别中，对直方图进行曲线拟合所得到的曲线对应随机变量的概率密度函数，通常将其假设成标准分布函数形式。之后进行参数估计以确定分布函数的特征参数，其基本原理是极大似然估计法求出产生概率最大值时的分布参数，一般用样本统计量（如样本均值和样本方差）进行估计。对于分布参数估计的假设要进行拟合优度检验，一般采用卡方检验与柯尔莫哥洛夫–斯米尔诺夫检验。随机变量之间可能是独立的，也可能是相关的，为此需要进行输入数据的相关性分析，常采用协方差和相关系数分析其相关性，用回归分析方法构建其因果相关关系模型。

## 即测即练题

请扫描二维码，参加即测即评练习。

即测即练题

## 思考练习题

1. 为什么要进行模拟输入数据的分析？
2. 输入数据的分析过程包括哪几步？
3. 在制作直方图时，应注意哪些问题？
4. 如果假设输入数据符合正态分布，应如何选取样本参数作为分布的参数估计值？
5. 在进行参数估计时，对于指数分布假设的样本，建议使用的估计量是什么？
6. 已知某输入数据的样本量为30，应采用哪种拟合优度检验方法？
7. 使用 $\chi^2$ 检验方法进行拟合优度检验，已知样本划分为13个分组区间，假定检验样本符合指数分布，问该样本的 $\chi^2$ 分布的自由度为多少？
8. 试说明为什么要进行相关性分析。

# 第8章
# 单系统模拟输出数据分析

学习目标

通过本章学习，读者应该能够：
1. 了解模拟输出分析的特点和分类；
2. 掌握终止型模拟和稳态型模拟的输出分析方法；
3. 理解方差减缩技术；
4. 了解模拟模型的验证和确认方法。

## 8.1 输出分析概述

### 8.1.1 输出分析的意义

对一个确定的系统而言，确定的输入会得到一个确定的输出，一次确定的模拟便可得出确定的解。许多人似乎已经习惯了这种用"一次性"运行模型来求解模型的方式，因而往往对一个模拟模型进行一次运行之后，就直接将其输出作为模型的解。然而，必须指出的是：对于一个随机系统，模拟模型所表现的活动具有随机性，所以其输出也具有某种随机性。一次模拟运行的输出只是对系统结果的一次抽样，需要经过多次模拟运行，对模拟输出进行统计分析之后，才能得到其真实的系统性能指标的估计。

一般来说，一个随机系统的输出具有随机性和自相关性的特点。其中，随机性是指输出为一随机序列，需要通过统计分析才能得到其性能指标。自相关性是指多数模拟输出数据呈现出自相关的特征，即前面的输出往往会影响到后面的输出数据，如库存系统中的初期库存、生产系统中的初始状态、排队系统中初始排队状态和初始服务状态等。正是因为随机系统输出具有上述这些特点，所以有必要进行输出分析。

对模拟输出数据的统计分析称为输出分析。模拟输出分析的目的在于：其一，评估或预测一个随机系统的性能；其二，比较两个或多个随机系统的性能优劣。输出分析也可以估计系统的性能参数以及性能参数估计的有效范围：用模拟统计得到的样本均值作为观察值的估计量，用统计得到的样本方差推断估计量的偏差范围，确定为达到给定精度所需的模拟运行次数等。

### 8.1.2 模拟输出数据的随机性

设某随机系统具有 $m$ 个随机变量 $Y_1, Y_2, \cdots, Y_m$（如顾客到达数量、顾客等待时间、顾客排队长度等），采用不同的随机数对系统进行 $n$ 次模拟运行，第 $r$ 次运行得到的模拟输出值为 $y_{r1}, y_{r2}, \cdots, y_{rm}$，$r = 1, 2, \cdots, n$。对于同一次实验，这些观测结果 $y_{r1}, y_{r2}, \cdots, y_{rm}$ 不是独立同分布的，但由于每次实验采用不同的随机数，所以，对于不同次实验，$Y_j$ 的观察值 $y_{1j}, y_{2j}, \cdots, y_{nj}$（$1 \leq j \leq m$）是独立同分布的随机变量。所以，输出数据分析的关键就是针对观测结果 $y_{ij}$（$1 \leq i \leq n$；$1 \leq j \leq m$）来对随机变量 $Y_1, Y_2, \cdots, Y_m$ 进行性能估计。

下面通过两个例子说明模拟输出分析的作用。例8.1对服务台模拟模型进行独立重复运行（independent replications）的输出分析进行说明，说明模拟输出的随机性特点。例8.2通过服务台不同运行次数模拟的输出分析，说明模拟次数对于输出精度的影响。

**例8.1** 对某服务台系统进行模拟，独立重复运行5次。每次的服务台利用率和平均系统时间的输出结果如表8.1所示。试计算该服务台的服务性能结果。

表8.1 每次模拟的输出结果

| 运行次数 $r$ | 服务台利用率 $\rho_r$ | 平均系统时间 $w_r$ |
|---|---|---|
| 1 | 0.808 | 3.74 |
| 2 | 0.875 | 4.53 |
| 3 | 0.708 | 3.84 |
| 4 | 0.842 | 3.98 |
| 5 | 0.807 | 4.01 |

**解**：模拟为独立重复运行，各次实验结果 $\rho_r$、$w_r$（$r = 1, 2, \cdots 5$）相互独立，于是：

$$\overline{\rho} = \frac{1}{5}\sum_{r=1}^{5}\rho_r = (0.808 + 0.875 + 0.708 + 0.842 + 0.807)/5 = 0.808$$

$$\overline{w} = \frac{1}{5}\sum_{r=1}^{5}w_r = (3.74 + 4.53 + 3.84 + 3.98 + 4.01)/5 = 4.02$$

结果：$\rho = \overline{\rho} = 0.808$，$w = \overline{w} = 4.02$。

**例8.2** 对某M/M/1排队系统进行模拟，顾客的到达符合平均间隔时间为5分钟的泊松分布，服务时间为均值为4分钟的指数分布。分别对 $n = 1\,000$、$2\,000$、$3\,000$、$4\,000$、$5\,000$ 名顾客的到达和服务进行模拟运行，其平均等待时间 $w(n)$ 和平均队长 $Q(n)$ 如表8.2所示。

表8.2 不同顾客群体的模拟输出结果

| 性能指标 | 理论值 | 样本均值 | 顾客群体 $n$ | | | | |
|---|---|---|---|---|---|---|---|
| | | | 1 000 | 2 000 | 3 000 | 4 000 | 5 000 |
| $w(n)$ | 16.0 | 17.392 | 19.723 | 17.856 | 15.563 | 16.826 | 16.982 |
| $Q(n)$ | 3.2 | 3.493 | 3.916 | 3.620 | 3.181 | 3.326 | 3.425 |

可以看出，不同的实验运行结果是不同的，其样本均值与理论值也存在一定的误差。这说明仅一次模拟运行不能保证模拟结果的精度。设计合适的模拟运行次数是确保

模拟输出精度的关键。

### 8.1.3 系统性能的测度

假设系统性能用参数 $Y$ 表示，显然，$Y$ 的模拟输出是一个随机变量。系统模拟的目的是：通过模拟，得到表示系统性能 $Y$ 的值。那么，如何得到或统计得到此值？模拟系统的输出数据是一个随机变量，因此可以运用参数估计的方法：点估计和区间估计。

设模拟输出数据 $Y_1, Y_2, \cdots, Y_n$ 为独立同分布的随机变量，且具有有限均值 $\mu$ 和有限方差 $\sigma^2$，则设随机变量的样本序列具有样本均值 $\mu$ 和样本方差 $\sigma^2$，可以用点估计来估计输出均值 $\mu$，用区间估计来求得 $\mu$ 的精度。具体方法参见第2章中的相关说明。

### 8.1.4 模拟输出分析的分类

如何对模拟模型进行运行设计取决于模拟的类型。从输出分析的视角看，模拟可分为两种：终止型模拟（terminating simulation）和稳态型模拟（steady state simulation）（非终止型）。

终止型模拟是指在某个持续时间 $T_E$ 之内系统的模拟。这里 $E$ 是停止模拟的一个指定的事件，这样模拟系统在指定初始条件下于时刻0"开始"，并在停止时刻 $T_E$ "闭合"。此时，系统模型被"清空"。终止型模拟常被用来研究系统的固有特性，研究系统在初始条件作用下的响应。

稳态型模拟是指系统在持续运行的时间内运行，不存在某个标识事件使模拟停止，即模拟运行长度理论上为无限。稳态型系统是连续运行的系统，在足够长的时间段内运行，常被用来研究系统稳定状态下的性能指标，通常稳态型模拟下系统的响应与系统的初始状态无关。下面通过两个例子来区分终止型模拟和稳态型模拟。

**例8.3** 某通信系统的构成如图8.1所示，由A、B、C、D四个部件组成，B和C呈并联方式连接。初始条件为各部件在时刻0都是新的（理想状态），设系统失效停止的时间周期为 $T_E$，定义停止事件 $E=\{A失效，或D失效，或B与C同时失效\}$。考虑以下两种情况。

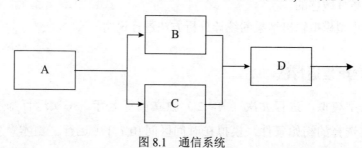

图 8.1 通信系统

（1）电器元件的平均寿命模拟。方法是：在相同的实验条件下，系统模拟运行从时刻0开始，一直进行到失效事件 $E$ 发生。这样的模拟被称为终止型模拟。

（2）系统的通信能力模拟。如果对于同样的系统，研究系统的通信能力、通信容量等特性，我们需要进行一个长时间的模拟运行。这样的模拟是稳态型模拟。

**例8.4** 银行系统分析。考虑两种研究内容。

（1）考察银行从9点到17点的营业活动情况，目的是分析顾客的排队情况、营业员的忙闲程度。系统模拟的停止事件$E$定义为$E=\{$银行停止营业$\}$。$T_E$为8小时，初始条件银行处于空状态。这种研究内容下的模拟是终止型模拟。

（2）考察银行的货币流动情况。这需要考察系统一个长时间的运行效果，模拟运行时间为无限长，系统运行状况与初始条件无关。这种情况下的模拟是稳态型模拟。

因此，对于一个系统而言，进行终止型模拟或稳态型模拟是随研究内容的要求而决定的，与模型本身特性无关。而对于终止型模拟和稳态型模拟的输出结果的分析手段各有不同，以下分别进行介绍。

## 8.2 终止型模拟的输出分析

### 8.2.1 终止型模拟的特点

终止型模拟是在有限持续时间$T_E$之内的运行。$E$是停止模拟的一个指定事件。终止型模拟的特点如下。

（1）终止型模拟常采用独立重复运行法。独立重复运行法是指对模拟系统运行进行多次重复运行，每次运行使用不同的随机数流，且选择相同的初始条件，然后对收集到的模拟输出结果进行分析的方法。由于每次运行都采用独立的随机数和相同的初始化条件，这表明通过独立重复运行实验所得到的输出随机变量是独立同分布的。

（2）在终止事件发生的时点，系统模拟会被"清空"——系统的状态变量都会清零，且系统内所有实体都会清除。这个事件必须在每次运行前设定，而且对于特定运行，可以将终止事件设置为随机变量。

（3）对于终止型模拟来说，初始化条件将对性能结果产生影响，因此终止型模拟通常都是初始条件敏感的。

以下对终止型模拟输出结果的统计分析方法进行说明。

### 8.2.2 独立重复运行法

一个终止型模拟，进行$R$次（$R \geq 2$）独立重复运行。每次运行都利用不同的随机数流和独立选择的初始条件，模拟在时间区间$[0, T_E]$中运行。由本章前面的说明，一个随机系统有$m$个随机变量，简化起见，我们只讨论某一个随机变量$Y$。$Y$可以是顾客等待时间，也可以是订单到达时间。针对第$r$次（$r=1,2,\cdots,R$）模拟运行，令$y_{rj}$

（$j=1,2,\cdots,n$）是第$r$次独立重复运行时$Y_r$的$n$个观察值，第$r$次模拟运行的数据记录如图8.2所示。

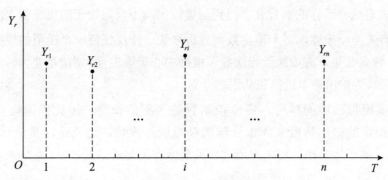

图 8.2  第 $r$ 次模拟运行的数据记录

对每一次运行$r$，随机变量$Y$的观察值$y_{r1}, y_{r2}, \cdots, y_{rn}$是自相关序列，其样本均值$Y_r$为

$$Y_r = \frac{1}{n}\sum_{j=1}^{n} y_{rj}, \quad r = 1, 2, \cdots, R$$

对不同的运行$r$和$s$，$r \neq s$，由于每次运行都利用不同的随机数流，$Y_r$和$Y_s$是统计独立的。则所有$Y_1, Y_2, \cdots, Y_R$为独立同分布的随机变量。以下是求终止型模拟输出结果的点估计和区间估计的方法。

（1）点估计。使用独立重复运行法时，$Y$的点估计计算公式如下：

$$\overline{Y} = \frac{1}{R}\sum_{r=1}^{R} Y_r$$

（2）区间估计。对于$R$次独立运行，$Y_1, Y_2, \cdots, Y_R$是统计独立的，具有同一分布，并且是$Y$的无偏估计，于是可以应用基于$t$分布的$Y$的置信区间估计方法（参见第2章的有关说明）。自由度为$f = R - 1$，其$100(1-\alpha)\%$的置信区间为

$$\overline{Y} - t_{\alpha/2,f} S_{EX} \leq Y \leq \overline{Y} + t_{\alpha/2,f} S_{EX}$$

**例8.5**  对某系统做$R = 10$次独立重复运行，得到$Y$的输出样本的统计结果如下：

$$\overline{Y} = \frac{1}{10}\sum_{r=1}^{10} Y_r = 0.343, \quad S_{(n)}^2 = \frac{1}{10-1}\sum_{i=1}^{10}(Y_i - \overline{Y})^2 = 0.167$$

**求**：自由度，置信区间。设置信度分别为90%，95%。

**解**：由已知条件可求得

$$S = \sqrt{0.167} = 0.408, \quad S_{EX} = S/\sqrt{R} = 0.408/\sqrt{10} = 0.129$$

自由度为：$df = R - 1 = 10 - 1 = 9$；

设置信度为90%，$\alpha = 0.1$，查$t$分布表可得，$\lambda = t_{\alpha/2, R-1} = t_{0.05, 9} = 1.833$，$Y$的置信区间为

$$[0.343 - 1.833 \times 0.129, 0.343 + 1.833 \times 0.129] = [0.106, 0.579]$$

设置信度为95%，$\alpha = 0.05$，$\lambda = t_{\alpha/2, R-1} = t_{0.025, 9} = 2.262$，$Y$的置信区间为

[0.343–2.262×0.129,0.343 +2.262×0.129] =[0.051,0.635]

上述终止型模拟运行的方法称为固定样本长度法（fixed-sample-size procedures）。就是由用户规定独立运行的次数 $R$，得到的置信区间不仅取决于随机变量 $Y$ 的特性，也与运行次数有关。一般地，对于输出数据分析来说，建议任何一个模型的模拟运行次数不少于5次。稳妥起见，应增加运行次数。根据中心极限定理，当 $R$ 足够大时（一般地，$R > 50$），可认为输出样本近似服从正态分布。

为了提高模拟输出的精度，需要控制置信区间的长度，因此模拟运行的另一个思路是根据指定的输出精度来决定合理的模拟运行次数，这就是序贯法（sequential procedures）。关于序贯法的相关介绍可参见其他有关文献。

## 8.3 稳态型模拟的输出分析

### 8.3.1 稳态型模拟概述

**1. 稳态型模拟的特点**

稳态型模拟的目的在于估计系统的稳态或长期特征下的性能指标。在实际模拟运行时，不可能真正无限运行，但是一般会设定一个足够长的运行时间，在模拟运行到此时间的时候，系统一般都进入稳定状态。这时，系统的关键性能指标的运行状态保持稳定，这种性能指标一般称为稳态参数，而它所对应的随机变量具有稳态分布的特征。

设稳态型模拟单次运行的输出观察值是 $Y_1, Y_2, \cdots, Y_n$，一般情况下，它是一个自相关时间序列的采样值。所要估计的稳态（或长期）的均值性能测度由下式定义：

$$\theta = \lim_{n \to \infty} \frac{1}{n} \sum_{i=1}^{n} Y_i$$

上式表明：稳态型模拟中系统的输出性能指标序列 $Y_1, Y_2, \cdots, Y_n$ 收敛于均值 $\theta$，它与初始条件无关。所以在稳态型模拟中，系统的初始条件及其过渡时期的行为表现是被忽略不计的，我们所要确定或估计的是系统在平稳状态下的行为特征。这里便产生了两个问题：一是如何确定"预热期"（warm-up period）的长度，二是如何准确并且有效地分析系统在平稳状态下的表现。

**2. 稳态型模拟的运行方式**

为了消除初始条件的影响，稳态型模拟运行一般可以分成两段：第一段从时刻0到时刻 $T_0$ 为初始阶段，第二段接着从 $T_0$ 到停止时刻 $T_0 + T_E$ 为数据收集阶段。整个运行阶段如图8.3所示。这里的 $T_E$ 是一个长期的运行期间，与终止型模拟中 $T_E$ 的含义不同。

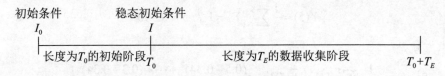

图 8.3 稳态型模拟运行

系统在时刻 $T_0$ 的状态 $I$ 是随机变量，系统在此点已达到近似稳态，即在时刻 $T_0$ 的系统状态的概率分布充分接近稳态概率分布，从而使响应变量点估计的动态偏差可以忽略不计。数据收集阶段的长度 $T_E$ 应足够长，以保证得到充分准确的系统稳态行为的估计。

稳态型模拟运行的方法主要分为固定样本长度法和序贯法。固定样本长度法包括批均值法（batch-means）、重复删除法（replication/deletion approach）、再生法、谱分析法、自回归法、标准时间序列法等。下面介绍批均值法和重复删除法。

## 8.3.2 批均值法

批均值法的基本思想是：运行一次很长时间的或者说足够长时间的模拟，得到输出数据 $Y_1, Y_2, \cdots, Y_m$。然后把这些数据分为 $n$ 批，每批长度为 $l$，则得到每批数据如下：

$$Y_1, \quad Y_2, \quad \cdots, \quad Y_l$$
$$Y_{l+1}, \quad Y_{l+2}, \quad \cdots, \quad Y_{2l}$$
$$\cdots$$
$$Y_{(n-1)l+1}, Y_{(n-1)l+2}, \cdots, Y_{nl}$$

分别对每批数据进行处理，求得每批的均值为 $\overline{Y}_j(l)$（$j=1,2,\cdots,n$）。第 $j$ 批的均值为

$$\overline{Y}_j(l) = \frac{1}{l}\sum_{i=1}^{l} Y_{(j-1)l+i}$$

总的点估计为

$$\overline{Y}(n,l) = \frac{1}{n}\sum_{j=1}^{n}\overline{Y}_j(l) = \frac{1}{m}\sum_{i=1}^{m}Y_i$$

构造得到 $100(1-\alpha)\%$ 置信区间：

$$\overline{Y}(n,l) \pm t_{\alpha/2, n-1}\sqrt{S^2_{\overline{Y}_j(l)}(n)/n}$$

其中：

$$S^2_{\overline{Y}_j(l)}(n) = \frac{1}{n-1}\sum_{l=1}^{n}[\overline{Y}_j(l) - \overline{Y}(n,l)]^2$$

**例8.6** 采用批均值法进行稳态型模拟运行，设5个批均值 $\overline{Y}_j$（$j=1,2,\cdots,5$）分别为 0.5、0.3、0.2、0.4、0.3，假设它们是统计独立的（虽然批均值并不独立），在该假设下计算输出性能指标的点估计和95%置信度下的区间估计。

**解：** 由已知条件，点估计是

$$\overline{Y}(5) = \frac{1}{5}\sum_{j=1}^{5}\overline{Y}_j = 1.7/5 = 0.340$$

样本方差是

$$S^2_{\overline{Y}_j}(5) = \frac{1}{5-1}\sum_{l=1}^{5}[\overline{Y}_j - \overline{Y}(5)]^2 = \frac{[(0.5-0.34)^2 + \cdots + (0.3-0.34)^2]}{4} = 0.013$$

标准偏差是

$$S_{EX} = \frac{S}{\sqrt{5}} = \frac{\sqrt{0.013}}{\sqrt{5}} = 0.051$$

自由度：

$$f = R - 1 = 5 - 1 = 4, \quad t_{0.025,4} = 2.776$$

于是，95%的置信区间是

$$\overline{Y} - t_{\alpha/2,f} S_{EX} \leq Y \leq \overline{Y} + t_{\alpha/2,f} S_{EX}$$
$$= [0.34 - 2.776 \times 0.051, 0.34 + 2.776 \times 0.051]$$
$$= [0.198, 0.482]$$

### 8.3.3 重复删除法

**1. 基本思想**

在稳态型模拟中，由于模拟初始条件的影响，系统性能要经过一段时间的较大波动之后，才能逐渐趋于稳定（平稳过程）。应当指出，系统进入平稳过程并不意味着系统的性能测度稳定不变，而是指该参数的概率分布达到平稳状态。根据这一概念，在运行稳态型模拟时，每次运行仍可做有限时间的终止型模拟，并采用独立重复运行方法进行置信区间的估计。

每次模拟运行进入稳态所需要的模拟时间，在很大程度上取决于模拟初始条件的选择。基于两阶段模拟的思想，模拟运行长度为 $T_0 + T_E$，可以设定 $T_0$、$T_E$，使得在统计计算系统性能时，通过删除每次运行的前 $d$ 个观察值删除的方法，将点估计中初始条件引起的偏差减少到可忽略的程度。重复删除法就是基于这种思想。

**2. 点估计和区间估计**

采用重复删除法，进行 $R$ 次独立重复运行，模拟输出结果如表8.3所示。每次运行都删去 $T_0$ 阶段的 $d$ 个观察值，保留 $T_E$ 阶段的 $n-d$ 个观察值，同时，由于每次重复运行均用不同的随机数流，并在 $t=0$ 时，置相同的初始条件，则

$$\overline{Y}_1(n,d), \overline{Y}_2(n,d), \cdots, \overline{Y}_R(n,d)$$

是独立同分布的随机样本。对于第 $r$ 次重复运行，其均值为

$$\overline{Y}_r(n,d) = \frac{1}{n-d}\sum_{j=d+1}^{n} Y_{rj}$$

表 8.3　重复删除法的输出观察值的分段

| 重复运行次数 | 观察值 | | | | | | 均值 |
|---|---|---|---|---|---|---|---|
| | 1 | ... | $d$ | $d+1$ | ... | $n$ | |
| 1 | $Y_{11}$ | ... | $Y_{1d}$ | $Y_{1,d+1}$ | ... | $Y_{1n}$ | $\overline{Y}_1(n,d)$ |
| 2 | $Y_{21}$ | ... | $Y_{2d}$ | $Y_{2,d+1}$ | ... | $Y_{2n}$ | $\overline{Y}_2(n,d)$ |
| ... | ... | ... | ... | ... | ... | ... | ... |
| $R$ | $Y_{R1}$ | ... | $Y_{Rd}$ | $Y_{R,d+1}$ | ... | $Y_{Rn}$ | $\overline{Y}_R(n,d)$ |
| 均值 | $\overline{Y}_1$ | ... | $\overline{Y}_d$ | $\overline{Y}_{d+1}$ | ... | $\overline{Y}_n$ | $\overline{Y}(n,d)$ |

令总的点估计为 $\overline{Y}(n,d)$，则

$$\overline{Y}(n,d) = \frac{1}{R}\sum_{r=1}^{R}\overline{Y}_r(n,d)$$

若 $d$ 和 $n$ 都选得足够大，使得 $E[\overline{Y}(n,d)] = E[Y]$，则 $\overline{Y}(n,d)$ 就是近似的无偏点估计。同样，可以得到 $E[Y]$ 的 $100(1-\alpha)\%$ 置信区间，其形式与终止型模拟的置信区间相同。但其中：

$$S^2 = \frac{1}{R-1}\sum_{r=1}^{R}[\overline{Y}_r(n,d) - \overline{Y}(n,d)]^2$$

在用重复删除法做稳态型模拟时，提高系统性能测度 $E[Y]$ 的估计准确度的方法主要有两种：增加重复运行数 $R$ 和增加运行长度 $T_E$。

## 8.4　方差减缩技术

### 8.4.1　方差减缩的意义

方差缩减技术（variance reduction technique，VRT）是不增加模拟重复运行次数就可减少模拟结果的方差值的技术。在既定的模拟时间长度或样本数目条件情况下，减缩方差可以减小输出随机变量的置信区间，从而提高模拟运行的精度。在既定的模拟精度条件情况下，减缩方差减少模拟运行的时间长度，或者减少样本数目，从而减少模拟运行的时间长度。

方差缩减技术有对偶变量法（antithetic variates，AV）、公共随机数法（common random number，CRN）、控制变量法、事前信息法、间接估计法和调节法等。下面介绍用于单系统输出分析的对偶变量法和用于两系统比较的公共随机数法。

### 8.4.2　对偶变量法

对偶变量法主要用于单一系统模拟。其基本思路是用互补的随机数对一个系统进行成对的模拟运行。简单地说，如果第一次模拟运行中，某个输入随机变量通过均匀随

数 $u_k$ 产生，则第二次模拟运行中，该随机变量通过均匀随机数 $1-u_k$ 产生。这样，第一次运行中较小的观察值能抵消第二次运行中较大的观察值，或用较大的观察值抵消第二次运行中较小的观察值。对偶变量法的模拟输出数据分析，通过将一对观察值的平均数作为估计的基本数据，可以缩小估计量的方差。

设某一系统模型中表征某个系统性能测度的输出随机变量为 $Y$，对模型进行 $2n$ 次独立模拟运行，用 $Y_{1i}$、$Y_{2i}$ 表示模型在第 $i$、$2i$ 次（$i=1,2,\cdots,n$）独立模拟运行中得到的观察值，希望用这些数据得到对 $u=(E(Y_1)+E(Y_2))/2$ 的估计。

令 $Z_i=(Y_{1i}+Y_{2i})/2$（$i=1,2,\cdots,n$），则样本均值 $\overline{Z_n}=\dfrac{1}{n}\sum_{i=1}^{n}Z_i$ 是 $u$ 的无偏估计量。由于 $Z_1,Z_2,\cdots,Z_n$ 是独立同分布的随机变量，因此有

$$\mathrm{Var}(\overline{Z_n})=\frac{1}{n}[\mathrm{Var}(Y_{1i})+\mathrm{Var}(Y_{2i})+2\mathrm{Cov}(y_{1i},y_{2i})]$$

如果 $Y_1,Y_2$ 独立，则 $\mathrm{Cov}(Y_1,Y_2)=0$。由于采用对偶随机数进行模拟，所以 $Y_1,Y_2$ 负相关，于是 $\mathrm{Cov}(Y_1,Y_2)<0$，这样就减少了方差值。

### 8.4.3 公共随机数法

公共随机数法亦称"相关采样"或"匹配流"，主要用于比较两个不同模型的差异。公共随机数法是在模拟过程中针对不同的系统或配置采用完全同样的随机数序列，由于随机数序列完全相同，不同系统的运行结果之间存在正相关性。这样在进行方案比较时，就相当于是在做减法，于是缩小了对两个系统差异的估计方差。

我们知道，模拟输出差异的来源主要有两个方面：随机因素和模型的不同。公共随机数法对相同特征的随机变量采用相同的随机数序列输入，如到达过程、服务时间等。这样尽可能消除随机因素造成的输出结果差异，使得输出差异主要是来自模型本身。

设两个系统模型中表征某个系统性能测度的输出随机变量分别为 $Y_1$、$Y_2$，对两个模型分别进行 $n$ 次独立模拟运行，用 $Y_{1i}$、$Y_{2i}$（$i=1,2,\cdots,n$）表示第一个模型和第二个模型在第 $i$ 次独立模拟运行中得到的观察值，希望用这些数据得到对 $u=E(Y_1)-E(Y_2)$ 的估计。

令 $Z_i=Y_{1i}-Y_{2i}$（$i=1,2,\cdots,n$），则 $E(Z_i)=E(Y_1)-E(Y_2)=u$，所以样本均值 $\overline{Z_n}=\dfrac{1}{n}\sum_{i=1}^{n}Z_i$ 是 $u$ 的无偏估计量。由于 $Z_1,Z_2,\cdots,Z_n$ 是独立同分布的随机变量，因此有

$$\mathrm{Var}(\overline{Z_n})=\frac{1}{n}[\mathrm{Var}(Y_{1i})+\mathrm{Var}(Y_{2i})-2\mathrm{Cov}(Y_{1i},Y_{2i})]$$

在公共随机数法中，两模型输入的随机数正相关，则输出 $Y_1,Y_2$ 也正相关，于是 $\mathrm{Cov}(Y_1,Y_2)>0$，这样就减少了方差值。

## 8.5 模拟模型的验证和确认

### 8.5.1 概述

模拟是基于实际系统的模型进行实验的活动。模拟模型是否能够代表真实的系统，即模拟模型的可信性问题，是模拟研究人员所面临的最困难的课题之一。随着建模与模拟（modeling and simulation，M&S）复杂程度的日趋增加，M&S的正确性和可信度（模拟可信度）问题显得越来越重要。M&S的可信度评估必须经过严密的验证、确认和确定可信性（verification, validation and accreditation，VV&A）过程，以确保M&S达到预期的目的。在VV&A过程中，包括几方面的问题。

（1）模型的验证（verification）：确认模型的计算机程序的正确性。

（2）模型的确认（validation）：确认模型与实际系统的吻合性。

（3）模型可信性的确定（accreditation）：用户认可模型可以使用。

模拟模型开发过程中的验证、确认和确定可信性过程的作用、时段和相互关系如图8.4所示。以下讨论模拟模型VV&A方面的几个问题。

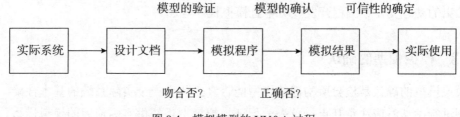

图 8.4 模拟模型的 VV&A 过程

### 8.5.2 模拟模型的验证

模拟模型的验证是指模拟模型与模拟模型程序在逻辑结构和数据参数之间的比较过程。通过验证使模拟程序与模拟模型保持一致，并能精确地反映模型中各部分之间的逻辑关系、各参数之间的数量关系以及对模型所做的简化及假定等。一个经过验证的模拟模型使人们确认该模拟程序是模拟模型的正确反映。

模拟模型的验证方法涉及软件调试技术领域，主要方法有用子模型逐次调试模拟程序、通过模拟程序的运行检查其输出的合理性和模拟程序运行时的跟踪检查等。

**1. 用子模型逐次调试模拟程序**

在开发模拟模型程序的过程中，对大型复杂的模型的模拟，应先确保逐次加入的子系统模型是正确的。首先编写子模型和调试模拟子程序。然后，将子模型加入大模型中。这样做的原因是模拟系统的调试往往是基于某种模拟系统的黑箱调试，所以，调试和排错十分复杂；如果对一个大型的、未经分别验证的模拟程序直接进行调试运行，可能会出现大量的错误信息，由于它们之间是互为因果关系，因而非常难以排除。

**2. 通过模拟程序的运行检查其输出合理性**

通过模拟程序的运行，对表示系统性能的主要参数值进行检验，例如，对于一个排队系统，如果进入实体太少，服务时间过长，排队过长，则有可能说明系统模拟模型的逻辑有问题；对于一个排队系统，如果排队呈线性增长，则说明系统队列处于不稳定状态；对于一个排队系统，如果实体计数为零，则说明实体没有进入系统，模拟模型的逻辑有问题。

**3. 模拟程序运行时的跟踪检查**

调试模拟程序的最有力的技术之一是"跟踪"。跟踪是在每一离散事件发生的时刻上，按系统的运行次序，不断地反映系统的状态，由此得到系统的状态变化过程。在一次跟踪过程中，系统的状态（实体信息、事件表、状态变量、统计计数器等）都可以显示出来，从而检查模拟程序运行是否正确、过程和结果与模型的要求是否一致、判断出错在何处，以便更有效地验证模型。大多数模拟语言都有良好的跟踪功能。但是，跟踪会产生大量的系统信息，所以从效率的角度考虑，通常只在跟踪特定程序段时才使用跟踪技术。

除了上述验证方法，其他验证方法还有在简化假设下运行模型、利用动态图形显示模拟输出的动态变化、编程开发人员审查模拟程序等。

### 8.5.3 模拟模型的确认

模拟模型的确认是检验所构造的模型能否真正代表一个实际系统的基本性能。对模拟模型进行确认时应注意几点：首先，保证模拟模型是能供实际使用的模拟模型，模拟模型只是实际系统的近似，因此不应追求绝对准确，应尽可能地接近实际系统；其次，根据模拟模型的目的，它应是对某一个目标有效的；最后，模拟模型的确认不仅仅在模拟模型建立以后才进行，而是在整个模拟开发过程中自始至终交替、协同地进行。

目前，模拟模型的确认尚没有一个完整的理论和方法，可以参照 Naylor 和 Finger 提出的模拟模型确认的"三步法"。"三步法"包括模型的直观有效性确认、模型假设的确认、模型的输入/输出确认。

**1. 模型的直观有效性确认**

模拟模型确认的第一步是使模型有较好的外观合理性，特别是模型的用户和了解实际系统的人员承认模型的外观合理性。其主要做法如下。

（1）在模拟建模的各个阶段，用户和开发方不断地定期交流，明确问题的定义、模拟的目的、模型的假设、结构功能等各种问题。

（2）逻辑与系统模型确定后，应举行一次包括所有用户、专家、开发人员参加的评审会，征求各方意见，从而避免未来可能出现的返工问题。

（3）模型的灵敏度分析也可辅助模型的确认。当输入变量（关键变量或灵敏度最高的变量）增大或减小时，对模型进行灵敏度分析，可以判断模型在结构上的合理性。

**2. 模型假设的确认**

模拟模型确认的第二步是检验模型的假设。检验模型的假设分为两类：结构假设和数据假设。结构假设是指模拟模型对实际系统的简化程度。如：排队模型，队列结构、排队规则、服务过程等基本模型结构；数据假设是指对所有输入数据的数值与概率分布的规定是否合适应进行适当的拟合性检验。

**3. 模型的输入/输出确认**

模拟模型确认的第三步是对模型输入/输出的确认。可以将模拟模型看作是一种输入/输出变换器，变换过程如图8.5所示。将模拟模型的输出数据与实际系统的实际数据进行比较，可以看作是模型确认最具决定性的一步。

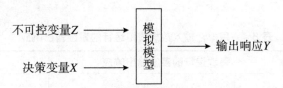

图 8.5　模拟模型变换过程

如果模型的输出数据与实际系统的观察数据吻合得比较好，则可以确认模型是有效的。由于实际系统和所构模拟模型的系统的相似程度不同，所采取的确认方式有所不同，考虑以下三种情况。

（1）如果现有实际系统和所构模拟模型的系统十分近似。此时，先构造与现有实际系统一致的模拟模型，然后构造不同策略环境和数据环境下的模拟输出，与相同环境下现有实际系统的实际数据进行比较和分析。如果两者十分一致，则模型被确认。如果必要，可以修改模拟模型，使之与实际系统完全一致。

（2）如果现有实际系统和所构模拟模型的系统一致，可充分利用现有系统历史数据进行模拟模型的输入/输出确认。先采用一组实际数据输入模拟模型，模拟输出和实际的输出相比较，然后修改模型直到模型的输出完全与实际数据一致为止，该过程称为模型的校准（calibration）过程。然后，另选一组实际数据输入已校准的模拟模型，如果模拟输出和实际的输出一致，则可以确认模型，否则应对模型做进一步的修改。这种一组数据校准，一组数据确认的方法在经济和管理领域普遍采用。

扩展阅读8.1
仿真模型验证方法综述
案例分析

（3）如果现有实际系统和所构模拟模型的系统不完全相同，可以从构造各子系统开始，分别对子系统模型进行比较验证；然后将各子模型组合起来，构成所需的模拟模型。

### 8.5.4　实际数据与模拟数据的统计比较

在第三步对模型输入/输出的确认中，常常要对模型的输出数据与实际系统的观察数据进行比较,以确定模型可否代表实际系统。这时,需要对模拟模型和实际系统的输入/输出数据做必要的统计处理。以下介绍两种方法:用拟合输入数据的理论分布进行比较,用历史数据进行比较。

**1. 用拟合输入数据的理论分布进行比较**

模拟模型的输入变量分为可控的决策变量、不可控变量。对于决策变量,可以通过设计模型的结构来决定。对于不可控变量,可根据实际过程进行统计分析,做出理论上的拟合。

在模拟模型的确认中,可固定一组决策变量,对实际系统和模拟模型按所拟合的理论分布进行模拟运行,并选定某一主要的输出响应作为模型确认的准则。在此基础上,可以得到实际系统的性能 $\mu_0$,同时,对模拟做 $R$ 次独立重复运行,取得系统输出响应的随机样本,如表8.4所示。

表 8.4 用拟合输入数据模拟运行的系统输出响应

| 运 行 次 数 | 每次运行的系统输出响应 | 平 均 响 应 |
| --- | --- | --- |
| 1 | $Y_{11}, Y_{12}, \cdots, Y_{1n}$ | $Y_1$ |
| 2 | $Y_{21}, Y_{22}, \cdots, Y_{2n}$ | $Y_2$ |
| … | … | … |
| $R$ | $Y_{R1}, Y_{R2}, \cdots, Y_{Rn}$ | $Y_R$ |
| 样本均值 | | $\overline{Y} = \dfrac{1}{R}\sum\limits_{i=1}^{R} Y_i$ |

为了得到对模型是否应予确认的结论,可对以上结果做零假设的统计检验,检验方法如下。

(1)提出验证假设,即

$$H_0 : E(\overline{Y}) = \mu_0$$
$$H_1 : E(\overline{Y}) \neq \mu_0$$

(2)根据输出样本的均值和方差构造 $t$ 分布统计量

$$t = \frac{\overline{Y} - \mu_0}{S / \sqrt{R}}$$

统计量 $t$ 服从自由度为 $R-1$ 的 $t$ 分布。

(3)根据显著性水平 $\alpha$ 及其临界值 $t_{\alpha/2, R-1}$ 判断其是否具有一致性,即如果不能拒绝 $H_0$ 假设,则不能断定模型为"非确认"的;如果 $H_0$ 被拒绝,则肯定当前模型不能确认,需要做相应的修改。

**2. 用历史数据进行统计比较**

这一方法是利用实际系统的历史统计数据作为模型的输入参数来驱动模拟模型,

然后再对模拟输出结果与实际系统的对应输出响应进行统计比较，以达到确认模型的目的。

假定有 $k$ 组输入数据，做独立模拟运行，令 $Z_1, Z_2, \cdots, Z_k$ 为实际系统某性能参数的输出响应，$Y_1, Y_2, \cdots, Y_k$ 为模拟模型的相应的输出响应。记系统的输出响应之差为 $d_j = Z_j - Y_j$（$j = 1, \cdots, k$），$d_m$ 为 $d_j$（$j = 1, \cdots, k$）的平均值，表8.5列出这些数据的对应情况。我们希望这两种数据的差别越小越好。

表 8.5　用历史数据进行模型验证输出统计

| 输入数据集 | $Z_j$ | $Y_j$ | $d_j$ | $(d_j - d_m)^2$ |
|---|---|---|---|---|
| 1 | $Z_1$ | $Y_1$ | $d_1 = Z_1 - Y_1$ | $(d_1 - d_m)^2$ |
| 2 | $Z_2$ | $Y_2$ | $d_2 = Z_2 - Y_2$ | $(d_2 - d_m)^2$ |
| … | … | … | … | … |
| $k$ | $Z_k$ | $Y_k$ | $d_k = Z_k - Y_k$ | $(d_k - d_m)^2$ |

当实际系统和模拟模型的输入数据相互同步一致时，则可以认为系统的输出响应之差 $d_j$（$j = 1, \ldots, k$）相互独立，服从同一正态分布的随机样本，其均值为 $\mu_d$。因此，可以采用零假设的 $t$ 检验来判定模型是否应予确认。检验假设如下：

$$H_0 : \mu_d = 0$$

$$H_1 : \mu_d \neq 0$$

取 $t$ 统计量为

$$t_0 = \frac{d_m - \mu_d}{S_d / \sqrt{k}}$$

**例8.7**　某排队系统模型，根据某随机变量为指标对模拟模型进行确认。收集5组实际数据和模拟输出数据进行比较，数据如表8.6所示。取置信度为95%。

表 8.6　实际数据和模拟输出响应统计表

| 输入数据集 | $Z_j$ | $Y_j$ | $d_j$ | $(d_j - d_m)^2 \times 10^7$ |
|---|---|---|---|---|
| 1 | 897 208 | 883 150 | 14 058 | 7.571 |
| 2 | 629 126 | 630 550 | −1 424 | 4.598 |
| 3 | 735 299 | 741 420 | −6 121 | 13.174 |
| 4 | 797 262 | 788 230 | 9 032 | 1.351 |
| 5 | 825 430 | 814 190 | 11 240 | 3.461 |
| $d_m$ | | | 5 357 | $S_d^2 = 7.538$ |

**解**：按上述数据，进行假设检验：

$$H_0 : \mu_d = 0$$

$$H_1 : \mu_d \neq 0$$

取 $t$ 统计量为

$$t = \frac{d_m - 0}{S_d / \sqrt{R}} = \frac{5\,357 - 0}{\sqrt{7.538 \times 10^7} / \sqrt{5}} = 1.379$$

置信度为95%，即 $\alpha = 0.05$，自由度为 $df = 5-1 = 4$，查表得

$$t_{0.025,4} = 2.776$$

则有

$$t = 1.379 < t_{0.025,4} = 2.776$$

所以，不能拒绝假设 $H_0$。故模型与实际系统没有显著差异。

## 本章小结

本章首先从模拟输出数据的随机性特点出发，介绍了系统模拟输出分析的意义、模拟运行分类以及模拟输出分析的两个指标：点估计和区间估计。针对终止型模拟输出分析，重点介绍了独立重复运行法。针对稳态型模拟输出分析，重点介绍了批均值法和重复删除法。方差缩减技术可以不增加模拟重复运行次数就可减少模拟结果的方差，包括针对单一模型进行比较的对偶变量法和针对不同系统比较的公共随机数法等。最后，对模拟模型验证和确认的方法做了简要介绍。

## 即测即练题

请扫描二维码，参加即测即评练习。

即测即练题

## 思考练习题

1. 请阐述终止型模拟和稳态型模拟的区别。
2. 试说明用 $t$ 分布统计推断终止型模拟置信区间的步骤。
3. 请阐述稳态型模拟的批均值法和重复删除法各自的特点和二者之间的区别。
4. 试推导用批均值法进行稳态型模拟得到的置信区间表达式。
5. 试推导用重复删除法进行稳态型模拟得到的置信区间表达式。
6. 在方差缩减技术中，公共随机数法和对偶变量法的方差缩减原理有何不同？
7. 请简述模拟模型验证的几种方法。

8. 请简述模拟模型确认的几种方法。

9. 对某单队列单服务台排队系统进行模拟。采用固定样本长度法进行终止型模拟。独立重复运行5次，每次运行长度为服务200个顾客。模拟的初始条件为：服务台状态为空闲，排队长度为0。模拟结果如表8.7所示。

表 8.7　模拟结果

| 模 拟 次 数 | 平均待时 $t_w$ / 分钟 | 平均队长 $L_q$ |
|:---:|:---:|:---:|
| 1 | 10.670 | 2.298 |
| 2 | 12.375 | 2.760 |
| 3 | 12.325 | 2.380 |
| 4 | 14.470 | 2.780 |
| 5 | 12.800 | 2.385 |

对上述某一性能测度（任选），取5次模拟数据进行期望值和置信区间估计。求：

（1）该性能测度指标的样本均值、样本方差；

（2）构造该性能测度指标的 $t$ 分布统计量，写出其表达式；

（3）该性能指标的置信区间。取置信度水平为95%。

# 第9章
# 多系统方案比较与优化

学习目标

通过本章学习,读者应该能够:
1. 掌握两个系统方案的比较方法;
2. 理解多个系统方案之间的比较方法;
3. 理解模拟优化技术的原理和方法。

## 9.1 概 述

系统模拟的重要用途之一是对不同的系统设计方案进行比较,从而选出一种较好或最好的方案;也可以对同一管理系统做多种经营策略的模拟运行,在不同策略之间进行优选,达到辅助决策的目的。然而,由于系统模型本身的随机性,对不同方案或多种策略做模拟运行时,不同方案的性能测度的模拟输出结果往往会有一定的差异。这种差异可能是由不同方案或策略的本质差别所引起的,也可能是由观察值的随机性所引起的。因此对多方案的模拟输出进行统计上的比较和分析,正是为了鉴别产生性能测度差异的原因,从而达到正确优选的目的。

本章先讨论两个系统方案的比较方法,然后进一步讨论多系统方案的比较方法。由于多方案选优问题本质上是系统参数的优化问题,最后介绍基于模拟的优化技术。

## 9.2 两个系统方案的比较

### 9.2.1 基本思想

**1. 系统性能比较的含义**

系统的比较是基于系统的同一参数(设计参数、运行规则等同一定义下的系统特征),对这一(或这些)参数在系统的重复运行中可以得到的可观测的输出数据进行比较。例如,在供应链库存系统中,比较两种订货策略,采用库存成本、订货延迟等输出指标;在服务排队系统中,比较不同的排队规则或不同的服务台结构组合,采用等待时间等输出指标进行比较。

两个系统方案比较的基本思想是:构建两个系统性能指标期望值差的置信区间。用 $\theta_i(i=1,2)$ 来表示系统 $i$ 的性能(系统均值性能),且 $\theta_i$ 的点估计是无偏的。模拟实验的目标是要获得均值性能之间的差别，即 $\theta_1 - \theta_2$ 的点估计及其区间估计。

在比较两个系统时，对于系统 $i$（$i=1,2$），需要设计模型模拟运行的关键参数：模拟运行时间长度 $T_E(i)$ 和重复运行次数 $R_i$。设系统 $i$ 的第 $r$ 次重复运行产生均值性能测度 $\theta_i$ 的一个估计值为 $Y_{ri}$，假设估计值 $Y_{ri}$ 是（至少近似是）无偏的，那么

$$\theta_i = E(Y_{ri}), \quad r=1,2,\cdots,R_i, \quad i=1,2$$

为比较两个系统，可构建统计量 $Z = \theta_1 - \theta_2$，计算 $Z$ 的置信区间。用置信区间比较两个系统性能测度之间的差别，可以回答以下两个问题：第一，均值差别有多大？均值差别的估计有多准确？第二，两个系统之间有显著的差别吗？两个性能测度的比较 $\theta_1 - \theta_2$ 是在 $\theta_1$ 与 $\theta_2$ 的两个置信区间之间的比较，其含义如图9.1所示。

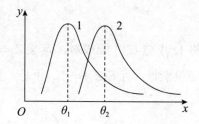

图 9.1 系统性能的比较

在图9.1中，$\theta_1 - \theta_2$ 的置信区间的比较结果可能会有以下三种情况：

（1）如果 $\theta_1 - \theta_2$ 的置信区间在零的左侧，那么便有强的证据接受 $\theta_1 - \theta_2 < 0$ 或等价地 $\theta_1 < \theta_2$ 的假设；

（2）如果 $\theta_1 - \theta_2$ 的置信区间在零的右侧，那么便有强的证据接受 $\theta_1 - \theta_2 > 0$ 或等价地 $\theta_1 > \theta_2$ 的假设；

（3）如果 $\theta_1 - \theta_2$ 的置信区间包含零点，那么，根据现有的数据还没有强的统计证据表明一个系统方案优于另一个。

**2. 系统性能比较的置信区间形式**

对 $\theta_1 - \theta_2$ 的两侧 $100(1-\alpha)\%$ 置信区间，总是有下列形式：

$$[(\bar{Y}_1 - \bar{Y}_2) - t_{\alpha/2,f} s.e.(\bar{Y}_1 - \bar{Y}_2), (\bar{Y}_1 - \bar{Y}_2) + t_{\alpha/2,f} s.e.(\bar{Y}_1 - \bar{Y}_2)]$$

其中，$\bar{Y}_i$（$i=1,2$）是系统 $i$ 在所有重复运行上的样本均值

$$\bar{Y}_i = \frac{1}{R_i} \sum_{r=1}^{R_i} Y_{ri}$$

$f$ 是相应于方差估计的自由度，$t_{\alpha/2,f}$ 是在自由度为 $f$ 的 $t$ 分布中 $\alpha$ 分位处的值，$s.e.(\cdot)$ 表示指定的点估计的标准偏差。

为了建立对于 $\theta_1 - \theta_2$ 的置信区间，应根据实际模型的特点和模拟过程的执行情况，做出不同的处理。依据两系统的模拟运行是否相互独立，其方差的性质有所不同，因而

采用不同的置信区间计算方法。以下介绍独立采样及相关采样两种运行方式下的置信区间计算方法。

### 9.2.2 独立采样法比较

独立采样是指用不同的且独立的随机数流来模拟两个系统。这意味着系统的性能测度输出 $\{Y_{r1}\}$（$r=1,2,\cdots,R_1$）与 $\{Y_{r2}\}$（$r=1,2,\cdots,R_2$）是统计独立的。设系统 $i$ 的性能测度点估计为 $\theta_i$（$i=1,2$），为比较两个系统，根据是否需要构建统计量 $Z=\theta_1-\theta_2$，即是否采用配对比较的方法，置信区间的计算方法可分为配对 $t$ 置信区间法和双样本 $t$ 置信区间法。

#### 1. 配对 $t$ 置信区间法

如果 $R_1=R_2=R$，可以将 $\{Y_{r1}\}$ 与 $\{Y_{r2}\}$ 配成对，定义 $Z_j=Y_{j1}-Y_{j2}$，$j=1,2,\cdots,R$。则所得到 $\{Z_j\}$ 为独立同分布的随机变量，且 $E(Z_j)=\bar{Z}$。于是，置信区间的计算方法如下。

样本均值：
$$\bar{Z}(R)=\sum_{j=1}^{R}Z_j\Big/R$$

样本方差：
$$S^2(R)=\frac{1}{R-1}\sum_{j=1}^{R}[Z_j-\bar{Z}(R)]^2$$

标准差：
$$s.e.(\bar{Z})=\frac{S(R)}{\sqrt{R}}=\sqrt{\frac{1}{R(R-1)}\sum_{j=1}^{R}[Z_j-\bar{Z}(R)]^2}$$

则 $\bar{Z}$ 的置信水平为 $100(1-\alpha)\%$ 的置信区间如下：
$$[\bar{Z}(R)-t_{\alpha/2,R-1}s.e.(\bar{Z}),\bar{Z}(R)+t_{\alpha/2,R-1}s.e.(\bar{Z})]$$

通过此方法，可以将两个系统方案比较问题转化为第8章介绍的单系统输出分析问题。此外，实际上配对 $t$ 置信区间法也并不需要假定 $\{Y_{r1}\}$ 与 $\{Y_{r2}\}$ 相互独立。

#### 2. 双样本 $t$ 置信区间法

该方法不需要将 $\{Y_{r1}\}$ 与 $\{Y_{r2}\}$ 配成对，而是利用各自采样的均值和方差，且 $R_1$ 和 $R_2$ 可以不相等，但是该方法要求 $\{Y_{r1}\}$ 与 $\{Y_{r2}\}$ 必须相互独立。根据采样 $\{Y_{r1}\}$ 与 $\{Y_{r2}\}$ 的方差是否相等的条件，该方法又分为具有相等方差的独立采样方法和具有不相等方差的独立采样方法，以下首先说明具有相等方差的独立采样法（经典双样本 $t$ 置信区间法）。

设系统采样 $\{Y_{r1}\}$ 与 $\{Y_{r2}\}$ 的方差分别为 $\sigma_1^2$、$\sigma_2^2$。如果两次独立采样的方差相等，即 $\sigma_1^2=\sigma_2^2$，则均值性能差别的点估计是 $\hat{\theta}_1-\hat{\theta}_2=\bar{Y}_1-\bar{Y}_2$。样本方差的无偏估计为

$$S_i^2 = \frac{1}{R_i-1}\sum_{r=1}^{R_i}(Y_{ri}-\overline{Y}_i)^2 = \frac{1}{R_i-1}\left(\sum_{r=1}^{R_i}Y_{ri}^2 - R_i\overline{Y}_i^2\right)$$

依据方差相等的条件 $\sigma_1^2 = \sigma_2^2 = \sigma^2$，则 $\sigma^2$ 的联合估计由下式给出：

$$S_p^2 = \frac{(R_1-1)S_1^2 + (R_2-1)S_2^2}{R_1+R_2-2}$$

自由度为：$f = R_1 + R_2 - 2$，其标准偏差为

$$s.e.(\overline{Y}_1 - \overline{Y}_2) = S_p\sqrt{\frac{1}{R_1}+\frac{1}{R_2}}$$

于是，两种方案性能测度之差 $\theta_1 - \theta_2$ 的 $100(1-\alpha)\%$ 的置信区间表达式为

$$\left[(\overline{Y}_1-\overline{Y}_2) - t_{\alpha/2,f}S_p\sqrt{\frac{1}{R_1}+\frac{1}{R_2}},\ (\overline{Y}_1-\overline{Y}_2) + t_{\alpha/2,f}S_p\sqrt{\frac{1}{R_1}+\frac{1}{R_2}}\right]$$

**3. 具有不相等方差的独立采样**

采用上述经典双样本 $t$ 置信区间法时，要求两组观测值的输出 $\{Y_{r1}\}$ 与 $\{Y_{r2}\}$ 的方差相等。如果不等，则得到的置信区间的实际覆盖率（$1-\alpha$）会退化。而在实际的模拟运行中，很难保证上述方差相等的条件，为此，人们提出一种修正双样本 $t$ 置信区间法，又称韦尔奇（Welch）法，它是针对具有不相等方差的独立采样法。

如果 $\sigma_1^2 \neq \sigma_2^2$，则均值性能差别的点估计是 $\hat{\theta}_1 - \hat{\theta}_2 = \overline{Y}_1 - \overline{Y}_2$。样本方差的无偏估计为

$$S_i^2 = \frac{1}{R_i-1}\sum_{r=1}^{R_i}(Y_{ri}-\overline{Y}_i)^2 = \frac{1}{R_i-1}\left(\sum_{r=1}^{R_i}Y_{ri}^2 - R_i\overline{Y}_i^2\right)$$

点估计的标准偏差为

$$s.e.(\overline{Y}_1 - \overline{Y}_2) = \sqrt{\frac{S_1^2}{R_1}+\frac{S_2^2}{R_2}}$$

其自由度 $f$ 的近似计算式为

$$f = \frac{\left(S_1^2/R_1 + S_2^2/R_2\right)^2}{[(S_1^2/R_1)^2/(R_1-1)] + [(S_2^2/R_2)^2/(R_2-1)]}$$

则对于两种方案性能之差 $\theta_1 - \theta_2$ 的 $100(1-\alpha)\%$ 的置信区间为

$$\left[(\overline{Y}_1-\overline{Y}_2) - t_{\alpha/2,f}\sqrt{\frac{S_1^2}{R_1}+\frac{S_2^2}{R_2}},\ (\overline{Y}_1-\overline{Y}_2) + t_{\alpha/2,f}\sqrt{\frac{S_1^2}{R_1}+\frac{S_2^2}{R_2}}\right]$$

建议系统的最小重复运行次数满足 $R_1 \geq 6$ 及 $R_2 \geq 6$。

**例9.1** 某银行拟设立一处自助服务站，有两种配置策略：策略A为A型机器的M/M/1配置，费用为3.0万元/台，平均服务效率为1.5分钟/人；策略B为B型机器的M/M/2配置，费用为1.5万元/台，平均服务效率为3分钟/人。尽管投资是一样的，但服务性能有所差异。对两个系统分别进行模拟分析，采用独立运行策略，并认为方差与运行次数有关。每次模拟长度为12个月，独立运行10次。客户延误时间的模拟结果如表9.1所示。

表 9.1  不同策略下客户延误时间

| 运 行 次 数 | $Y_1$（策略 A） | $Y_2$（策略 B） | $Z$（延误时差） |
|---|---|---|---|
| 1 | 3.80 | 4.60 | −0.80 |
| 2 | 3.17 | 8.37 | −5.20 |
| 3 | 3.96 | 4.16 | −0.20 |
| 4 | 7.80 | 1.60 | 6.20 |
| 5 | 1.91 | 5.71 | −3.80 |
| 6 | 1.73 | 2.23 | −0.50 |
| 7 | 6.16 | 4.66 | 1.50 |
| 8 | 5.80 | 3.90 | 1.90 |
| 9 | 8.40 | 9.30 | −0.90 |
| 10 | 4.60 | 1.80 | 2.80 |
| 总和 | 47.33 | 46.33 | 1.00 |
| 样本均值 | 4.733 | 4.633 | 0.10 |
| 样本方差 | 5.216 | 6.740 | |

试比较配置策略A、B的优劣。考虑两种情况：①设两方案均采用10次独立运行，分别采用配对 $t$ 置信区间法和按具有相等方差的独立采样模式进行比较。②设方案A采用10次独立运行，方案B采用6次独立运行，按具有不相等方差的独立采样模式进行比较。取置信度为95%，即 $\alpha = 0.05$。

**解：**（1）对于情况一，由题意，采用独立重复运行策略，每种策略各运行10次，设 $Z = Y_1 - Y_2$，采用配对 $t$ 置信区间法进行比较。由于认为方差与运行次数有关，可认为两种方案的输出样本具有相等方差，按具有相等方差的独立采样法进行比较。两种方法各自的计算过程及结果如表9.2所示。

表 9.2  两方案运行次数相同时的置信区间计算结果

| 计 算 项 | 配对 $t$ 置信区间法 | 按具有相等方差的独立采样 |
|---|---|---|
| 样本均值 | $\bar{Z} = \bar{Y}_1 - \bar{Y}_2 = 0.10$ | $\bar{Y}_1 = 4.733$，$\bar{Y}_2 = 4.633$ |
| 样本方差 | $S^2 = 10.584$ | $S_1^2 = 5.216$，$S_2^2 = 6.740$，$S_p^2 = 5.978$ |
| 标准差 | $s.e.(\bar{Z}) = 1.028$ | $s.e.(\bar{Y}_1 - \bar{Y}_2) = 1.093$ |
| $t_{\alpha/2, f}$ | $t_{0.025, 9} = 2.262$ | $t_{0.025, 18} = 2.101$ |
| 置信区间半长 | $2.262 \times 1.028 = 2.327$ | $2.101 \times 1.093 = 2.297$ |
| 置信区间 | [−2.227, 2.427] | [−2.197, 2.397] |

由表9.2可知，由于置信区间包含0点，所以目前无法判别两种策略的优劣，两种策略无显著差别。

（2）对于情况二，采用独立重复运行策略，两种策略分别运行10次和6次，采用具有不相等方差的独立采样法进行比较。计算过程如下。

两种方案的样本均值：$\bar{Y}_1(10)=4.733$，$\bar{Y}_2(6)=4.445$

样本方差为：$S_1^2(10)=5.216$，$S_2^2(6)=6.064$

点估计的标准偏差为

$$s.e.(\bar{Y}_1-\bar{Y}_2)=\sqrt{\frac{S_1^2}{R_1}+\frac{S_2^2}{R_2}}=\sqrt{\frac{S_1^2}{10}+\frac{S_2^2}{6}}=\sqrt{1.532}=1.237$$

自由度 $f$ 为

$$f=\frac{(S_1^2/R_1+S_2^2/R_2)^2}{[(S_1^2/R_1)^2/(R_1-1)]+[(S_2^2/R_2)^2/(R_2-1)]}=11.50\approx 12$$

取95%处的 $t_{\alpha/2,f}$ 值，即 $t_{0.025,12}=2.179$

则两种方案性能之差的 $100(1-\alpha)\%$ 的置信区间为

$$[(\bar{Y}_1-\bar{Y}_2)-t_{0.025,12}s.e.(\bar{Y}_1-\bar{Y}_2),(\bar{Y}_1-\bar{Y}_2)+t_{0.025,12}s.e.(\bar{Y}_1-\bar{Y}_2)]$$
$$=[(4.733-4.445)-2.179\times 1.237,(4.733-4.445)+2.179\times 1.237]$$
$$=[0.288-2.695,0.288+2.695]=[-2.407,2.983]$$

由于置信区间包含0点，所以无法判别两种策略的优劣。

### 9.2.3 相关采样法比较

不同随机系统模型的输出结果的差异源自两个方面：一是模型本身的差异性，二是随机因素导致的差异性。对于两系统方案的比较来说，希望尽可能消除由于随机因素带来的差异性，以便更准确地比较系统模型本身的差异性。相关采样法指的是对每一次重复运行，利用相同的随机数来模拟两个系统（即公共随机数法），这样系统的比较是在"相同或类似"的实验条件下进行的，因而模拟输出结果主要是由系统模型本身产生的。

设两个系统模型的系统性能测度分别为 $Y_1$、$Y_2$，对两个模型分别进行 $R$ 次独立重复运行，$\{Y_{r1}\}$ 与 $\{Y_{r2}\}$（$r=1,2,\cdots,R$）为两个系统输出的观察值，定义 $Z_j=Y_{j1}-Y_{j2}$，$j=1,2,\cdots,R$，则 $E(Z)=E(Y_1)-E(Y_2)$。采用公共随机数法的情况下，对每个第 $r$ 次重复运行，两个估计 $Y_{r1}$ 和 $Y_{r2}$ 不再是独立的，而是相关的。利用相关采样的目的是让 $Y_{r1}$ 与 $Y_{r2}$ 产生正相关，并从而达到使均值差 $\mu=E(Z)$ 的点估计的方差减小的目的。下面计算 $\mu=E(Z)$ 的置信区间。

样本均值：

$$\bar{Z}(R)=\sum_{j=1}^{R}Z_j\Big/R$$

样本方差的一般表达形式如下：

$$\text{Var}(\overline{Y}_1 - \overline{Y}_2) = \frac{1}{R}\left[\text{Var}(\overline{Y}_1) + \text{Var}(\overline{Y}_2) - 2\text{Cov}(\overline{Y}_1, \overline{Y}_2)\right]$$

$$= \frac{\hat{\sigma}_1^2}{R} + \frac{\hat{\sigma}_2^2}{R} - \frac{2\hat{\rho}_{12}\hat{\sigma}_1\hat{\sigma}_2}{R}$$

其中，$\hat{\rho}_{12}$ 为 $Y_{r1}$ 与 $Y_{r2}$ 之间的相关系数，与 $R$ 无关；$\hat{\sigma}_1^2$ 和 $\hat{\sigma}_2^2$ 为样本方差；$\hat{\sigma}_1$ 和 $\hat{\sigma}_2$ 分别为 $Y_1$ 与 $Y_2$ 的样本标准差。

令相关采样的方差为 $V_{\text{crn}}$，令独立采样的方差为 $V_{\text{ind}}$，则有

$$V_{\text{crn}} = V_{\text{ind}} - 2\hat{\rho}_{12}\hat{\sigma}_1\hat{\sigma}_2/R$$

在相关采样中，相关系数 $\hat{\rho}_{12}$ 是正的，于是 $V_{\text{crn}} < V_{\text{ind}}$。这说明，相关采样的方差比独立采样的方差要小，这意味着基于相关采样的估计更为准确。

相关采样情况下的 $\overline{Z}$ 的置信区间计算方法，可按前述的配对 $t$ 置信区间法的计算步骤。当工作正常时（即 $\rho_{12} > 0$），在给定样本量下，相关采样产生的置信区间要比独立采样所产生的置信区间小。

### 9.2.4 各种比较方法的选择

在前面介绍的两系统方案比较方法中，具体采用哪种方法取决于实际情况。

如果 $R_1 = R_2$，可采用配对 $t$ 置信区间法，也可采用经典双样本 $t$ 置信区间法（具有相等方差的独立采样法）。用配对 $t$ 置信区间法时，并不需要假定 $\{Y_{r1}\}$ 与 $\{Y_{r2}\}$ 相互独立，可以采用相关采样法来减小 $Z_j = Y_{j1} - Y_{j2}$ 的方差。而采用经典双样本 $t$ 置信区间法时，无法保证两系统观测值的方差相等，也不能使用相关采样法。所以，这种情况下应采用配对 $t$ 置信区间法。

如果 $R_1 \neq R_2$，只能采用修正双样本 $t$ 置信区间法（韦尔奇法）。此时，必须要求 $\{Y_{r1}\}$ 与 $\{Y_{r2}\}$ 相互独立，并严禁使用相关采样法。在系统模拟运行时，必须采用不同的随机数序列。

## 9.3 多系统方案的比较

### 9.3.1 多系统比较的置信区间

**1. 多系统比较概述**

在实际的模拟应用中，往往会产生多种方案（如 $K$ 种，$K > 2$），这就需要比较多种不同的系统方案。多系统方案的比较就是从 $K$ 个不同的系统方案中，选出一个最佳系统。多系统方案比较的基础是系统的性能度量 $\theta_i$（$i = 1, \cdots, K$）之间的比较。目前已有多种基于统计学的比较方法，主要分为两类：固定样本长度法和序贯采样（或多阶段采样）法。

固定样本长度法是预先确定出模拟的样本量（包括运行长度 $T_E$ 以及重复运行次数 $R$），然后通过假设检验和/或置信区间做出论断。其优点是在进行模拟实验前，花费计算机机时是已知的，适用于机时有限或做初步研究，其主要缺点是无法得出强有力的结论，比如，置信区间对实际应用来说可能太宽或假设检验可能导致不拒绝原假设。

序贯采样法需要收集越来越多的数据一直到估计值达到预先给定的准确度，或者一直到从几个可供选用的假设中选出一个为止。序贯采样法需要先取一个初始样本来估计在规定的精度下需要多少额外的观测值。

根据模拟分析的目标，多系统方案的比较可能会有以下几种情况。

（1）计算单个置信区间。估计每一个参数 $\theta_i$（$i=1,2,\cdots,K$）。

（2）与标准方案比较。将每个性能测度 $\theta_i$（$i=2,3,\cdots,K$）与控制值 $\theta_1$ 进行比较。

（3）两两方案比较。成对比较所有 $\theta_i - \theta_j$（$i=1,2,\cdots,K; j=1,2,\cdots,K$），其中 $i \neq j$。

（4）选择出最好的 $\theta_i$（最大或最小）（$1 \leqslant i \leqslant K$）。

对上述情况（1）、（2）、（3），所要计算的置信区间的数 $C$ 各自是 $K$、$K-1$、$K(K-1)/2$，对情况（4），应用多级排序及选择的方法（或优化方法）。由此可以看出，多系统方案的比较需要构造多个置信区间，这就需要确保所有区间的总置信水平不小于 $1-\alpha$。这种关系可用邦费罗尼（Bonferroni）不等式表示。

### 2. Bonferroni法

假设要计算总共 $C$ 个置信区间，其中第 $s$ 个置信区间的置信度水平为 $1-\alpha_s$，置信区间为 $I_s$，则所有 $C$ 个置信区间同时包含其各自真实度量的概率满足以下Bonferroni不等式：

$$P(\theta_s \in I_s, s=1,2,\cdots,C) = \prod_{s=1}^{C}(1-\alpha_s) \geqslant 1 - \sum_{s=1}^{C}\alpha_s = 1-\alpha_E$$

其中，$\alpha_E = \sum_{s=1}^{C}\alpha_s$ 称为总误差概率。

根据邦费罗尼不等式，当进行一个做 $C$ 次比较的实验时，首先选择总误差概率，比如 $\alpha_E=0.05$ 或 0.10。单个的 $\alpha_s$ 可以选为相等（$\alpha_s = \alpha_E/C$）或不相等。由于 $\alpha_s$ 的值比较小，所以第 $s$ 个置信区间将比较宽。例如，当总置信水平要求 $1-\alpha_E=95\%$ 时，如要做10个比较，可以去构造10个 $1-\alpha_s=99.5\%$ 的置信区间。当进行大量比较时，邦费罗尼法的主要缺点是每一单个区间宽度增加。因此，该方法适用于对少量方案的比较，其上限以不超过10为宜。

**例9.2** 对某一多方案比较实验，如果每个实验的误差区间 $\alpha_s$ 相同，试分析不同样本容量下，置信度为99.5%的单个置信区间宽度与95%的总置信区间宽度的比。分两种情况，情况一：样本量$C=10$；情况二：$C=5$。

**解：** 由题意，单个置信度为99.5%，即 $1-\alpha_s=99.5\%$，则 $\alpha_s/2=0.0025$。总置信度为95%，即 $1-\alpha_E=95\%$，则 $\alpha_E/2=0.025$。

（1）情况一：样本量$C=10$，$f=C-1=9$，置信区间宽度比即为$t_{\alpha,f}$的比值。

$$t_{0.0025,9}/t_{0.025,9}=3.690/2.262=1.631$$

即置信度为99.5%的单个置信区间宽度是95%的总置信区间宽度的1.631倍。

（2）情况二：$C=5$，$f=C-1=4$，同上，可得

$$t_{0.0025,4}/t_{0.025,4}=5.598/2.776=2.016$$

此时，置信度为99.5%的单个置信区间宽度是95%的总置信区间宽度的2.016倍。

### 9.3.2 多系统方案比较方法

**1. 与标准方案比较**

首先设定一个标准方案（如目前实际系统的方案），其性能测度为$\theta_1$，其他方案为方案2、方案3、…、方案$K$，性能测度为$\theta_i$（$i=2,3,\cdots,K$）。与标准方案比较就是针对$\theta_2-\theta_1$、$\theta_3-\theta_1$、…、$\theta_k-\theta_1$分别构建$K-1$个置信区间，以确保总体置信水平达到$1-\alpha$。

因此，在总体置信水平不小于$1-\alpha$的条件下，设系统方案$i$的$\theta_i-\theta_1$的单个置信水平为$1-\alpha/(K-1)$。仅当$\theta_i-\theta_1$的单个置信区间不包含0时，系统方案$i$与标准方案有显著差异。当$\theta_i-\theta_1$的单个置信区间包含0时，系统方案$i$与标准方案之间没有显著差异。

**2. 两两比较**

两两比较方法是对每一个方案与其他所有的系统方案分别进行比较。常用的方法是对任意两个方案$i$与$j$（$i=1,2,\cdots,K;j=1,2,\cdots,K;i\neq j$）都构建$\theta_i-\theta_j$的置信区间。需要构建$C=K(K-1)/2$个单个置信区间。为确保总体置信水平达到$1-\alpha$，要求每个置信区间的置信水平为$1-\alpha/[K(K-1)/2]$。

仅当$\theta_i-\theta_j$的单个置信区间不包含0时，系统方案$i$与方案$j$有显著差异。当$\theta_i-\theta_j$的单个置信区间包含0时，系统方案$i$与方案$j$之间没有显著差异。

## 9.4 模拟优化方法

### 9.4.1 模拟优化问题概述

**1. 优化问题的一般形式**

一般地，一个优化问题可以描述为以下形式：

$$\max\quad f(X)$$
$$s.t.\quad g(X)\leqslant 0$$

其中，$X=(x_1,x_2,\cdots,x_k)$为决策变量；$f(X)$为目标函数；$g(X)$为约束条件。如果目标函

数 $f(X)$、约束条件 $g(X)$ 能用关于 $X$ 的解析式表示，则该问题可采用数学规划法求解。

然而，在许多情况下，$f(X)$ 和 $g(X)$ 不能直接用关于 $X$ 的解析式表示。这种情况下，优化问题求解可采用模拟优化方法。如前文所述，一个模拟模型实际上相当于一个实值函数 $f(X,Z) = f(x_1, x_2, \cdots, x_k, z_1, z_2, \cdots, z_l)$，其中 $X = (x_1, x_2, \cdots, x_k)$ 为决策变量（可控因素），$Z = (z_1, z_2, \cdots, z_l)$ 为不可控变量（系统的随机扰动因素），$f(X,Z)$ 为模拟输出。设有 $p$ 个输出，则模拟输出可以是一个向量函数：

$$f(X,Z) = (f_1(X,Z), f_2(X,Z), \cdots, f_p(X,Z))$$

一般地，$f(X,Z)$ 不存在解析函数式，它可以依据系统的逻辑关系，构建模拟模型，由系统输入经系统模拟得到。一个模拟模型的性能指标函数可表示为：$y(X, f(X,Z))$。

**2. 模拟优化问题的形式**

模拟优化问题可分为两种形式，说明如下。

（1）形式1：确定型模拟优化问题。

如果不可控因素 $Z$ 不存在，则优化问题属于确定型模拟优化问题，表示为

$$\min \quad y(X, f(X))$$
$$s.t. \quad X \in D$$

（2）形式2：随机型模拟优化问题。

如果 $Z$ 存在，则优化问题属于随机型模拟优化问题，表示为

$$\min \quad y(X) = E[y(X, f(X,Z)) | X]$$
$$s.t. \quad X \in D$$

其中，$E[y(X, f(X,Z)) | X]$ 是在给定 $X$ 下的模拟输出的期望值，每次模拟得到的 $y(X, f(X,Z))$ 估计值叫作模拟模型的目标响应。

在求解模拟优化问题时，需要考虑以下问题。

（1）目标函数问题：模拟输出为系统性能的期望值（估计值）而非精确值。对于一个模拟模型的输出 $y(X, f(X,Z))$，为得到其期望值 $E[y(X, f(X,w)) | X]$，需要决定合理的显著度指标、模拟运行次数等。

（2）算法的收敛问题：一般地，即使对确定型问题的数学模型，往往也存在非连续函数，无法利用导数求解的问题。另外，优化问题往往是整数规划问题，且希望能够得到全局优化解。这些问题都是算法设计时需要考虑的。

### 9.4.2 模拟优化问题求解

**1. 模拟优化方法概述**

由于模拟优化问题的上述特点，使得许多传统的优化方法一般不能直接使用。目前模拟优化方法主要包括直接搜索法、随机逼近法（stochastic approximation）、响应曲面法（response surface methodology，RSM）、启发式方法等。

1）直接搜索法

直接搜索法是早期模拟优化算法中的主要算法，属于非线性规划的重要组成部分，寻优时不需要目标函数的导数，很适合模拟优化的求解。其特点是算法简单、直观，但求解效率低。

2）随机逼近法

随机逼近法属于基于梯度的随机优化方法。在寻优过程中需要不断利用目标函数的梯度信息来引导搜索过程。此方法的基本思想为通过寻找零梯度（$\nabla Y(X)=0$）的方法对优化问题求解（但有可能是局部最优解）。一般形式为 $X^{i+1}=P_D(X^i-\alpha_i\hat{\nabla}Y^i)$，优化求解时需要目标函数的梯度（导数）信息。

3）响应曲面法

响应曲面法的主要思想是：将系统目标函数在某种程度上近似表示为一个多项式。在进行模拟优化时，可以用目标函数的一阶和二阶泰勒展开式来逼近实际的系统响应曲面。响应曲面法属于一种实验优化技术，寻优时需要目标函数的导数信息。

假设系统的目标函数为 $y=f(x_1,x_2,\cdots,x_k)$，实际函数形式未知，但给定 $X=(x_1,x_2,\cdots,x_k)$，可以通过模拟得到 $y$ 值，于是 $(x_1,x_2,\cdots,x_k,y)$ 可以看成一个 $k+1$ 维向量空间中的一个向量，每一次的实验对应于 $(x_1,x_2,\cdots,x_k)$ 超平面上的一个点，所有实验点与系统性能指标构成一个系统响应曲面，$(x_1,x_2,\cdots,x_k)$ 的定义域为实验区域。优化过程就是在相应曲面上寻找峰值。

该算法的特点是具有通用性，但重复运行每个实验点花费时间多且效率不高。在实际运用中该算法已做了各种改进，如有效梯度估计、减缩估计的方差等，目标是减少运行次数。

4）启发式方法

近年来，模拟优化技术有了新的进展。其中，最主要的是一种基于启发式算法的模拟优化方法，目前已成为模拟优化的主流算法。以下进行详细介绍。

**2. 基于启发式算法的模拟优化方法**

1）模拟优化原理

基于启发式算法的模拟优化方法的基本思想是将所研究的问题看成一个黑箱，模拟模型是这个黑箱的输入输出的逻辑关系描述。模拟优化方法的基本结构如图9.2所示。整个模拟优化结构分为两部分：优化算法和模拟模型。优化过程如下。

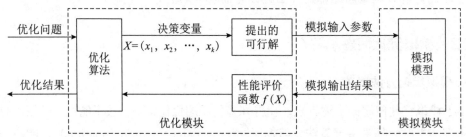

图9.2 模拟优化方法的基本结构

（1）优化算法生成可行解：以优化算法作为整个架构的输入/输出接口，将决策变量 $X$ 经过适当变换成为问题的一个可行解，将该可行解从优化算法部分输入模拟模型。

（2）模拟模型运行：以一个可行解作为模拟模型的输入参数，运行模拟模型，模拟模型的输出结果通过变换，形成系统性能评价函数 $f(X)$ 作为优化算法的输入。

（3）优化算法接收模拟输出结果：将系统性能评价函数 $f(X)$ 作为对模拟输出结果的评价，当满足寻优条件时，搜索过程停止，优化算法输出问题的最优解。否则继续重复上述过程，直到满足寻优条件为止。

该结构下的模拟优化方法的特点如下。

（1）实现了模拟模型和优化算法的分离，对提高算法的通用性具有重要意义。

（2）不需要目标函数的导数信息，可求解整数规划问题，可实现全局最优。目前采用的主要算法有遗传算法（genetic algorithm）、散点搜索算法（scatter search algorithm）及禁忌搜索法（tabu search）、模拟退火算法（simulate anneal arithmetic）等。一般选择遗传算法、禁忌搜索法作为优化算法。

2）遗传算法流程

本书以遗传算法为例，介绍基于启发式算法的模拟优化方法流程。遗传算法的流程如图9.3所示。其基本步骤如下。

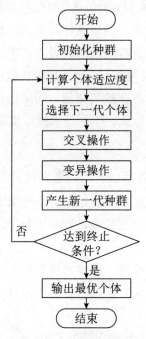

图 9.3 遗传算法的流程

步骤1：初始化群体。

步骤2：计算每个个体的适应度值。

步骤3：选择下一代个体。

步骤4：交叉操作。

步骤5：变异操作。
步骤6：若没有满足停止条件，则转步骤2，否则进入下一步。
步骤7：输出群体中适应度值最优的染色体作为问题的解。

算法的停止条件是：①完成了预先给定的进化代数；②群体中的最优个体在连续若干代没有改进或平均适应度在连续若干代基本没有改进。

图9.3中，遗传算法调用模拟模型的过程是在第2步"计算个体适应度"。以生成的遗传个体为输入变量，运行模拟模型后，将模拟模型的输出响应转化为个体的适应度值。这种过程循环迭代推进，直到得到满意的优化结果为止。目前，各主要商业化模拟工具都提供模拟优化功能模块，如Arena、AnyLogic、Simio的OptQuest，Witness的Optimizer等。

## 9.4.3 模拟优化例

### 1. 模拟优化问题的说明

为说明模拟优化方法的实际应用过程，以一个电影院的模拟优化问题为例，使用模拟软件Arena构建模拟模型，并运用Arena的优化模块OptQuest进行模拟优化求解。

OptQuest是Arena的优化模块。OptQuest主要包括控制变量、响应参数、约束条件及目标函数等相应的设置。控制变量、约束条件和目标函数的设置都是根据数学模型中的决策变量、约束条件和目标函数进行相应的设置。其中，控制变量的类型可以是模拟模型中用户定义的变量Variable与资源Resource。响应参数是需要在约束条件和目标函数中用到的模拟模型的输出结果，其并非控制变量。约束条件和目标函数主要是由设置的控制变量及响应参数组成的数学表达式。下面是本模拟优化问题的描述。

### 2. 模拟优化模型的建立

**例9.3** 电影院的场所布置包括放映厅、主大厅及卫星厅。其中，放映厅通过销售电影票赚取利润，主大厅和卫星厅主要通过销售小吃赚取利润。假定顾客对排队情况是敏感的，当相应的排队情况超过一定长度，顾客则自动离开。要通过合理配置在电影院的职工人数来最大化影院的利润。

**解：** 首先建立本问题的数学模型。决策向量为$X=(x_1,x_2,x_3)$，其中，$x_1$，$x_2$，$x_3$分别表示在放映厅售票的职员、主大厅的服务员及卫星厅的服务员的人数。电影院职员配置优化目标函数及约束如下所示：

$$\text{obj:} \quad \max f(X) = c_1 g_1(X) + c_2 g_2(X) - c_3 X$$
$$s.t. \quad x_1 + x_2 + x_3 \leq 8$$
$$1 \leq x_1 \leq 4; 1 \leq x_2 \leq 4; 1 \leq x_3 \leq 3$$

其中，$g_1(X)$表示买电影票的总人数；$g_2(X)$表示购买小吃的总人数；$c_1$为顾客购票对总利润的影响因子；$c_2$为购买小吃群体对总利润的影响因子；$c_3$为职工薪酬系数。顾客到达电影院的分布服从经验分布，其直方图表示如图9.4所示。

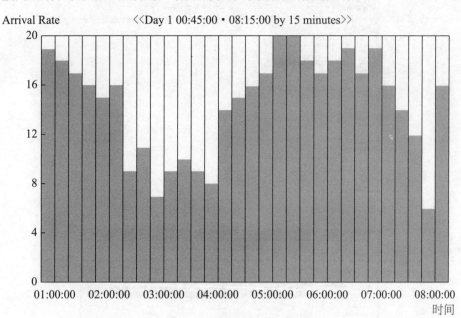

图 9.4　顾客到达直方图

其次建立本问题的模拟模型。模拟模型的逻辑结构如图9.5所示。该模拟模型是一个包含售票、主大厅服务、卫星厅服务的多级排队模型。

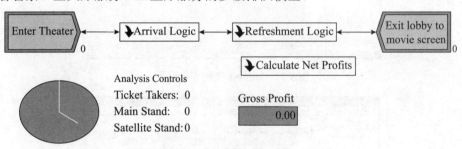

图 9.5　模拟模型的逻辑结构

### 3. 模拟优化模型的求解

下面说明使用OptQuest模块对本问题进行模拟优化的求解步骤。

（1）Arena环境下，打开要进行优化的模型。单击Tools>OptQuest for Arena菜单选项，打开OptQuest，单击New Optimization建立优化模型，如图9.6所示。

（2）在OptQuest的Controls里勾选并设置控制变量。这里设置的控制变量即为数学优化模型里的决策向量 $X = (x_1, x_2, x_3)$，如图9.7所示。

（3）在Responses里勾选并设置响应变量。Responses列表其实是模拟模型的输出结果，在列表里选择数学优化模型建立目标函数和约束条件需要用到的参数作为响应变量，如图9.8所示。图中选择的响应变量为净利润Net Profit。

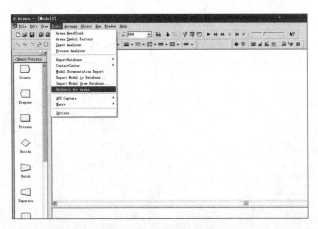

图 9.6　Arena 的 OptQuest

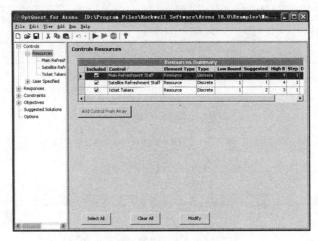

图 9.7　Controls 控制变量设置

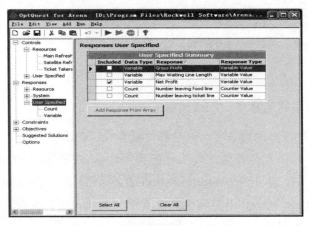

图 9.8　Responses 响应变量设置

（4）在Constraints和Objectives里分别构造约束条件和目标函数。在构造目标函数和约束条件时，之前选择的控制变量和响应变量会以列表的形式显现，供建模者选择。Constraints约束条件设置如图9.9所示，图中是对约束条件1进行设置。Objectives目标函数设置如图9.10所示，图中设置的目标函数为响应变量Net Profit。

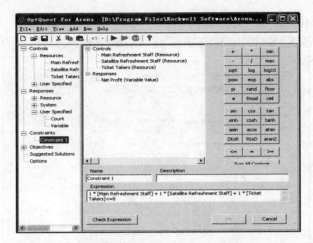

图 9.9　Constraints 约束条件设置

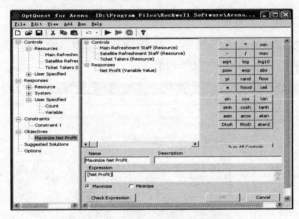

图 9.10　Objectives 目标函数设置

（5）在 Options 里设置优化参数，设置完毕后按 Optimize 开始优化，如图 9.11 所示。图中设置停止选择为人工停止，允许误差为 $10^{-5}$，重复运行次数为 10 次，置信区间的显著度水平为 90%。

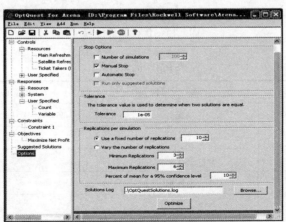

图 9.11　Options 优化参数设置

（6）OptQuest以列表和图形的方式动态展示优化过程，如图9.12所示。

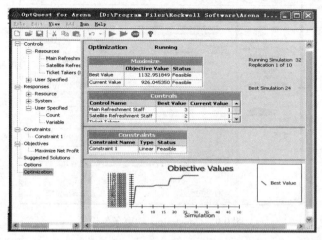

图9.12　模拟优化的运行

（7）优化的最优解如图9.13所示。具体结果如表9.3所示，包括决策变量优化结果、资源利用率、平均队长、优化的净利润等。

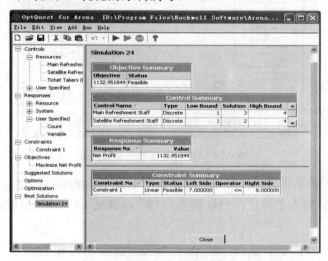

图9.13　优化的最优解

表9.3　优化结果

| 参　　数 | 符　　号 | OptQuest 优化结果 |
| --- | --- | --- |
| 决策变量 | $x_1$ | 3 |
|  | $x_2$ | 2 |
|  | $x_3$ | 2 |
| 资源利用率 | p1(%) | 0.32 |
|  | P2(%) | 0.98 |
|  | p3(%) | 0.63 |

续表

| 参　数 | 符　号 | OptQuest 优化结果 |
|---|---|---|
| 平均队长 | L1 | 0.03 |
|  | L2 | 3.68 |
|  | L3 | 1.80 |
| 净利润 | Net Profit | 1 132.95 |

## 本章小结

系统方案之间的比较是两个及两个以上系统的性能指标均值之间的差 $\theta_1 - \theta_2$ 的点估计及其区间估计。两个系统的比较主要分为独立采样法和相关采样法，独立采样法分为配对 $t$ 置信区间法和双样本 $t$ 置信区间法。相关采样法采用公共随机数进行模拟运行，可采用配对 $t$ 置信区间法进行比较。多系统间的比较方法可分为固定样本长度法和序贯采样法两类。模拟优化是在模拟技术基础上引入优化方法对系统众多方案进行比较选优的技术手段。目前求解模拟优化问题的基本方法主要是现代启发式方法，主要包括遗传算法、散点搜索算法、禁忌搜索法及模拟退火算法等。

## 即测即练题

请扫描二维码，参加即测即评练习。

即测即练题

## 思考练习题

1. 请给出两个系统方案比较的置信区间表达式，并说明比较可能出现的情况。
2. 请阐述独立采样和相关采样的区别及特点。
3. 试比较配对 $t$ 置信区间法和经典双样本 $t$ 置信区间法所得到的置信区间的差异。
4. 试推导具有不相等方差的独立采样的两种方案性能测度之差的置信区间公式。
5. 试推导相关采样下两种方案性能测度之差的置信区间公式。
6. 试说明多系统方案比较情况下单个置信区间与总置信区间的关系特点。
7. 试列出模拟优化模型的数学表达式，并说明与一般优化模型有何区别。
8. 试说明基于启发式方法的模拟优化方法的架构和流程。

9. 通过系统模拟手段考察两种排队策略A与B的服务性能差异程度。两方案模拟运行的次数均为10次。输出结果的样本均值 $\overline{x_i}$（$i=1,2$）与样本方差 $s_i^2$（$i=1,2$）的数据显示在表9.4中。试用适当的统计方法来分析这些数据，判别分析结果是否提供了足够的证据表明两策略存在显著差异。假设要求的置信区间 $\alpha=0.05$。另外，如果 $\alpha=0.1$，则结果又将如何？

表9.4 两方案数据

| 方 案 A | 方 案 B |
|---|---|
| $\overline{x_1} = 41.3$ | $\overline{x_2} = 39.6$ |
| $s_1^2 = 18.75$ | $s_2^2 = 7.85$ |

# 第三篇
# 管理系统模拟的应用

---

第10章　系统模拟工具介绍

第11章　系统模拟应用实例

# 第10章
# 系统模拟工具介绍

学习目标

通过本章学习，读者应该能够：
1. 了解系统模拟工具的主要功能；
2. 了解并会初步使用系统模拟工具Arena、FlexSim、AnyLogic；
3. 了解并会初步使用系统动力学模拟工具Vensim；
4. 了解并会初步使用Agent系统模拟工具NetLogo。

## 10.1 系统模拟工具的功能

### 10.1.1 功能概述

系统模拟工具（也称计算机模拟语言）是一种比较高级的编制系统模拟模型并进行模拟分析的计算机软件工具。它通常在通用编程语言（如C++、Java）的基础上开发而成。系统模拟工具应具有以下功能。

（1）构建模拟模型的基本结构。
（2）数据结构及内存管理。
（3）模拟事件、模拟时间的管理。
（4）随机分布抽样的生成。
（5）计算能力。
（6）模拟数据的收集、统计、分析、输出和显示。
（7）调整程序和监测系统动态。
（8）模拟过程和结果的动态可视化显示。
（9）输出结果报告和图表。

### 10.1.2 系统模拟工具的分类

根据系统模拟对象所对应的模型种类，可以将模拟工具分成四类。

**1. 用于连续系统模拟的连续型模拟语言**

（1）采用微分方程组的语言：CSSL、SCMP。
（2）采用差分方程组的语言：DYNAMO、Vensim等系统动力学模拟系统。

**2. 用于离散事件系统模拟的离散型模拟语言**

（1）以事件调度为基础的语言：SIMSCRIPT、SIMAN、SIMLIB、SLAM等。

（2）以活动扫描为基础的语言：CSL控制和模拟语言。

（3）以进程交互为基础的语言：GPSS、SIMAN、SIMULA、Q-GERT、SLAM等。

**3. 混合型模拟语言**

用于连续和离散混合系统的模拟语言，如GASP、WITNESS、ARENA、AnyLogic、Simio等。

**4. 专用模拟程序语言**

用于专门应用领域的系统模拟，如交通模拟软件VISSIM、网络模拟软件OPNET等。

## 10.1.3 系统模拟工具的发展趋势

系统模拟作为虚拟设计技术的一部分，在经济与管理系统的分析、设计、运行和维护改进的全寿命周期活动中发挥着越来越重要的作用，同时也在满足越来越高和越来越复杂的要求。目前，系统模拟工具在向综合集成方向发展，以下从系统对象、模拟技术、模拟平台三个方面介绍系统模拟工具未来的发展趋势。

**1. 系统建模对象**

1）系统模拟建模的领域

现代建模与模拟技术是以相似原理、模型理论、系统技术、信息技术以及建模与模拟应用领域的有关专业技术为基础，以计算机系统、与应用相关的物理效应设备及模拟器为工具，利用模型对已有或设想的系统进行分析、设计、加工生产、实验、运行、评估、维护和报废全生命周期活动研究的一门多学科综合性技术。系统模拟的应用涉及自然科学与工程、社会科学、管理科学、生命科学及军事等各领域。例如，生产制造领域的全生命周期的模拟分析；企业层次的企业建模（包括结构、资源、过程、供应链等）、战略决策分析、市场评估分析、风险预测、效益评估、质量成本分析等；经济系统中的宏观政策分析、金融风险预测等。

2）复杂系统/开放复杂巨系统的模拟

复杂科学是21世纪的科学，复杂系统建模与模拟技术将成为研究各类复杂系统的最重要手段。钱学森先生提出的"开放的复杂巨系统"概念以及从定性到定量的综合集成方法论，对复杂理论研究及应用做出了重要贡献。复杂系统的建模包括参数优化、定性/模糊/推理/归纳/定性与定量结合、适应和演化、预期/学习/适应/自组织、混合模式、并行定性、基于知识的复杂系统建模等。

3）系统建模方法类型

建模方法包括机理建模、辨识建模、面向对象建模、面向组件/服务的建模、多视图建模、多模式建模、多分辨率建模、数据可视化建模等。

（1）典型的机理建模如用微分方程、差分方程、代数方程描述线性/非线性、连续/离散、确定/随机、集中/分布、定常/时变、存储/非存储等连续系统建模；面向活动、面向事件、面向进程等离散事件系统建模；神经网络、智能代理、本体论等智能系统建模等。

（2）典型的辨识建模如最小二乘、极大似然、结构辨识、模糊辨识等。

（3）典型的面向对象建模技术如UML、HLA/OMT等。

（4）典型的面向组件/服务的建模技术如SIMKIT、DEVS/HLA、COSIM－Platform等。

（5）典型的多视图建模技术如Petri网、Bond图、IDEF等。

（6）典型的数据可视化建模技术如标量/矢量/张量、动态数据场/流场、多参数数据场可视化建模技术等。

**2. 模拟技术的综合集成**

目前，建模与模拟技术正在向以"网络化、虚拟化、智能化、协同化、普适化"为特征的现代化方向发展。建模与模拟技术涉及系统总体技术、建模/模拟实验/评估工具引擎技术、VR/可视化技术、网络通信技术、数据/知识/模型仓库、数据挖掘技术、中间件/平台技术、模拟计算机技术等。

近年来，大数据、人工智能、云技术、高性能计算技术的发展推进了系统模拟技术的发展，成为系统模拟技术发展的新热点。

**3. 模拟分析平台**

集成先进的模拟分析平台已经成为系统模拟发展的潮流。模拟工程师不必是精通数值算法和模拟技术的专家，而只需要关注自己的专业对象，其他大量的模型建立、算法选择和数据前后处理等工作都交给软件自动完成。这可以极大地提高模拟工作的效率，降低系统模拟技术的应用门槛，避免由于不了解算法造成的模拟失败。将来的系统模拟技术将会随计算技术的发展实现平台化开发，采用更加友好的操作界面，实现智能化的建模、模型及模拟管理。

综上，未来的系统模拟工具将更加领域细分化，应用专业化，功能集成化、平台化、网络化、智能化，使用更加友好化、可视化、便捷化。

下面介绍几个常用的系统模拟工具：Arena、FlexSim、AnyLogic、Vensim、NetLogo，以及Plant Simulation和Simio。

## 10.2　系统模拟工具Arena

### 10.2.1　Arena基本介绍

Arena是美国System Modeling公司于1993年研制开发的新一代可视化通用交互集成

模拟环境，现为美国Rockwell Automation公司旗下产品。该软件的官方网站是https://www.rockwellautomation.com/en-us/products/software/arena-simulation.html。Arena从模拟语言SIMAN/CINEMA发展而来，实现了计算机模拟环境和可视化技术的有机集成。兼备高级模拟器的易用性和专用模拟语言柔性的优点，并且可以和通用过程语言如Visual Basic、C/C++等编写的程序连接运行，通过应用程序集成技术来增强与桌面应用程序的集成。长期以来，Arena一直占据离散事件系统模拟工具市场的最高份额，特别受到教育界用户的青睐。

Arena具有层次结构，可以进行多层建模，可以将不同建模层次根据需要整合到一个模型内，通常是采用从上至下的方式进行建模，而且可以升级该层次结构。图10.1为Arena从低层到高层的体系结构。

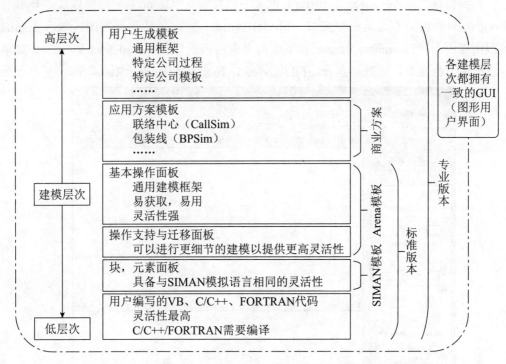

图 10.1　Arena 从低层到高层的体系结构

Arena内部拥有完整的模拟工程以支持学习和系统分析，这些模拟工程项目拥有从输入到输出的完整模拟分析流程，其强大的功能由输入分析器（Input Analyzer）、可视化柔性建模、输出分析器（Output Analyzer）、Arena定制与集成等实现。其中，输入分析器能够分析用户所提供的数据，拟合或生成各种概率分布函数。这些分布函数用于模拟模型的建模。它的输入包括随机过程的间隔时间、实体类型、实体的批次批量等采样收集的数据。输出则是各种类型的分布函数及其参数估计。输出分析器可以对数据进行多样的显示处理，如条形图、柱状图、曲线图以及表格等，还可以对数据进行分批/截断观察、相关图分析、置信区间分析、均值及方差的比较分析、单因素固定效应模型方差分析等。

Arena 采用面向对象的层次建模方法，根据不同的类，Arena 将模块化的模型组成不同类的模板，不同模板共用一个统一的用户界面，不同模板之间转换简便，且来自不同模板的模块可以共同来完成一个模型的建模工作。此外，Arena 还可以与 Windows 及 Office 全面兼容用以导入和导出数据和报告。

## 10.2.2 Arena 建模环境

Arena 的建模环境主窗体如图 10.2 所示，其拥有四个视图区域，上部为"工具栏"，包括各种菜单；左边是"项目栏"（Project Bar），包括各种面板，面板中包括各种建模对象，如"基本操作"（Basic Process）面板、"高级操作"（Advanced Process）面板、"高级传输"（Advanced Transfer）面板、"报告"（Reports）面板以及"导航"（Navigate）面板；右边是模型窗口（Model Window），包括两个视图区域，上面的"流程图视图"（Flowchart View）和下面的"表格视图"（Spreadsheet View）。菜单区包含许多下拉菜单，此处重点介绍 File、View、Tools、Arrange、Run 菜单。

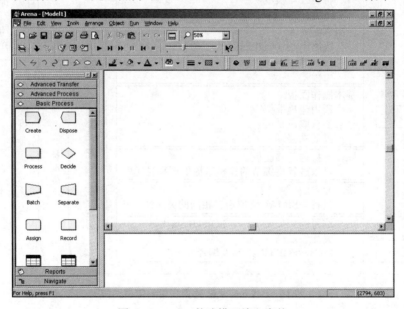

图 10.2 Arena 的建模环境主窗体

### 1. "File" 菜单

文件菜单"File"执行对文件及系统的操作选项，如图 10.3 所示。"New"用于创建新的模型文件，"Open"打开已有的模型文件，"Close"关闭已有的模型文件，"Save"保存已有的模型文件。"Template Panel"下的"Attach/Detach"用于添加和删除面板，"DXF Import"用于导入 CAD（计算机辅助设计）图形文件，"Import Visio Drawing"用于导入 Visio 图形文件，"Open/Save Color Palette"用于打开/保存调色板，"Print…"是打印功能，"Send…"是发送功能，单击"Exit"可以退出 Arena 系统。

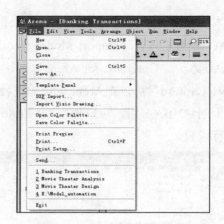

图 10.3　File 菜单的具体条目

### 2. "View" 菜单

视图菜单"View"用于控制模型在屏幕上的显示形式以及窗口中显示何种工具栏，其构成如图10.4所示。"Zoom In/Out"用于缩放视图，"Zoom Factor…"用于缩放步长，"Views"是已经存储的流程图窗口的部分视图，"Page Breaks"会在打印的时候显示分页，"Grid & Snap Settings"是网格设置，"Data Tips"用于显示对象的数据说明，"Layers"用于说明各个对象在何种模式显示，"Split Screen"用于分割屏幕，"Toolbars…"用于设定所显示的菜单，"Project Bar/Status Bar"用于显示项目/状态栏。

图 10.4　View 菜单的具体条目

### 3. "Tools" 菜单

工具菜单"Tools"包括Arena的一整套强大的工具，如图10.5所示。"Arena Symbol Factory"拥有大量类别的图片，为动画设计所用，"Input Analyzer"根据所得到的数据来拟合分布并求得参数，"Process Analyzer"（过程分析器）用于对模型中的各个过程的妥当性进行分析，"Model Documentation Report"（模型文档报告）用于生成说明模型细节的HTML（超文本标记语言）文件。"Export Model to Database"用于将模型的细节内容输出到Excel/Access数据库，"Import Model from Database"用于将模型内容从Excel/Access数据库中导入。"OptQuest for Arena"是用于通过运行模型来寻找优化方案的独立工具，"AVI Capture"可以把Arena运行的过程录制成AVI文件进行播放演示，"Macro"（宏）用于创建VBA应用，可以使用VB Editor，"Options"对Arena环境、工作过程、外观等进行设置。

图 10.5　Tools 菜单具体条目

#### 4．"Arrange"菜单

排列菜单"Arrange"如图10.6所示，用于对模型在视图中的显示状态进行布局。"Bring to Front/Send to Back"用于把选择的图形对象置于上层或置于下层，"Group/Ungroup"用于组合或取消图形组合，"Vertical Flip/Horizontal Flip"用于沿着垂直或水平方向旋转图形对象，"Rotate"指定按顺时针方向旋转，其他如对齐"Align"、分布"Distribute"、流程图分布"Flowchart Alignment"、按网格点对齐"Snap Object to Grid"、改变对象对齐点"Change Object Snap Point…"等功能。

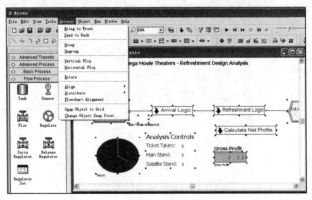

图 10.6　Arrange 菜单具体条目

#### 5．"Run"菜单

运行菜单"Run"处理模型运行的相关事项，具体条目如图10.7所示。"Setup"用于设置模型运行的控制参数。单击"Go"运行模拟模型，"Step"用于单步运行模拟模型，单击"Pause"暂停，"Start Over"重新运行，"End"结束模拟模型运行。

"Check Model"在模型运行之前进行模型的检验。"Run Control"可以进入模拟模型运行的命令行窗口,对模型的运行进行控制。单击"SIMAN"可以查看SIMAN语言的源代码。

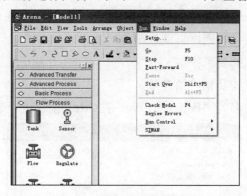

图 10.7　Run 菜单具体条目

### 10.2.3　Arena建模及模拟过程

**1. 模拟模型的创建**

模型创建的步骤如下。

（1）明确模拟问题,了解模拟的目的。

（2）确定模型结构。什么是实体和资源,实体活动遵循什么逻辑路径等。

（3）建立模拟模型。详细分析系统的运行状况,选择相应的模块来实现需要的功能。

Arena 模型的基本构件是模块（module）,包括流程模块（flowchart module）和数据模块（data module）。流程模块用流程图定义模型中实体的动态过程,数据模块定义模型中各种操作元素（如实体、资源等）的属性及变量和表达式。同一模型内流程模块和数据模块通过它们的共有对象名称相互联系起来。

建立模型时,首先打开一个新的模型窗口,将需要的模块放入模型窗口。图10.8为使用相应的模块组成的逻辑模型。其中,"PatientArrive"是一个Create模块,产生顾客实体;"WaitingForTreatment"是Process模块,处理实体;"PatientLeave"是Dispose模块,释放实体离开系统。

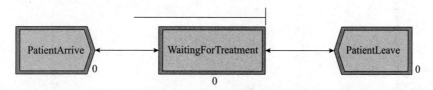

图 10.8　由相应模块组成的逻辑模型

**2. 模型参数的设定**

在模型窗口中将各模块按指定顺序建立好以后,需要对流程模块和数据模块进行参数设定,包括:

（1）实体到达的方式及相应参数；

（2）实体对应的属性值；

（3）服务时间的形式及相应参数；

（4）各类规则（服务规则、排队规则等）；

（5）各类资源相应的要求；

（6）实体运动的方式及相应的参数。

图10.9为对图10.8中名为"PatientArrive"的Create模块进行参数设置。

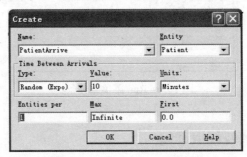

图10.9　Create模块的参数设置

## 3. 模拟模型的运行

如果是首次运行模型，可先检查模型（Check Model）。如果模型检查无错误，可以运行模拟模型（GO）。运行模型时，需要根据实际情况对运行参数进行设定。所设定的参数包括：运行的次数、运行的时间长度、运行的基本时间单位、运行的速度、每天的时间长度等。运行结束后的界面如图10.10所示。

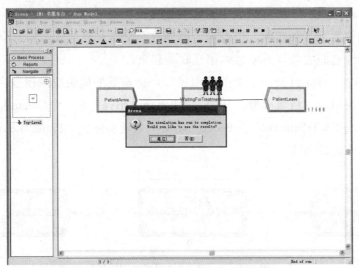

图10.10　运行结束后的界面

## 4. 模拟结果的分析

Arena提供全面直观的Report报表来显示模拟结果，如图10.11所示。

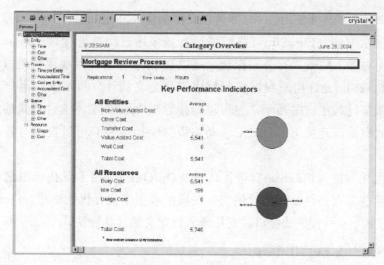

图 10.11 Arena 结果展示

## 10.3 系统模拟工具FlexSim

### 10.3.1 FlexSim基本介绍

#### 1. FlexSim功能简介

FlexSim由美国FlexSim Software Products公司开发,是一个基于Windows、面向对象的可视化交互模拟环境,官方网站是https://www.flexsim.com/。FlexSim是第一个在图形环境中集成了C++IDE和编译器的模拟软件,它是一个面向对象的模拟环境、用于建立离散事件系统模型。FlexSim集计算机3D图形技术、模拟技术、人工智能技术、数据处理技术为一体,实现系统建模、模拟和优化的用户友好操作。目前,FlexSim已经成功应用于生产制造、仓储配送、交通运输、游乐场、餐饮、医院、银行等多个领域。

在建模方面,FlexSim的核心建模单位是实体(object)。在建立模拟模型时,将相应的实体从实体库中拖动到模型视图(Model View)中。每一个实体都具有位置、速度、旋转角度和动态活动等属性。实体可以被产生、被消灭,也可以相互移到另一个实体中。实体具有自身的属性,还可以继承其他实体的属性。FlexSim可以实现对几乎所有的物理现象模型化,如机械手、操作人员、队列、输送机、叉车、仓库、交通信号、货柜等。建立模型时,面向对象的语言环境允许每一实体都使用继承的方法,也可以在实体里增加自定义的逻辑、改变或删掉既存的编码。

在模型功能方面,FlexSim具有离散型和连续型的混合建模功能。除了常用的离散型模拟应用,其内部还拥有流实体库,专门用于连续型建模模拟。平面与三维建模窗口的同步使用户在建立二维模型后换一个角度即可得到三维模型,反之亦然。二维、三维的模型图形也可以通过导入3D图形文件或AutoCAD的平面布置图进行使用。用户在定义模型的逻辑时可以直接使用C++,并可以立即编译到FlexSim中。

在分析展示方面,FlexSim可将模型运行效果通过动画进行直观展示。用户可以通过ExpertFit对输入数据进行分布拟合,可以在Excel中方便地实现和模拟模型之间的数据交换。FlexSim允许用户根据实际需求来自定义统计分析报表,用户可以自由组合数据并在模拟过程中实时显示,也可以直接导出Excel或文本文件形式的报表。利用ODBC(开放数据库连接)和DDEC(动态数据交换连接)可以直接对数据库进行读写操作。

在模型优化方面,FlexSim自带优化模块OptQuest,用于寻找一组最佳的参数值(或决策变量值)以使得目标函数最优,在模拟模型中执行优化功能。FlexSim也为每个实体提供了编写C++程序的接口,支持嵌入自定义的优化算法。

### 2. FlexSim抽象模型组成结构

FlexSim抽象模型组成结构如图10.12所示。FlexSim模型由实体和临时实体构成,实体是组成模型的基本单元,一直存在于模型中,具有行为继承的性质,支持用户自定义属性、变量。临时实体是穿过模型系统的实体,在流动中不断产生和消失,如产品、客户、订单、来电、托盘等,FlexSim用临时实体箱来管理临时实体。实体又可细分为多种实体类型,各实体类型介绍如下。

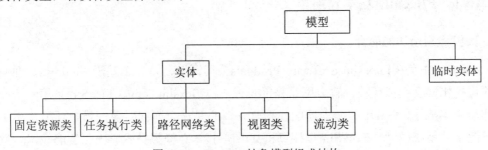

图 10.12　FlexSim 抽象模型组成结构

固定资源类实体:组成模型流程功能性的基本实体,是临时实体的载体。

任务执行类实体:负责在固定资源类实体之间运输临时实体。

路径网络类实体:通过网络节点的连接形成网络路径,确定任务执行类实体的移动路径。

视图类实体:可以使用该类实体在模型中显示一些文字图像等。

流动类实体:用于流体物质系统的建模,亦可用于连续事件模拟。

组成模型的关键一环是实体间的连接。FlexSim中实体之间的连接在实体内自带的端口之间实现。实体通过端口实现与其他实体的通信。每个实体拥有三个端口,分别为输入/输出端口、中间端口。输入/输出端口用于连接固定资源类实体(也称为A连接,指定临时实体的转移方向),中间端口用于连接任务执行类实体和固定资源类实体(也称为S连接,指定任务执行关系)。

## 10.3.2　FlexSim建模环境

FlexSim建模环境的主窗体结构如图10.13所示，它由"菜单栏""工具箱""模拟运行控制"工具栏，"实体库""3D模型视图""快捷属性窗口"等视图组成。菜单栏中包含"文件""编辑""视图""创建""执行""统计""调试""帮助"等菜单。本书重点介绍"文件""视图""执行"菜单。

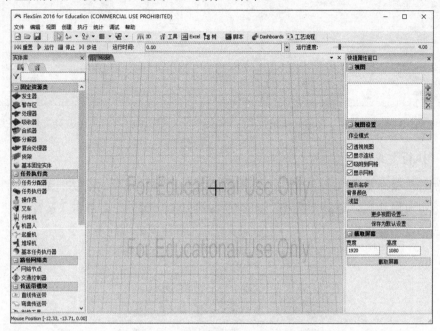

图 10.13　FlexSim 建模环境主窗体

### 1. "文件"菜单

"文件"菜单如图10.14所示。菜单栏中，"新建"用于新建模型，"打开"用于打开已有模型（.fsm文件），也可以进行"保存"和"另存为"等基本操作。"新建用户库"可以新建用户自己定义的实体库。"全局设置"可以根据需要对环境进行设置。"系统"用来手动重载媒体。单击"退出"则在不保存的情况下退出FlexSim环境。

### 2. "视图"菜单

"视图"菜单如图10.15所示，用于针对特定功能视图的操作。"模型视图（3D）"可以打开当前模型在3D模型窗口的一个3D视图。"模型树"则是当前模型的树状结构视图。"模型控制GUI"打开模型控制的图形用户界面。"首页"则在窗体中间的模型视图窗口处打开一个首页的界面。"实体库"和"工具箱"打开主体窗口中的实体库和工具箱。"编辑选中实体"可以对实体进行参数指定以及显示设置等操作。单击"查找实体"后，在搜索框中输入实体名称可以查找自己需要的实体，此外还可以通过大类和类型层次检索。"成组"可以将多个实体编组。"度量/转换"用于调整模型的度量单位。

图 10.14 "文件"菜单具体条目

图 10.15 "视图"菜单具体条目

### 3. "执行"菜单

"执行"菜单如图10.16所示,包括对模型运行过程进行控制的功能键,它们在菜单栏的下方也可以找到。单击"重置"返回模拟时钟的"0时刻",单击"运行"/"停止"可运行或停止当前模型。"步进"则控制模型进入事件列表中的下一个事件。

图 10.16 "执行"菜单具体条目

## 10.3.3 FlexSim建模及模拟过程

### 1. 目标系统抽象

首先对所研究的目标系统进行整合抽象,得到完整的系统流程图。图10.17是一个系统的抽象流程图。接着对流程进行分析,划分流程,并明确各流程的设备要求。最后将所需设备与FlexSim环境下的实体相对应,建立模拟模型。

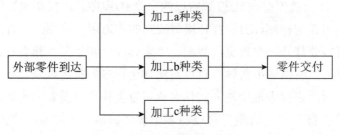

图 10.17 车床车间加工流程图

**2. 模拟模型建立**

在FlexSim环境下建立模拟模型一般遵循以下步骤。

1) 创建布局

根据系统流程将相应设备实体拖动到对应位置，形成初步布局。创建布局时，将鼠标左键单击拖放或通过快捷库进入创建实体模式，从实体库中拖动所需要的实体到3D视图中就可以创建一个所选择的实体，图10.18为一个模拟模型的布局展示。

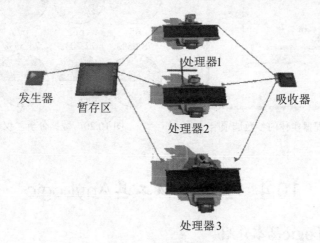

图 10.18　模拟模型布局

2) 连接实体

模型中的实体活动过程通过实体端口之间的连接关系确定。一个固定实体具有3个端口，分别是输入端口、输出端口和中间端口。临时实体由输入端口流入当前实体，由输出端口流出当前实体，即将在逻辑上属于物流上游的实体输出端口连接到下游实体的输入端口，由此确定了临时实体的移动路径。中间端口确定的是实体间的任务控制关系。

3) 编辑实体

FlexSim中的实体拥有属于自己的属性集合，称为"参数选项卡"。图10.19为一个处理器实体的参数选项卡，包括处理器、故障、临时实体流、触发器、标签、常规等选项。其中，"处理器"设置实体的加工时间等参数，"故障"设置故障发生的时间间隔等参数，"临时实体流"设置临时实体的流动参数（如何输入、如何输出），"触发器"定义该实体通过事件触发的特定方法，"标签"属性是实体中的自定义变量，主要用于存储实体内部的信息，"常规"属性设置实体3D显示形式、端口等基本信息。FlexSim中，不同种类实体的功能性属性也不同，如发生器有"实体到达间隔时间"、暂存区有"容量"等。

**3. 模拟结果分析**

搭建好的模型就可以运行了。模型运行开始后可通过显示的数据来观察设备的实时状态。图10.20为Dashboard（"仪表盘"，用于实时数据统计）中的饼状图展示。

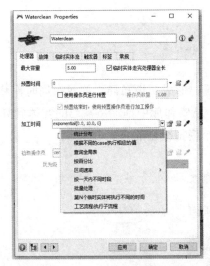

图 10.19　处理器实体的参数选项卡

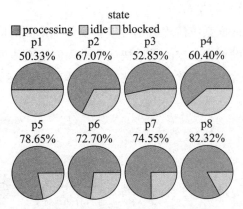

图 10.20　数据分析"仪表盘"

## 10.4　系统模拟工具 AnyLogic

### 10.4.1　AnyLogic 基本介绍

**1. 功能简介**

AnyLogic 是一款应用广泛，对离散、连续和混合系统建模和模拟的工具。其官方网站是 http://www.anylogic.com/。AnyLogic 是以 UML、面向对象、Java、微分方程（连续行为）为基础的多面向的建模环境，既可以构建离散事件系统模型、系统动力学模型以及基于 Agent 的模型，也支持混合状态机这种能有效描述离散和连续行为的模型。AnyLogic 的模型具有层次结构，以模块化的方式建模，具有离散、连续、混合系统建模能力，并能够进行二维动画展示。此外，该软件同时保留了 Java 接口，因此能够实现跨平台建模。

AnyLogic 的应用领域包括控制系统、交通、动态系统、制造业、供应链、电信、网络、计算机系统、化工、污水处理、军事、教育等。AnyLogic 有三个强大的专业级数据库用于相应的建模工作，分别介绍如下。

（1）The Enterprise Library 企业数据库（标准库）。该数据库可以建立企业的实体模型（如交易、客户、产品、零件、车辆等）、流程模型（典型的作业流程，包含等待、延迟、资源利用等）以及资源模型。其中流程模型是明确地以流程图的方式显示的。

（2）The Pedestrian Library 行人数据库。该数据库模拟在一个"物理"环境中的行人潮，表示行人密集地集中在建筑物（如火车站等）或街道（大量的行人）上。

（3）The Rail Library 轨道数据库。该数据库可以支持铁路调度可视化建模及模拟，可以结合离散事件或 Agent 来模拟装卸货物、资源配置维护以及其他运输活动。

**2. 建模思想**

AnyLogic模型的主要构件模块是活动对象（active object）。活动对象可以用于现实世界中各种对象的建模，如加工工作台、资源、人员、硬件、具体的物体、控制器等。一个活动对象即是活动对象类的一个实例，开发一个AnyLogic模型实际上是在开发活动对象的类及定义这些类之间的关系。

由于所有活动对象类都是Java类，因此活动对象类具有继承、虚函数、多态等特性。在定义一个具有所需结构的活动对象类之后，就可以在模型中创建该对象类的多个活动对象。同时，一个活动对象类可以继承自另一个活动对象类，子类继承了父类的接口，并且可以加入自己独有的结构元素和方法。继承允许对代码的重用，并使对模型的修改变得简单易行。一个活动对象也可能在任意所需的深度上封装其他活动对象，因此AnyLogic模型可以等级化地分层分解。每个活动对象通常代表模型中的一个逻辑部分，可以根据需要将一个模型分解为具有不同细节的多个层次。每个AnyLogic模型中都有一个根活动对象，其中包含被封装起来的其他对象，而这些对象又包含其各自的被封装对象，以此类推，形成了活动对象的等级树。封装也能够隐藏被建模对象中的所有复杂细节。

AnyLogic模型具有定义良好的交互接口，模型可以被结构化地分解。活动对象只通过边界对象与它们周围的环境进行交互。通过定义连接器以建立实际的耦合关联，可以很方便地描述不同对象之间的关联。这样就将对象的内部实现与环境的直接知识分离开来，使活动对象可以重用。除了使用继承之外，对包含模型类的库的使用也支持对建模知识的重用，AnyLogic允许创建可重用的活动对象类库，这些库可以在一些特定的应用领域或建模工作中加以创建。库允许在不同模型中对类的重用，只需要对一个类开发一次，并进行存储，即可在多个工程中使用这个类。

活动对象有其内部结构和行为，可以任意向下封装其他对象。运行时模型可看作活动对象瞬间展开的层次。活动对象通过边界对象与周围交互作用，如端口（用于离散交流）或变量（用于连续交流）。

### 10.4.2　AnyLogic建模环境

AnyLogic主窗体由项目视图（project view）、图形编辑器（graphical editor）、常规视图、问题视图（problems view）、属性视图（properties view）构成，这些视图的位置分布如图10.21所示。项目视图在主窗体的最左侧，可访问当前工作空间中所有打开的AnyLogic项目（模型）。各个模型是按照层次进行组织的，它们以树状结构呈现：模型本身为最顶层，活动对象和Java类在第二层，活动对象的组成元素构成了第二层的分支，等等。中间的图形编辑器可以用图形化方式构建模型。右侧的面板视图（palette view）包含由各种图形所组成的各类建模元素模板，可以在建模过程中重复使用。图形编辑器下方的属性视图用于查看和修改当前选中的模型元素的属性。左下方的问题视图可以显示模型开发和编译过程中的语法错误。主窗体上方的菜单栏里包含"文件""编辑""视图""模型""工具""帮助"等菜单。以下简要介绍主要的菜单。

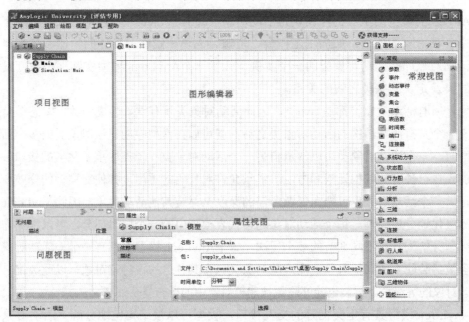

图 10.21　AnyLogic 建模环境主窗体

"文件"菜单如图10.22所示，它包含了AnyLogic中的基本操作命令，如：新建、打开或保存模型文件，关闭当前选中的模型或关闭所有已经打开的模型，导入或导出其他类型文件等功能。

"编辑"菜单如图10.23所示，包含在编辑模型时进行的基本操作，如：撤销当前步骤或者重做撤销的步骤，对象的复制粘贴、删除、查找/替换等操作。

图 10.22　"文件"菜单具体条目

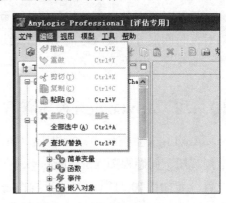

图 10.23　"编辑"菜单具体条目

"模型"菜单如图10.24所示，用于控制模拟模型的运行操作，包括：构建当前选中的模型或所有模型，运行下拉列表中选中的实验，模型调试的具体操作，停止当前正在运行的模型等。

"工具"菜单如图10.25所示，包含模型文档的创建、视图布局的重置以及环境使用偏好（个性化设置）等内容。

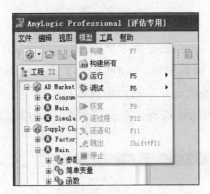
图 10.24 "模型"菜单具体条目

图 10.25 "工具"菜单具体条目

## 10.4.3 AnyLogic建模及模拟过程

**1. 目标系统描述**

本节以洗衣机工厂为例说明AnyLogic的建模及模拟过程。考虑该工厂的组装车间，该车间组装洗衣机的机体和机门。工作方式为机体进入车间，由运输机运到组装站；同时机门进入车间，由运输机运到组装站。最后，在组装站对机体和机门进行组装。

**2. 模拟模型建立**

进入AnyLogic建模环境，使用相应的对象（如源发生对象、输送对象、回收对象）建立相应的模型并连接它们。模型中的对象包括：

源（source）：生成实体对象，通常作为模型的起点。这里生成洗衣机机体和机门。

队列：实体队列（缓冲区）对象，描述在业务流程中正在等待被下一对象接收的那些实体。本模型中用队列来存储已到达的机体和机门，等待输送机将其运走。

输送机：沿某路径移动实体，以给定的速度并保持最小间距。在本模型中代表输送机。

终（sink）：处理实体对象，通常是流程的终点。在本模型中表示流程结束。

将创建好的对象进行连接。对象的连接通过对象的端口进行，一般是一个对象的发送端口连接另一个对象的接收端口，从源对象开始，依次类推，就定义了连接所有对象的总体流程，形成了模拟模型。图10.26所展示的是模型中的对象及其连接。

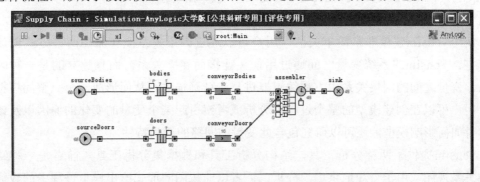
图 10.26 模型中的对象及其连接

**3. 模拟模型的运行及结果分析**

对一个模拟模型，需要进行模拟实验的配置。每当创建一个新的项目，AnyLogic就会自动创建一个实验，该实验定义了当前模型的模拟参数。AnyLogic支持三种类型的实验：模拟实验、参数变化实验、优化实验。实验设定完成后，可以通过"模型"中的"运行"选项，运行模拟实验。图10.27为模型的运行过程。运行结束后，可以查看模拟运行的结果，对系统的性能进行分析。

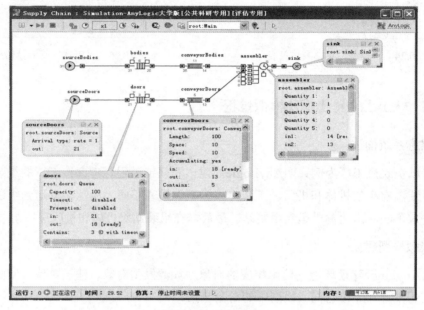

图 10.27　运行过程

## 10.5　系统模拟工具Vensim

### 10.5.1　Vensim基本介绍

Vensim软件是由美国Ventana Systems, Inc.开发的系统动力学模拟软件，其官方网站是http://vensim.com/free-download/。它是一个可视化的建模工具，用户可以通过Vensim定义一个动态系统，将之存档，同时建立模型、进行模拟、分析以及最优化。

使用Vensim建模非常简单灵活，用户可以通过因果关系图和流图两种方式创建模拟模型。Vensim的系统变量之间通过用箭头连接而建立关系，而且建立的是一种因果关系。变量之间的因果关系由方程编辑器进一步精确描述，从而形成一个完整的模拟模型。用户可以在创建模型的整个过程中分析或考察引起某个变量的变化的原因以及该变量本身如何影响模型，还可以研究包含此变量的回路的行为特性。

Vensim提供了两种分析工具，结构分析工具和数据集分析工具。前者是一种结构化的关系视图，用于直观地供用户分析；后者以曲线图的形式给出模拟过程中的数值变化,用于规律性分析。最后,Vensim有一个特色功能就是真实性检验,模型中的一些重要变量,所依据的常识和一些基本原则都有一定的正确性要求,真实性检验就是将这些要求形成的约束加入模型中,并专门模拟模型在运行时对这些约束的遵循或违反情况。

## 10.5.2 Vensim建模环境

Vensim软件主界面如图10.28所示,由菜单Menu、主工具栏Main Toolbar、模拟工具Simulation Tools、绘图工具Sketch Tools、分析工具Anylysis Tools、状态栏Status Bar、绘图区域Sketch Drawing Area构成。菜单Menu包括文件File、编辑Edit、视图View、布局Layout、模型Model、选择Options、窗口Windows、帮助Help等功能。以下主要介绍绘图工具Sketch Tools和模拟工具Simulation Tools。

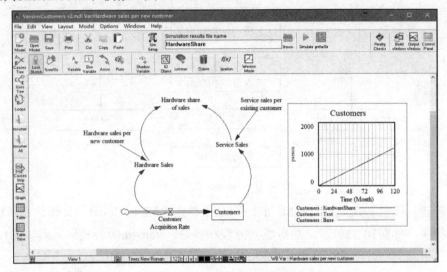

图 10.28  Vensim 软件主界面

### 1. 绘图工具Sketch Tools

"Sketch Tools"工具栏如图10.29所示。Lock Sketch能够将图形锁定,Move/Size移动图像,Variable用于创建变量,Box Variable用于创建状态变量,Arrow用于创建箭头,Rate建立速率变量,Shadow Variable用于在图形中加进已存在模型变量作为影子变量,IO Object用于在图形中增加输入滑动器和输出曲线图及图表,Sketch Comment用于对图表增加注释和图片,Delete用于删除模型的结构、变量及注释,Equations使用方程编辑器创建模型方程,Reference Model用于绘制与编辑模型。

图 10.29  Sketch Tools 具体条目

### 2. 模拟工具Simulation Tools

"Simulation Tools"工具栏如图10.30所示。Sim Setup用于建立模拟,Simulation

results file name 指定数据集名称,Browse 用于浏览数据文件存放位置,Simulate 进行模拟,SyntheSim 用于对比模拟,Reality Checks 是真实性检验,Build Windows 切换到建模窗口,Output Windows 切换到输出窗口,Control Panel 控制窗口。

图 10.30  Simulation Tools 具体条目

### 10.5.3  Vensim 建模及模拟过程

Vensim 建模流程如图 10.31 所示。首先分析系统。分析系统的行为模式,抽象出模型的结构,整理好模型中所需要的参数。

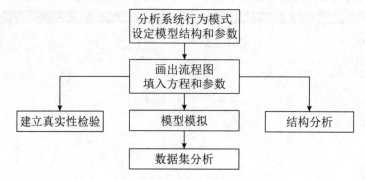

图 10.31  Vensim 建模流程

接着建立模型。在主工具栏 Main Toolbar 中单击"New Model",画出系统的影响因素结构图,如图 10.32 所示。然后填入方程和参数,Vensim 的公式输入器如图 10.33 所示。在此基础上,可以进行真实性检验、结构分析、数据集分析。

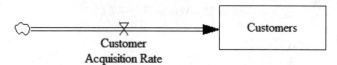

图 10.32  影响因素结构图

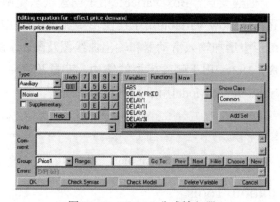

图 10.33  Vensim 公式输入器

模型通过检查后就可以运行了。在模拟工具栏中单击"Simulation"按钮，模拟模型开始运行。模型中的变量随着时间的变化模拟结果将会以图表的形式进行展示，如图10.34所示。结合变量的变化图，对模型的系统动力学行为进行观察与分析。

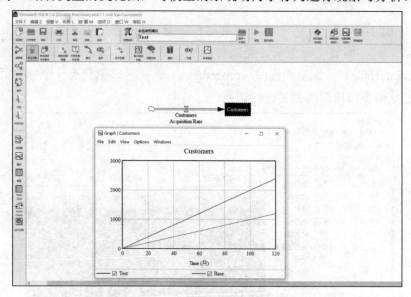

图 10.34　系统模型变量随时间变化图

## 10.6　系统模拟工具NetLogo

### 10.6.1　NetLogo基本介绍

NetLogo是一个多Agent可编程建模环境，1999年由美国西北大学发起，并由连接学习和计算机建模中心（CCL）负责持续开发。NetLogo的官方网站为http://ccl.northwestern.edu/netlogo/。NetLogo是继承了Logo语言的一款编程开发平台，它的编程语法非常简单，但是功能却非常强大，它改进了Logo语言只能控制单一个体的不足，可以在建模中控制成千上万的个体。因此，NetLogo建模能很好地模拟微观个体的行为和宏观模式的涌现及其两者之间的联系。NetLogo还开放了浏览器应用服务访问，用户只需登录https://www.netlogoweb.org/launch即可使用。

NetLogo是用于模拟自然和社会现象的编程语言和建模平台，特别适合于对随时间演化的复杂系统进行建模和模拟。建模人员能够向成百上千的独立运行的"主体"（agent）发出指令。这就使探究微观层面上的个体行为与宏观模式之间的联系成为可能，这些宏观模式是由许多个体之间的交互涌现出来的。NetLogo可以模拟在不同条件下系统的涌现行为。

NetLogo有详尽的文档和教学材料。它还自带一个模型库，库中包含许多已经写好的模拟模型，可以直接使用，也可修改。这些模拟模型覆盖自然和社会科学的许多领域，包括：生物和医学，物理和化学，数学和计算机科学，以及经济学和社会心理学等。

### 10.6.2　NetLogo建模环境

NetLogo建模环境分成两个部分：菜单和主窗口，如图10.35所示。菜单栏包括文件、编辑、工具、缩放、标签页、帮助等功能。主窗口顶部是标签页面，共三个标签页：界面（interface）、说明和程序（procedures）。任一时刻只有一个标签页可见，用户可以通过单击窗口顶部的标签进行切换。

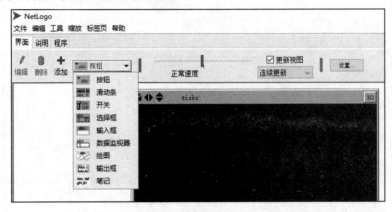

图 10.35　NetLogo 主窗口及"界面"页

图10.35中显示的标签页是"界面"页，其功能为设计各个按钮的名称、位置及相关功能。其中单击"按钮"下拉列表可以选择"按钮"等要添加的界面元素，右边的"正常速度"处是一个可以调节模拟过程模拟时钟推进速度的调节条，"设置"可以设置面板变量。NetLogo"说明"页的功能是对程序、功能等进行备注说明，单击"编辑"可以编辑该页。NetLogo的"程序"页的功能为编写相应程序代码，以实现系统的功能。

### 10.6.3　NetLogo建模及模拟过程

本节以"海龟-海草"生态系统为例进行说明。系统描述如下：有100只海龟栖息在一片长满了海草的海域。海龟以吃海草为生，并在这片海域中漫无目的游荡、繁殖，海龟初始具有0点能量，每吃一片水草增加10点能量，每走一步消耗1点能量。如果一只海龟能量大于等于50，则在原地孵出一只能量为50的新海龟，原海龟能量减50；当海龟能量小于0时，海归死亡。每经过一步模拟，海草再生的比例为3%。

NetLogo建模和模拟过程包括在"界面"页设置控件和在"程序"页编写代码两部分。先在"界面"页中创建控件，主要有"运行控制""参数控制"和"模拟显示"三类部件。然后在"程序"页实现相应的代码，主要有"命令（command）"和"报告（reporter）"两类例程。再通过设置控件的属性将这二者联系起来。其具体包括以下几个步骤。

### 1. 初始化Agent

在Agent模拟中，首先需要初始化Agent及其属性。Agent模型的部分Logo语言程序代码如图10.36所示。图10.36中的"to setup"部分初始化"海草"和"海龟"。其中，"setup-patches"创建名为"海草（patches）"的Agent并设置为绿色，"setup-turtles"创建100个名为"海龟（turtles）"的Agent，并随机生成它们在坐标系里的坐标位置。

### 2. 定义Agent活动规则

创建Agent后，首先需要规定Agent自身的活动规则。定义Agent活动规则的程序代码见图10.36的"to go"部分。定义的是名为"海龟"的Agent的移动方式，即"move-turtles"，以及名为"海草"的Agent的颜色状态。

### 3. 定义Agent间的行为

定义Agent自身活动规则后，根据Agent间行为的要求，需要新增或重写Agent的行为，实现Agent间的关联。如图10.36所示，"to eat-grass"表示两类Agent间的交互行为，当"海龟"在移动中遇到"海草"时，"海龟"吃掉"海草"并增加能量，同时，"海草"的颜色状态由绿色变为黑色。

### 4. 模拟执行过程

"海龟-海草"模型的模拟运行过程如图10.37所示。模拟执行过程包括初始化和运行控制两类。

图10.36 Agent模型的程序代码

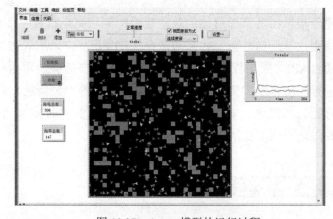

图10.37 Agent模型的运行过程

（1）初始化。单击"初始化"按钮，模型执行初始化方法，在清除所有内容后，生成具有行为规则的"海龟"和"海草"两类Agent。

(2)运行控制。单击"开始"按钮,模型开始运行。"海龟–海草"的动态模拟过程如图10.37所示,右侧曲线显示"海龟"和"海草"数量动态变化情况。

## 10.7 其他系统模拟工具简介

### 10.7.1 系统模拟工具Plant Simulation

Plant Simulation是面向对象的图形化集成建模与模拟工具,是关于生产、物流和工程的模拟软件,官方网站是https://www.plm.automation.siemens.com。Plant Simulation原名eM-Plant,是由Tecnomatix公司开发的。2005年4月,UGS收购Tecnomatix公司后,软件被命名为Plant Simulation。2007年,德国Siemens公司收购了UGS。

Plant Simulation系统是用C++语言开发的,能够在Unix、Windows平台上运行,并提供了建模语言SimTalk。Plant Simulation具有面向对象的建模、整合图形化与面向对象的并行模拟环境、层次化结构、程序驱动建模(SimTalk语法)、模型的可变性与可维护性集成的特点。它可与企业SAP系统交互,可与遗传算法集成进行系统优化。

### 10.7.2 系统模拟工具Simio

Simio是美国Simio LLC于2004年研发的新一代基于"智能对象"技术的全3D系统模拟软件,其官方网站是https://www.simio.com/。公司执行总裁C. Dennis Pegden是美国公认的系统模拟领域学术权威,具有35年以上的模拟理论研究和应用开发经验,曾经开发过模拟历史上标志性的系统模拟语言SLAM、SIMAN,以及可视化集成模拟开发环境Arena。

Simio功能齐全,同时支持离散系统、连续系统和基于智能主体的建模及模拟;具有图形化的对象建模框架,完全符合"面向对象"的建模原则;基于微软新一代互动平台.NET4开发;采用先进的实时3D技术;通过API(应用程序编程接口),高级用户能够使用.NET支持50种语言进行深度开发;使用先进的OptQuest优化器和最新的KN算法对多方案进行比较和筛选;支持可替代真实系统运行的实时模拟器(Emulator)和有限能力调度算法。

扩展阅读10.1
管理科学研究中的计算实验方法
案例分析

## 本章小结

本章介绍了在管理系统模拟领域常见的系统模拟工具的建模及模拟环境及其使用特点;重点介绍了离散事件系统模拟工具Arena、AnyLogic和FlexSim,系统动力学模拟工具Vensim,Agent建模及模拟工具NetLogo;此外还介绍了其他一些同样优秀的系统模拟工具。需要指出的是，AnyLogic、Simio属于多面向系统建模与模拟工具，可以构建离散事件系统、系统动力学及Agent模型。通过这些介绍使读者能够快速选择一个适合自己研究领域和研究目标的模拟工具。有关这些工具进一步的使用方法请参见各自工具的用户使用手册。

### 即测即练题

请扫描二维码，参加即测即评练习。

即测即练题

### 思考练习题

1. 系统模拟语言和通用编程语言（如C++）有什么不同？
2. 试说明Arena的功能层次结构。
3. 参照Arena的建模过程，试说明定义并实现一个简单排队系统模拟模型的过程。
4. 试说明FlexSim抽象模型的结构。
5. 使用Vensim进行系统动力学的模拟需要注意什么？
6. 与同类模拟工具相比，AnyLogic有什么自身的特点？
7. 请查阅AnyLogic专业数据库和FlexSim实体库的具体内容，并比较二者的结构和使用方式。
8. 试说明使用NetLogo实现一个简单的Agent系统模拟模型的过程。

# 第11章
# 系统模拟应用实例

## 学习目标

通过本章学习,读者应该能够:
1. 理解应用系统模拟工具解决管理系统模拟问题的方法和流程;
2. 理解离散事件系统模拟、系统动力学模拟、Agent模拟的应用特点。

## 11.1 Arena建模实例:集装箱码头海侧作业模拟

### 11.1.1 问题概要

#### 1. 系统作业过程

典型的集装箱码头海侧作业流程如图11.1所示,包括水域作业和陆域作业两个部分。在水域作业阶段,船舶到港之前进行泊位申请并发送船图,港口基于此制订泊位计划和堆场计划;船舶到达港口后首先进入锚地等待,在港口为船舶提供泊位资源之后,由拖船通过航道将船舶拖至其被分配的泊位,准备靠泊。陆域作业阶段包括船舶靠泊和集装箱装卸船作业。船舶完成靠泊后,由岸桥进行装卸作业。对于进口集装箱进行卸船作业,包括船舶靠泊、岸桥卸船作业、集卡/AGV(自动引导车)接收集装箱,然后集卡承载集装箱水平运行到堆场指定位置。对出口集装箱进行装船作业,其作业顺序与卸船过程相反。

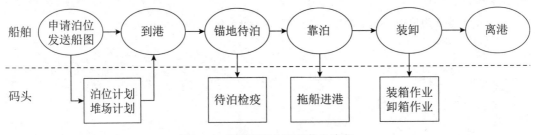

图 11.1 集装箱码头海侧作业流程

#### 2. 系统作业要素分析

海侧作业系统中的实体为船舶和集装箱,其属性、状态、相关事件和性能统计指标如表11.1所示。系统中的资源包括为船舶提供服务的泊位、岸桥、拖船、锚地、航道,其属性、状态、活动和系统性能统计指标如表11.2所示。

表 11.1 实体列表

| 实体 | 属性 | 状态 | 相关事件 | 性能统计指标 |
|---|---|---|---|---|
| 船舶 | ID、船型参数、装/卸箱量 | 未装卸、装卸中、装卸完成 | 到达/离开锚地、到达泊位、开始/结束装卸、离开泊位、船舶离港 | 锚地等待时间、泊位等待时间、装卸作业时间、在泊时间、在港总时间 |
| 集装箱 | ID、空重、箱型 | 未装卸、装卸中、装卸完成 | 开始装卸作业、结束装卸作业、离开系统 | 装卸作业时间 |

表 11.2 资源列表

| 类别 | 属性 | 状态 | 活动 | 性能统计指标 |
|---|---|---|---|---|
| 泊位 | 泊位号、长度 | 空闲、繁忙、不活动 | 靠泊服务 | 泊位服务时间、泊位利用率 |
| 岸桥 | 设备号码、岸桥数、作业能力 | 空闲、繁忙、不活动、有故障 | 集装箱装卸作业 | 装卸作业时间、岸桥利用率 |
| 拖船 | 拖船号、拖船数、速度 | 空闲、繁忙、不活动、有故障 | 船舶领航服务 | 拖船平均服务时间、拖船利用率 |
| 锚地 | 锚位号、最大锚位数、锚地长度 | 空闲、繁忙、不活动 | 船舶锚地待泊服务 | 锚地排队平均长度、锚地平均等待时间、锚地利用率 |
| 航道 | 水深、宽度、距离 | 空闲、繁忙 | 船舶入港 | 平均航行时间、航道利用率 |

### 3. 系统事件及活动

根据上述分析结果,可以给出船舶从到港到离港整个活动过程生命周期中的事件及活动的时序关系图,如图11.2所示。该图给出了系统资源(泊位、拖船、航道、岸桥)对船舶的服务活动以及不同资源服务过程中的层次关系。

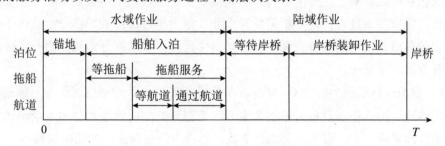

图 11.2 海侧作业系统事件及活动时序图

### 4. 系统排队模型构建

集装箱码头海侧作业系统可视为多阶段排队模型。对于一个排队模型,可采用如下特征参数描述其活动过程:①顾客相继到达的时间间隔分布;②服务时间分布;③服务台结构和数量。由对海侧作业系统的活动流程的分析可知,从船舶到港开始,到船舶离港结束的整个过程中,船舶先后分别与锚地、航道、拖船、泊位岸线、岸桥发生作用,构成系统中的各种事件和活动。为构建模拟模型,将排队模型分成水域作业排队模型和陆域作业排队模型,如图11.3所示。

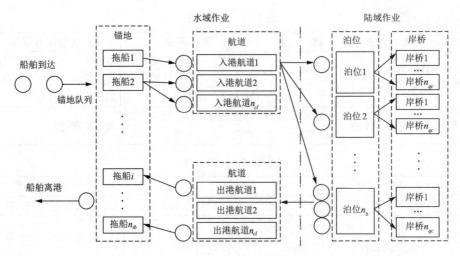

图 11.3 海侧作业系统排队模型示意图

水域作业排队模型描述船舶的到港过程和入泊过程、离泊及离港过程。该部分模型包括两个排队模型:

（1）锚地排队过程为一个 $M/G/n_{tb}/K$ 的排队模型。船舶到达视为一个泊松到达过程,在锚地的服务时间服从一般概率分布（与航道、泊位的作业计划等有密切关系）,服务台数 $n_{tb}$ 即拖船数,容量为锚地能停留的船舶总数。

（2）航道排队过程为一个 $G/D/n_{cl}/K$ 的排队模型。船舶到达过程为一般概率分布（与到达锚地、泊位作业过程有密切关系）,服务时间设为定长（与拖船速度和航道距离有关）,服务台数即航道个数,容量为航道能容纳的船舶总数。

陆域作业排队模型是指在港口为船舶提供泊位资源之后,由拖船将船舶拖至其被分配的泊位,完成靠泊过程;之后根据装卸作业计划由岸桥进行装卸作业;装卸作业完成之后,船舶释放其占用的岸桥资源,释放其泊位资源,船舶离开泊位、离开港口。该部分包括两个排队模型:

（1）靠泊排队过程为一个 $G/M/n_b/K$ 的排队模型。船舶到达过程为一般概率分布（与到达锚地、泊位作业过程有密切关系）,设服务时间服从指数分布（由岸桥作业效率和船舶装卸量决定）,服务台即泊位个数,容量为泊位能停靠的船舶总数。

（2）岸桥作业排队过程为一个 $G/M/n_{qc}/K$ 的排队模型。船舶到达过程为一般概率分布（与靠泊位作业过程有密切关系）,服务台即该泊位上的岸桥台数,服务时间与集装箱作业量及岸桥作业效率有关。

## 11.1.2 模拟模型的构建

**1. Arena的重要模块介绍**

在模拟建模过程中,需要使用软件Arena提供的建模模块。Arena 的建模模块分为基本操作模块、高级操作模块及支持模块等类型。表11.3给出了在本模拟模型构建过程中用到的主要模块的功能。

表 11.3 Arena 建模模块及功能说明

| 模块类型 | 模 块 | 功 能 说 明 | 举 例 |
|---|---|---|---|
| 基本操作 | Create | 按产生规则产生临时实体，是实体进入模型的起点 | 船舶到达系统，生成船舶实体 |
| | Dispose | 释放实体离开模拟系统 | 船舶离开系统，释放船舶实体 |
| | Process | 定义实体的处理逻辑并处理实体 | 船舶实体在锚地的服务过程 |
| | Decide | 选择和分支模块 | 把集装箱送往不同的装卸流程 |
| | Separate | 分离一批实体和复制单个实体对象 | 船舶产生集装箱实体 |
| | Assign | 赋值给实体属性、系统变量 | 给船舶实体设置长度、装卸箱量等 |
| | Entity | 定义实体对象 | 船舶实体、集装箱实体 |
| | Queue | 定义队列，如机器队列 | 岸桥作业的船舶队列、集装箱队列 |
| | Resource | 定义资源，如机器 | 泊位、岸桥、锚地、拖船、航道 |
| | Variable | 定义变量 | 系统变量，如统计船舶实体数量 |
| 高级操作 | Delay | 延迟实体，将实体延迟一段时间 | 可表示岸桥装卸作业时间 |
| | Hold | 阻塞实体直到收到释放信号 | 船舶等待作业资源空闲 |
| | Release | 释放资源 | 如船舶服务结束后释放泊位资源 |
| | Seize | 获取资源，进行加工处理 | 如船舶进入泊位后获取泊位资源 |
| | Allocate | 分配运输设备 | 分配内卡等可移动的装卸设备 |
| | Move | 将空闲设备移动到任务请求的位置 | 使内卡移到装卸位置 |
| | Request | 为实体分配一台可用的设备 | 分配场桥等可移动的装卸设备 |
| | Transport | 设备把实体搬运到目标位置 | 使场桥和集装箱实体一起移动 |
| | Free | 使设备空闲 | 使场桥等可移动设备空闲 |
| 支持 | Duplicate | 复制实体 | 按船舶的载箱量复制出集装箱实体 |

**2. 模拟建模**

运用模拟软件Arena建立海侧作业系统的模拟模型。模型分为五个部分：实体生成及属性设置、检查天气条件、靠泊作业、泊位装卸作业、船舶离港。用Arena模块表示的模型的逻辑流程如图11.4所示。说明如下。

1）实体生成及属性设置

Create模块根据船舶到达分布产生船舶实体，并使用Assign模块设置到港船舶的类型、长度、装卸量等属性，然后将船舶实体送入锚地。

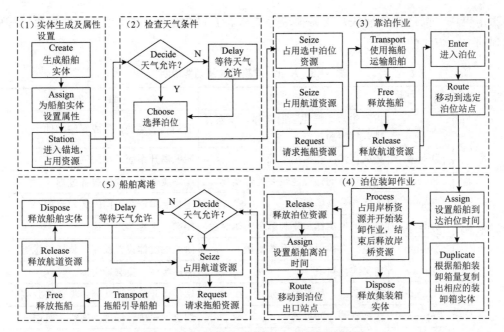

图 11.4 海侧作业系统的 Arena 模拟流程图

2）检查天气条件

在 Decide 模块，按输入设定的天气影响比率决定船舶实体进入 Delay 模块或直接靠泊。Delay 模块中的船舶实体需要等待条件允许后进入下一步靠泊。

3）靠泊作业

如果天气条件允许靠泊，由 Choose 模块选择空闲泊位，按 FIFO 规则将等待中的船舶实体送入 Berth 资源，通过 Seize 模块占用泊位资源组中所选的泊位资源。选定资源之后，Seize 模块占用入口航道资源，之后 Request 模块申请拖船资源，而后 Tansport 模块将船舶实体拖进泊位。当船舶实体被拖入泊位之后，用 Free 模块释放拖船、Release 模块释放航道资源，然后到达 Enter Berth 站。最后 Route 模块使船舶实体进入选中的泊位站点。

4）泊位装卸作业

船舶实体到达泊位站点之后，Assign 模块记录当前时间为船舶入泊时间，然后开始装卸作业。Duplicate 模块按船舶实体的装卸量属性复制出装卸集装箱实体。Process 模块完成集装箱装卸作业。装卸作业完成后，Dispose 模块释放集装箱实体离开系统，Release 模块释放泊位资源，Assign 模块记录当前时间为船舶离泊时间。最后 Route 模块将船舶实体送至泊位出口站。

5）船舶离港

该过程与船舶进港过程相反，所用模块与"2）检查天气条件"和"3）靠泊作业"中的模块相似。

## 11.1.3 模型运行与模拟结果

**1. 模拟的输入参数**

根据模拟模型运行需要,设计系统的输入参数,包括泊位参数、拖船参数、船舶参数、岸桥参数、环境参数等,如表11.4所示。设船舶到达为泊松到达模式,船舶装卸量和船舶型长度分布服从离散分布。这里将离散分布的概率分布函数用DISC()表示,其中船舶装卸量分布可以表示为:DISC((0.2,500),(0.5,600),(1,800))。其中的数据对表示累计概率及其取值,如:(0.2,500)表示船舶装卸量为500的累计概率为0.2,(0.5,600)表示船舶装卸量为600的累计概率为0.5,以此类推。表中的单位TEU(Twenty-feet Equivalent Unit)是指以20英尺标准集装箱为计量单位的国际标准箱单位。

表 11.4 主要输入参数表

| 输 入 项 | 参 数 值 | 单 位 |
| --- | --- | --- |
| 船舶到港平均间隔时间 | 10 | 小时 |
| 船舶装卸量分布 | DISC((0.2,500),(0.5,600),(1,800)) | TEU |
| 船舶型长度分布 | DISC((0.2,200),(0.5,250),(1,300)) | 米 |
| 泊位数 $n_b$ | 4 | 个 |
| 各泊位岸线长度 $L_b$ | 326/326/362/362 | 米 |
| 各泊位岸桥数 $n_{qc}$ | 2/2/3/3 | 台 |
| 天气允许作业概率 $P_W$ | 95 | % |
| 拖船数 $n_{tb}$ | 5 | 艘 |
| 拖船速度 $v_{tb}$ | 10 | 节 |
| 拖船锚地到泊位前沿距离 $d_{ab}$ | 15 | 千米 |
| 外伸臂长度 | 40 | 米 |
| 岸桥小车移动速度 $v_{qc}$ | 150 | 米/分 |
| 岸桥作业效率 | 25 | TEU/小时 |

**2. 模拟运行及输出结果**

1) 模拟模型的运行

模拟是基于计算机的模型数值实验技术和实验环境。由于系统的随机性,每一次模拟模型的运行结果实际上是对系统行为的一次随机抽样,所以,需要对模拟模型多次重复运行,并对输出结果进行统计推断,才能得出系统真实的性能估计。

在使用Arena进行模拟运行之前,需要先设置模拟运行参数,包括模拟重复次数、模拟运行时间单位、模拟周期、预热期长度、模拟钟时间单位等参数。模拟运行的设定界面如图11.5所示。

模拟运行设置完成后,可以进行模拟模型的运行。在Arena环境下的可视化模拟运行过程截图如图11.6所示。实际上,海侧作业模拟模型是整体集装箱码头作业系统模拟模型的一部分。

图 11.5 Arena 的模拟运行设置

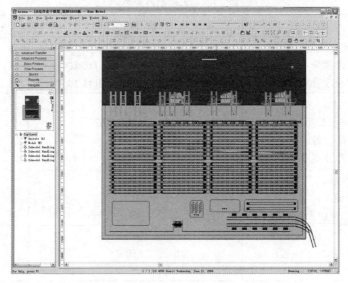

图 11.6 模拟运行过程截图

2）模拟输出结果

模拟模型的主要输出结果如表11.5所示。泊位及岸桥等作业资源利用率的输出结果如图11.7所示。

表 11.5 模拟模型的主要输出结果

| 数 据 项 | 数 值 | 单 位 |
| --- | --- | --- |
| 到港船舶总数 $m_s$ | 27 | 艘 |
| 船舶平均待泊时间 $AW_{sb}$ | 3.80 | 小时 |
| 船舶装卸作业时间 $HT_{sqc}$ | 19.42 | 小时 |
| 船舶在港平均总时间 $AST_s$ | 23.22 | 小时 |
| 总装卸量 $m_c$ | 19 893 | TEU |
| 各泊位装卸量 $m_{cb}$ | 4 655/4 763/5 364/5 111 | TEU |

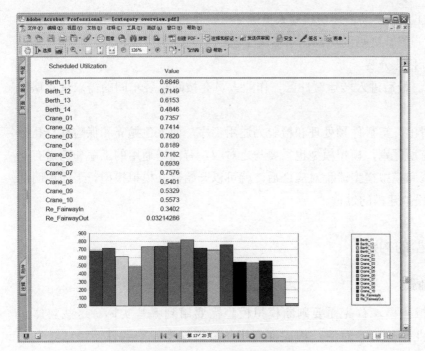

图 11.7　资源利用率模拟输出结果

## 11.2　FlexSim建模实例：汽车零件生产线瓶颈工序鉴别

### 11.2.1　问题概要

汽车工厂对保险杠的加工作业流程由四道工序组成：预处理、上色抛光、检验和打孔分装，如图11.8所示。各流程活动如下。

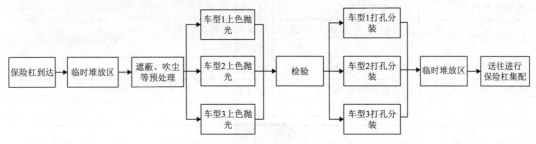

图 11.8　塑装工厂作业流程示意图

（1）原料到达。保险杠经过成型机的加工处理成型之后经过搬运工具的搬运进入临时堆放区。

（2）预处理。进入临时堆放区后，对保险杠原型件进行遮蔽、吹尘等预处理，在这一工序中，多种车型是混在一起处理的。

（3）上色抛光。预处理之后的保险杠会按照车型不同而进行再次加工，进行上色抛光等操作。

（4）检验。加工后的产品需要由检验人员进行检验和修补。

（5）打孔分装。修补之后的产品由于后续工艺的不同，工厂会将三种车型分开进入各自的装配线进行打孔分装。

（6）转运集配。最后进入转运缓冲区，作业人员会按照总装车间的需求进行保险杠集配。

根据分析可以看出，塑料件预处理和检验为通用工序，而上色抛光和保险杠打孔分装的标准和手段则有所区别，模拟模型也需要与之对应，有两道通用的工序和两道有差别的工序。将生产线和模拟模型流程对应之后，就可以开始建立模拟模型。下面说明利用FlexSim软件进行模拟建模的过程。

### 11.2.2 模拟模型的构建

#### 1.目标系统的抽象

对系统进行模拟建模，首先需要判断模拟模型需要用到哪些实体。这些实体必须与生产线上的作业单位一一对应，构成生产线与模拟模型的一致性。经过对生产线流程的分析，可将该生产线分为三个部分：生产线上的在制品、生产线上的作业设备、生产线上运输在制品的载体。这三个部分分别可以和FlexSim中的临时实体、固定资源类实体（货架、处理装置等）、传送带模块和任务执行类实体（如操作员、叉车、起重机等）相对应。对应关系以及模拟模型中的实体代号规定如表11.6所示。

表 11.6 生产线流程与模拟模型中实体的对应关系

| 生产线流程 | 对应实体模块 | 具体实体 | 规定实体代号 |
| --- | --- | --- | --- |
| 注塑件原料到达 | 固定资源类实体 | 发生器 | Source |
| 在制品运输 | 任务执行类实体、传送带模块 | 任务分配器、操作员、传送带模块 | T、M、Conveyer |
| 在制品存储 | 固定资源类实体 | 暂存区 | C |
| 在制品送往装配 | 固定资源类实体 | 吸收器 | Sink |
| 在制品加工 | 固定资源类实体 | 处理器 | P |

其中每个流程的实体代号与实体类别一一对应，用于建模过程中对相同实体类别的不同设备进行区别。实体的属性和状态等变量如表11.7所示。具体说明如下。

表 11.7　实体属性

| 实体类别 | 属性 | 状态 | 活动 | 活动的属性 |
|---|---|---|---|---|
| 工人 | 有/无工作、行进速度、车间目的地、起始点、操作时间 | 产生、到达、行进、等待、执行工序、离开 | 进/出车间、加工、预置、搬运 | 加工/预置时间、搬运距离 |
| 加工设备 | 长、宽、高、工序、容量 | 加工、待机、满载 | 转移位置、加工在制品、组成生产线 | 加工时间、人员配置 |
| 暂存区 | 最大存储量、面积 | 有/无在制品 | 进/出在制品、放置在制品 | 在制品到达分布、在制品存放时间 |

（1）"注塑件原料到达"指临时实体流入模拟生产线模型，该功能通过"固定资源类实体"中的"发生器"实现。

（2）"在制品运输"对应临时实体被运输到各设备和工作台上，通过"任务执行类实体"中的"任务分配器"和"操作员"，以及"传送带模块"实现。

（3）"在制品存储"指临时实体转移至设备处加工前会发生排队等待，通过"暂存区"完成该功能。

（4）"在制品送往装配"指临时实体经该生产线处理完成后离开该生产线进入装配阶段，这一流程通过"吸收器"完成，表示在制品离开当前生产线。

（5）"在制品加工"是指临时实体在生产线上被加工的过程，该功能通过"固定资源类实体"中的"处理器"实现。

**2. 模型布局**

结合生产线流程，拖动相应实体到各自的位置，构成模拟模型的基本布局，如图11.9所示。

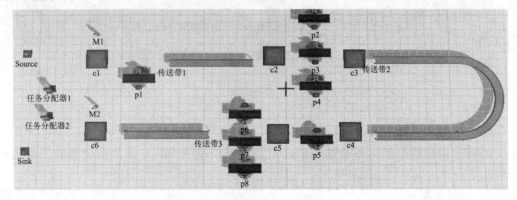

图 11.9　模拟模型的基本布局

**3. 模型主要参数**

基本布局搭建完成后，需要指定设备的参数，需要调节的参数。说明如下。

1）发生器

（1）到达实体间隔：设置外部待加工零件进入生产线的间隔时间分布。

（2）实体种类：设置所显示的实体形状。

2）暂存区

最大容量：暂存区能够存储的临时实体上限。

3）操作员

（1）容量：一名操作员一次性可以搬运的临时实体数量。

（2）速度：操作员移动的最大速度以及移动的加速和减速。

（3）装卸时间：操作员搬起临时实体所需要的时间以及卸下临时实体所需要的时间。

4）任务分配器

（1）传递策略：将临时实体搬运任务分配给其所控制的操作员。

（2）排队策略：确定任务序列的优先级。

5）处理器

（1）预置时间：临时实体在处理器上的放置时间。

（2）加工时间：临时实体在处理器上被处理的时间。

最后建立各设备之间的临时实体传递关系（A连接）和任务与信息的传递关系（S连接），完成生产线模型搭建。包括了实体连接关系的生产线模拟模型如图11.10所示。

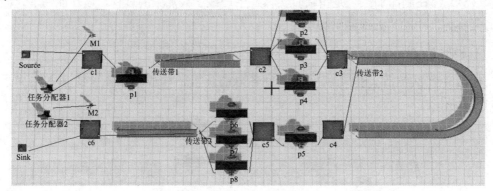

图 11.10　生产线模拟模型

### 4. 实体数据类型

明确了模拟模型的总体数据类型，下面对模拟模型中各实体数据类型的参数进行设定。

1）发生器参数设定

发生器用于模拟临时实体的生成。发生器参数设定选项如图11.11所示，它可以确定临时实体的到达方式和时间间隔。通过设置创建触发的临时实体颜色实现车型的区分。

2）暂存区参数设定

暂存区有库存和缓冲区的作用，其参数设定选项如图11.12所示。在暂存区界面可以设定暂存区的最大容量、是否批量进出和堆放方式等。

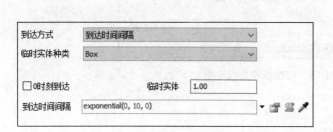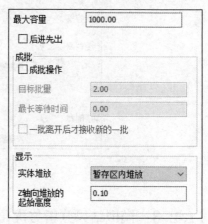

图 11.11　发生器参数设定图　　　　图 11.12　暂存区参数设定图

3）操作员参数设定

操作员的参数输入界面如图11.13所示。在操作员界面可以改变操作员的行进速度、搬运数量、加速减速装载时间等。

图 11.13　操作员参数设定图

4）任务分配器参数设定

任务分配器内部设定如图11.14所示，主要是设定任务的分配方式和任务分派时任务的排队策略。

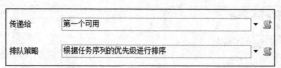

图 11.14　任务分配器参数设定图

5）处理器参数设定

处理器的参数设定如图11.15所示。在处理器界面可以设定处理器的预置时间和加工时间，还可以设定处理器是否与操作员进行联动。

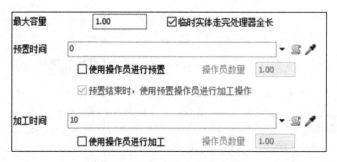

图 11.15　处理器参数设定图

## 11.2.3　模拟结果分析与优化

**1. 模拟时长与模拟模型稳态判定**

确定模拟模型何时到达稳定状态。这一步可结合软件的仪表盘功能进行判断，在仪表盘上先建立一个总利用率的饼图，然后单击运行，当如图11.16所示的总利用率趋于稳定时，模型便进入稳态，设备总利用率为48.56%。记录下模型进入稳态的时间为589秒，再加上模型在稳态状态下运行的时间，稳态运行时间通常等于每日有效工作时间。本文选取8小时工作制，因此稳态运行模拟时间为28 800秒，然后确定模型的运行总时间为29 389秒。

**2. 瓶颈工位判定**

将生产线上的生产设备单独作为研究对象，分别确定处理器的利用率。参考图11.10，处理器p1对应第一道工序，p2、p3、p4对应第二道工序，p5对应第三道工序，p6、p7、p8对应第四道工序。图11.17反映了各个工序上对应设备的利用率情况。其中，p1和p5的利用率65.19%、91.35%远高于其余处理器的利用率，而第四道工序（对应p6、p7、p8）的设备利用率（28.66%、30.09%、46.21%）较低。因此可以判断第一道工序（p1）和第三道工序（p5）为目前生产线的瓶颈工序，改善第三道工序p5的需求最为迫切。

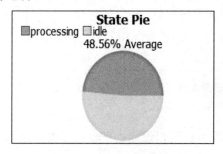

图 11.16　设备总利用率饼图

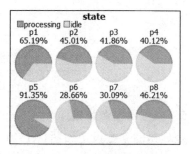

图 11.17　各设备利用率饼图

还可以通过观察暂存区堆积的临时实体的数量来验证瓶颈工位是否判断准确。如图11.18所示，在模拟模型运行阶段，暂存区c1和c4堆积的临时实体数量最多，因此可以完全判断之前确定的瓶颈工位是准确的。

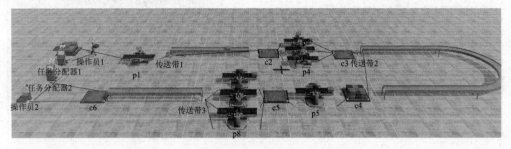

图 11.18　临时实体堆积情况示意图

### 3. 瓶颈工位优化

为了对当前的生产线状况进行优化，这里采取缩短生产节拍的优化策略。在原模拟模型基础上进行改进，给出两个候选方案然后运行，根据模拟运行结果评价改善效果，选取合适的优化方案。

为缓解瓶颈工位的生产压力，决定可以增加两台处理设备，有两个方案。方案一：将设备分别增加给工序一和工序三；方案二：由于原模型中p5的设备利用率最高，因此将新增设备都加到工序三。

方案一的模拟运行结果：设备总的利用率上升为67.36%，如图11.19所示。各个生产设备的利用率分布为50.33%~82.32%，如图11.20所示。生产线瓶颈工序的设备p1和p5的利用率分别为50.33%和78.65%，分别下降14.86%和12.70%；而原来设备利用率较低的第四道工序（p6、p7、p8）的设备利用率分别上升44.04%、44.46%和36.11%。可见，各设备的利用率趋近于均衡。

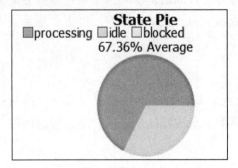

图 11.19　改善后设备总利用率（方案一）

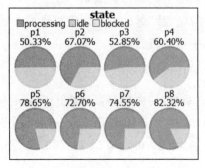

图 11.20　改善后各设备利用率（方案一）

方案二的模拟运行结果：设备的总利用率为58.75%，如图11.21所示，各个生产设备的利用率分布为40.83%~77.12%，如图11.22所示。

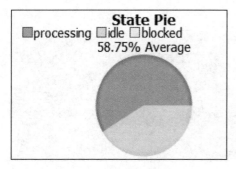

图 11.21　改善后设备总利用率（方案二）

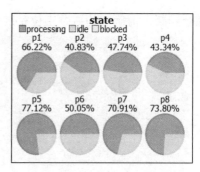

图 11.22　改善后各设备利用率（方案二）

从两个方案的设备总体利用率来看，方案一的设备总利用率为 67.36%，方案二的设备总利用率为 58.75%，都要优于最原始生产线的 48.56%，但是方案一的设备总利用率要好于方案二。

## 11.3　AnyLogic建模实例：库存控制模型

### 11.3.1　问题概要

某24小时连续运转的供应链系统由四个部分组成：顾客、零售商、批发商和工厂。顾客来到零售店购买所需产品。为防止产品积压或缺货，在每天的开始，零售商和批发商检查他们的库存水平，然后决定订购多少。类似地，工厂也要决定生产多少产品。他们都采用稳定的策略。成本与订购、制造、持有产品和缺货相关。模拟的输出包括供应链上每个元素每天成本的期望和顾客获得产品的等待时间的期望。模型的目标是为这条供应链找到最佳的库存策略参数，达到最小化成本和最小化等待时间。以下介绍系统中的主要参数。

**1. 顾客**

顾客到达零售商指数的间隔时间平均为0.1天，每次顾客到达都要发生一次购买行为。顾客对产品的需求是一个离散的随机变量，取值范围在[1,5]之间，取值对应的概率分别为0.2、0.4、0.2、0.1和0.1。

**2. 零售商**

当顾客有需求时，如果零售商的最大库存量大于等于此时的顾客需求，则顾客需求就会被立即满足；如果顾客需求超过库存水平，顾客首先拿走现有的可利用库存，剩余的需求将由零售商从批发商处进货满足。

在每天的开始，零售商首先检查自己的存货水平并决定向批发商订货的数量。零售商固定采用 $(s,S)$ 存储模型，即当库存水平 $I(t)$ 小于订货点 $s$ 时进货，$S$ 为最高库存水平，进货量为 $S-I(t)$。使用如下公式计算零售商的库存水平 $I(t)$：

$$I(t) = 现有库存 + 预期发货 - 积压订单$$

当 $I(t)$ 的值小于 $s$ 时,零售商发出订货请求,补货数量为 $S-I(t)$;当 $I(t)$ 的值大于或等于 $s$ 时,零售商不发出订货请求,照常卖货。为简单起见,假设货物能立即从批发商到达零售商,立即满足顾客需求。此外,假设顾客在货物到达零售商时能够立即取货。

### 3. 批发商

在每天的开始,批发商首先检查是否有零售商的订单需要满足,是否需要进行配送货物,其中包括检查进行中刚刚到达的订单。如果有,则按照先进先出的发货方式,在库存充足的条件下满足订单要求。但是运货需要一定的时间,即需要有订货提前期,批发商发出的货物会在 0.25~0.5 天内以随机的概率到达零售商。然后要计算批发商新的库存水平:

$$批发商新的库存水平 = 旧的库存数量 - 发货数量$$

当零售商订单被满足后,批发商要按上述公式计算当前的库存水平,并决定从工厂的进货数量。批发商也使用 $(s, S)$ 模型来决定订货的数量。批发商 $I(t)$ 计算公式为

$$I(t) = 现有库存 + 预期发货 - 积压订单$$

当 $I(t)$ 的值小于 $s$ 时,批发商发出订货请求,补货数量为 $S-I(t)$;当 $I(t)$ 的值大于或等于 $s$ 时,批发商不发出订货请求。当货物从工厂到达批发商时,货物立即直接加入批发商的库存。此外,当零售商不从批发商处订货时,批发商的库存数量保持不变。

### 4. 工厂

在每天的开始,工厂首先检查是否有来自批发商的订单,是否有货物需要配送。如果有,则按照先进先出的发货方式,在库存充足的条件下满足订单要求。运货需要一定的时间(订货提前期),工厂发出的货物会在 0.5~1 天内以随机的概率到达批发商。然后要计算批发商新的库存水平,工厂不存在订货积压。

$$工厂新的库存水平 = 旧的库存数量 - 发货数量$$

当批发商订单被满足后,工厂要按上述公式计算当前的库存水平,并决定生产多少货物,此处假设生产所需原料都是立即可用的。设生产 $M$ 个货物所需的时间 $T$(单位:小时)的计算公式为

$$T = 1 + 0.01 \times M$$

其中,1 小时是制造仪器的启动时间,0.01 小时是制作每一个货物所需要的时间。

当一批货物制作完成,并不立刻向批发商发送货物。模型假设工厂制造出的货物只在每天开始的时候加入工厂的库存。

工厂也使用 $(s, S)$ 策略来制造产品:当前库存 $I(t)$ 小于订货需求 $s$ 时,工厂生产 $S-I(t)$ 单位的产品;当 $I(t)$ 大于或等于 $s$ 时,则不生产产品。

### 5. 模型的输出

模型的成本由订货数量、制造产品花费、货物的保存费用和缺货损失共同构成。模型的运行费用是零售商、批发商、工厂上述费用之和。系统运行365天，输出为

（1）零售商、批发商、工厂一年的库存水平；

（2）顾客的平均等待时间。

## 11.3.2 模拟模型的构建

### 1. 模型创建

模型的创建由以下几步实现。

（1）创建新的模型。

（2）创建零售商、批发商和工厂。创建好的项目文件如图11.23所示。

（3）创建类，包括订单Order、发货、Shipment类。如图11.24所示为添加类中的属性。图11.25、图11.26分别为对Order、Shipment类的定义。

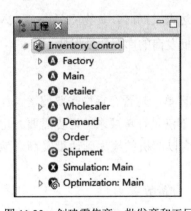

图 11.23　创建零售商、批发商和工厂

图 11.24　添加类中的属性

```
Order.java
public class Order implements java.io.Serializable {

    Order( int a, Port<?, ?> dest ) {
        amount = a;
        destination = dest;
    }

    int amount;
    Port<?, ?> destination;

    public String toString() {
        return "Order[" + Utilities.format(amount) + "] from " + destination.getActiveObject().getFullName();
    }

    /**
     * This number is here for model snapshot storing purpose<br>
     * It needs to be changed when this class gets changed
     */
    private static final long serialVersionUID = 6989473857823485592L;

}
```

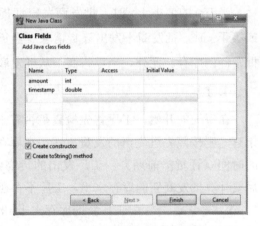

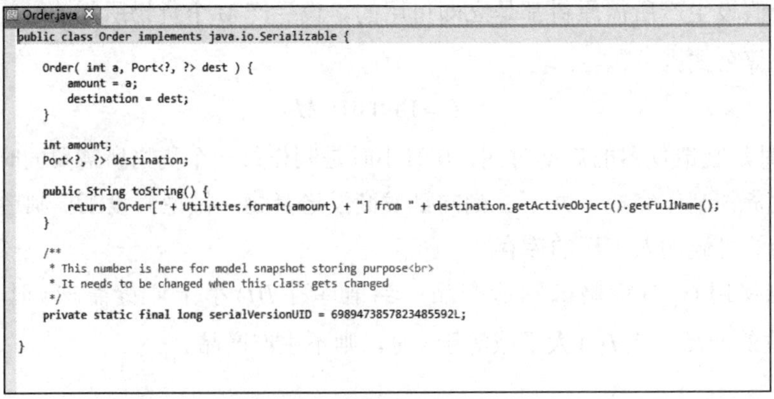

图 11.25　定义 Order 类中方法

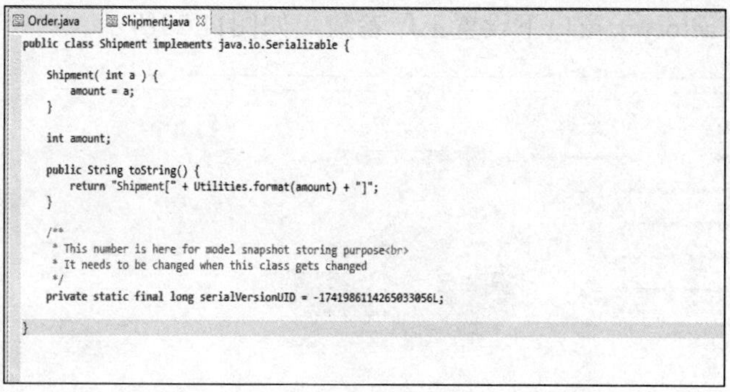

图 11.26  定义 Shipment 类中方法

（4）在零售商Retailer子窗口下设置零售商参数，如图11.27所示。

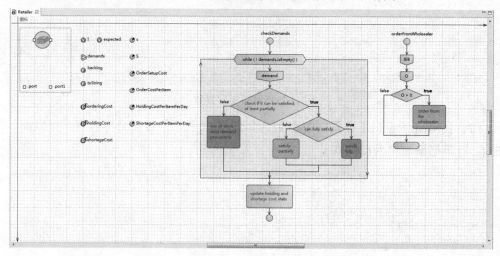

图 11.27  设置零售商参数

（5）在批发商Wholesaler子窗口下设置批发商参数，如图11.28所示。

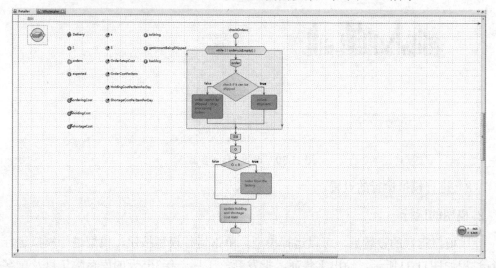

图 11.28  设置批发商参数

（6）在工厂Factory子窗口下设置工厂参数，如图11.29所示。

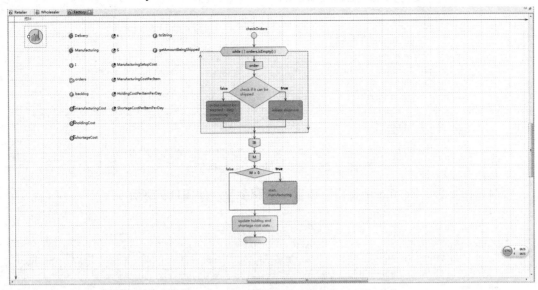

图 11.29　设置工厂参数

（7）在Main子窗口下设置Main参数，如图11.30所示。设调节零售商、批发商、工厂的 $(s,S)$ 策略参数均为 $(20,80)$。

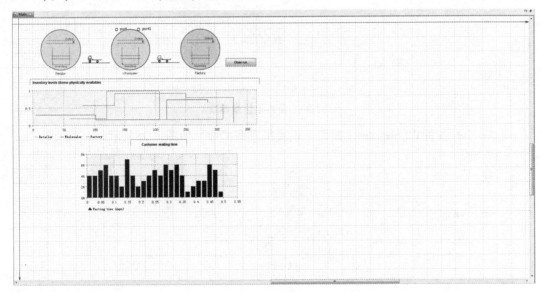

图 11.30　设置 Main 参数

（8）进行模拟运行的设置。

## 2. 模型的运行

完成模拟运行的设置后，可以运行模型。单击运行模型按钮，模型进行模拟运行。运行过程如图11.31所示，输出零售商、批发商、工厂一年365天的库存数量以及顾客的平均等待时间。返回程序运行主页面，等待时间的计算结果得到显示。

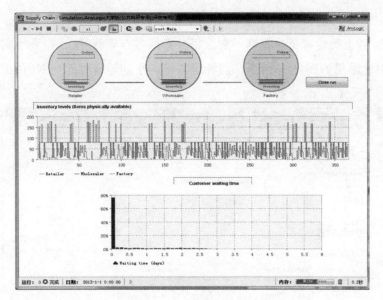

图 11.31  模型运行过程

该次模拟运行结果为平均等待时间（mean waiting time）为0.309。对模拟进行多次运行，在运货时间和顾客订货数量随机的前提下，平均顾客等待时间发生变化。模型10次运行的结果如图11.32所示，可以得到平均等待时间的点估计为0.307。

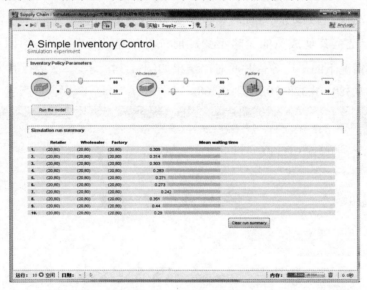

图 11.32  多次模拟运行结果

### 11.3.3  模拟结果分析

**1. 不同策略下的模拟结果**

分别改变零售商、批发商、工厂的 $s$ 和 $S$ 参数值，对调整参数后的模型进行模拟运行，得到不同策略情况下的模拟结果。

（1）零售商。改变零售商的 $s$ 和 $S$，分别为 (20,80)、(20,130)、(50,130) 和 (50,80)。供应链上其他成员的策略不变。每种策略各自运行1次，得到不同情况下的平均等待时间对比结果如图11.33所示。四种策略下的平均等待时间分别为0.327、0.454、0.152、0.145。

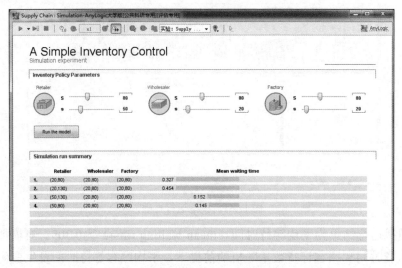

图11.33　零售商多次运行结果对比

（2）批发商。改变批发商的 $s$ 和 $S$，分别为 (20,80)、(20,130)、(50,130) 和 (50,80)。供应链上其他成员的策略不变。前三种策略各运行1次，第四种策略运行2次，得到不同情况下的平均等待时间对比结果如图11.34所示。5次运行的平均等待时间分别为0.362、0.389、0.328、0.295、0.368。

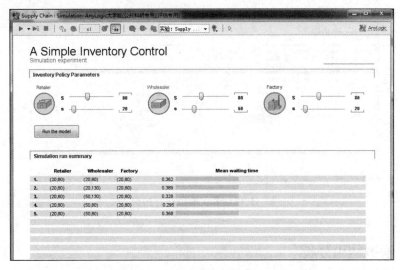

图11.34　批发商多次运行结果对比

（3）工厂。改变工厂的 $s$ 和 $S$，分别为 (20,80)、(20,130)、(50,130) 和 (50,80)。供应链上其他成员的策略不变。前三种策略各运行1次，第四种策略运行2次，得到不同情况下的平均等待时间对比结果如图11.35所示。5次运行的平均等待时间分别为0.309、0.256、0.203、0.411、0.269。

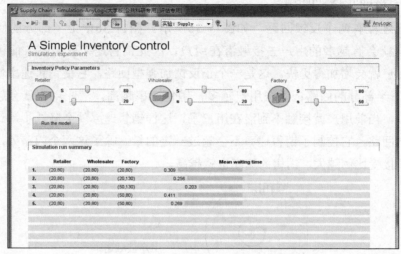

图11.35 工厂多次运行结果对比

**2. 分析及结论**

由上可知，改变 $s$ 和 $S$ 对模拟运行结果有很大的影响。由于计算过程随机因素大，相同的输入数值也会由于顾客随机的订货数量和随机的运货时间产生不同的结果。但模型很好地模拟了顾客来到零售店购买货物、零售商从批发商订货、批发商从工厂订货及工厂生产货物这一整条供应链的供货过程，很好地验证了不同 $(s, S)$ 下会产生不同的顾客平均等待时间这一结论。

扩展阅读11.3
基于社会力模型的春运大规模人群行为模拟研究

案例分析

## 11.4 Vensim建模实例：新产品的销售过程建模

### 11.4.1 问题概要

数字器材集团公司在中国销售Savior系列笔记本电脑。Savior系列笔记本电脑是公司很具有竞争力的产品，主要用户集中在大公司、研究组织和大学，主要应用于数据处理、科学和工程计算、产品开发部门的设计、科学研究和电子竞技等领域。Savior系列笔记本电脑2012年试制成功，每台售价为6 000~12 000元人民币，价格的变动取决于配套硬件的差别。其销售主要靠用户的口头传播，销售曲线呈现为正态分布，销售峰值出现在2016年。到2021年，这一产品退出市场。产品累计销售曲线呈现为S形结构。由于该型号计算机的生命周期比产品市场供应期长，因此，我们有理由假设在2021年产品下市前几乎没有被淘汰，这样，计算机的累计销售量近似等于其市场保有量。本案例分析新产品Savior系列笔记本电脑的销售过程。

## 11.4.2 模拟模型的构建

### 1. 销售过程的因果回路图

该销售过程有两个反馈回路，如图11.36所示。图11.36中上半部分的回路：当前用户越多，就会有越多的用户去接触潜在用户，因此销售速率就越高，而销售速率越高，当前用户就会增加得更快。这是一个正反馈加强型回路，它使销售速率快速增长。图11.36中下半部分的回路：潜在用户越多，销售速率越高，潜在用户就会越少，潜在用户减少了，当前用户就接触不到潜在用户了，这样销售速率就会降低了。这是一个负反馈平衡型回路，它控制了销售速率不会超过一定的量。除了这两个回路外，用户接触速率越高，接受比例越大，销售的速率也就越高。

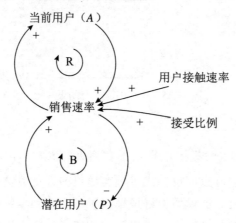

图 11.36　因果回路图

### 2. 模型的存量流量图

销售过程的存量流量图如图11.37所示。

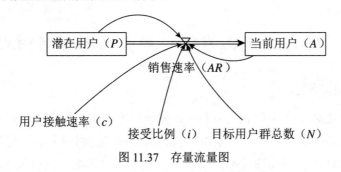

图 11.37　存量流量图

### 3. 模型存量以及固定变量

本案例中确定的目标用户群总数为$N$。如果目标用户群总数基本恒定或者变化相对较小，那么$N$可以是一个常数。如果目标用户群总数随着时间的推移或情况的变化而发生较大的变化，那么$N$应该是一个变量。本案例中，目标用户群总数变化较小，所以$N$是一个常数，并且等于潜在用户$P$与当前用户$A$的总和。当前用户是已经使用此项新产品或新技术的用户；潜在用户是目标用户群中目前尚未使用此项新产品或新技术，但有可能在将来使用此项新产品或新技术的用户。每销售一个此项新产品或新技术，便有一个潜在用户转化为一个当前用户。

**4. 模型流量以及比例系数**

2012年Savior系列笔记本刚刚推出时，只有少数用户购买了该产品，因为大多数用户还不了解它，还只是潜在用户。用户互相接触之后，一些潜在用户会认识Savior系列笔记本。由于该产品口碑不错，这些潜在用户接受了此项新产品或新技术，愿意购买它，他们就从潜在用户变成了当前用户。以此类推，随着当前用户的增加，越来越多的人了解到了此项新产品或新技术，并逐步成为当前用户。在这个阶段，销售速率是增加的。渐渐地，目标客户群中的大部分人都拥有了此项新产品或新技术，潜在的客户越来越少了，这时，销售速率便会渐渐低下来。当所有的目标客户都成为当前客户时，潜在客户下降至0，也就不会再有销售发生了，销售速率下降为0。

**5. 模型主要变量之间的关系及参数**

根据系统的结构，可以得到下面的变量之间的关系：

$$目标用户群总数N = 潜在用户P + 当前用户A$$

$$潜在用户P_{t+1} = 潜在用户P_t - 销售速率_t \times 计算的时间间隔DT$$

$$当前用户A_{t+1} = 当前用户A_t + 销售速率_t \times 计算的时间间隔DT$$

$$销售速率AR = 用户接触速率c \times 接受比例i \times (当前用户A/目标用户群总数N) \times 潜在用户P$$

这里的"用户接触速率$c$"包括潜在用户。从潜在用户的角度来看，即1个潜在用户的接触速率$c$；潜在用户接触到当前用户，并且潜在用户接受的比例为$i$；接触到当前用户的可能性为：(当前用户$A$/目标用户群总数$N$)；一共有潜在用户的数量为：潜在用户$P$；故销售速率$AR$为连乘关系。

或者，销售速率还可以由另一种变量之间的关系进行表示，比如：

$$销售速率AR = 用户接触速率c \times 接受比例i \times (潜在用户P/目标用户群总数N) \times 当前用户A$$

这里的"用户接触速率$c$"包括当前用户，从当前用户的角度来看，即1个当前用户的接触速率$c$；当前用户接触到潜在用户，并且潜在用户接受的比例为$i$；接触到潜在用户的可能性为：(潜在用户$P$/目标用户群总数$N$)；一共有当前用户的数量为：当前用户$A$；故销售速率$AR$为连乘关系。

目标用户群总数$N = 8\,000$个，其含义是：Savior系列笔记本的目标用户有8 000个。

当前用户$A_0 = 10$个，其含义是：2012年，Savior系列笔记本刚推出时，有10个用户，所以模型变量当前用户的初始值是10。

潜在用户$P_0 = 7\,990$个，其含义是：由于初始时当前用户是10，所以潜在用户的初始值便是7 990。

用户接触速率 $c = 2.8$(个次)/年，其含义是：在一年中，一个当前用户会接触2.8(个次)潜在用户。

接受比例 $i = 50\%$/(个次)，其含义是：在每一(个次)的接触中，有50%的概率潜在用户会接受新产品或新技术。

关于变量单位的说明：系统动力学模型的每一个变量都是有单位的，因此，每一个模型公式等号两边的单位一定是一致的。了解变量的含义和单位可以帮助我们对变量进行测量、取值。

### 11.4.3 模型的测试

#### 1. 单位一致性检测

对于系统动力学模型，必须检验方程式两边的单位是否一致。例如，距离=速度×时间，于是，距离（米）=速度（米/秒）×时间（秒）。方程式两边的单位一致就能保证所列的方程式是有意义的。为保证系统动力学模型的公式中单位的一致性，需要把公式中每一个变量的单位表示出来，显示如下：

目标用户群总数 $N$（个）= 潜在用户 $P$（个）+ 当前用户 $A$（个）

潜在用户 $P_{t+1}$（个）= 潜在用户 $P_t$（个）− 销售速率$_t$（个/年）× 计算的时间间隔 $DT$（年）

当前用户 $A_{t+1}$（个）= 当前用户 $A_t$（个）+ 销售速率$_t$（个/年）× 计算的时间间隔 $DT$（年）

销售速率 $AR$（个/年）= 用户接触速率 $c$ [(个次)/年] × 接受比例 $i$ [1/(个次)] ×

（当前用户 $A$（个）/目标用户群总数 $N$（个））× 潜在用户 $P$（个）

前三个公式等号两边的单位是一致的。最后一个公式比较复杂，从等式右边对单位进行推演可以得到

右边：((个次)/年)×(1/(个次))×((个)/(个))×(个)=(个/年)=左边

#### 2. 现实性测试

对于一个完善的模型，其运行结果必须在任何情况下都符合现实的情况，否则，这个模型便需要改进。所以要对模型进行现实性测试。以下是一个现实性测试的例子。

假设：在新产品上市两年半后，突然之间由于某种原因人们的接触速率大大降低了，比如，某种流行病的肆虐导致人们的接触变少，我们将模型的接触速率设置为接触速率=IF THEN ELSE(time<=2016.5,2.8,0.8)。如果模型是符合现实的，那么它的新运行结果就会和初始结果接触速率一直是2.8不同：从新产品上市两年半后，销售速率会下降，当前用户的增加会减慢。由于用户的接触速率降低很多，所以两个运行结果的当前用户数应该差得比较大。

图11.38为初始状态销售速率，图11.39为销售速率现实性测试运行结果。图11.40为初始状态当前用户数，图11.41为当前用户数现实性测试运行结果。通过图11.38与

图11.39的比较，以及图11.40与图11.41的运行结果的比较，可比看出：从第10个季度后，当前用户的增加速率减慢了。从现实性测试运行结果中可以看到，由于用户接触速率下降，这个新产品最终也没有得到广泛的应用。这个现实性测试反映了实际情况，所以模型符合实际。如果经过多个现实性的测试，模型都符合实际，那么可以说模型通过了现实性测试。

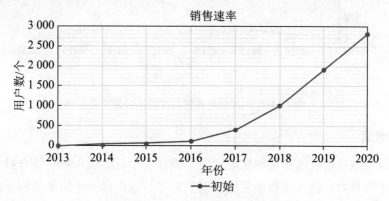

图 11.38　初始状态销售速率

图 11.39　销售速率现实性测试运行结果

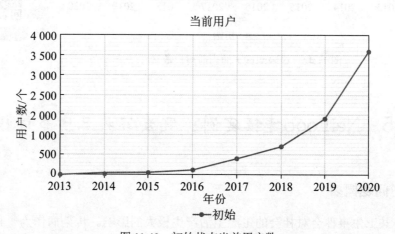

图 11.40　初始状态当前用户数

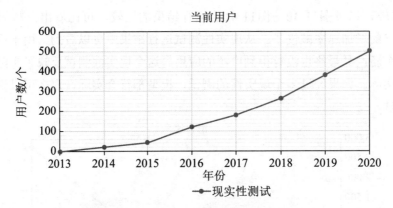

图 11.41　当前用户数现实性测试运行结果

### 3. 极限测试

与上类似，即使情况达到某种极限状态，模型的运行结果也应该符合自然规律，如人数不可能出现负数、销售速率不可能出现负数等。这里举一个简单的例子：如果在每一次的当前用户和潜在用户的接触中，潜在用户都会接受新产品或新技术，即接受比例为100%，那么可以想象，这个新产品会很快被推广开来。

图11.42为极限测试下的当前用户数量。从图中可以看到，大约在第6年后，所有的潜在用户都成了当前用户，与初始运行结果比较，时间大大地缩短了，这是因为接受比例增加了1倍。这一个极限测试没有问题。如果经过多个极限测试，都没有问题，那么可以说模型通过了极限测试。

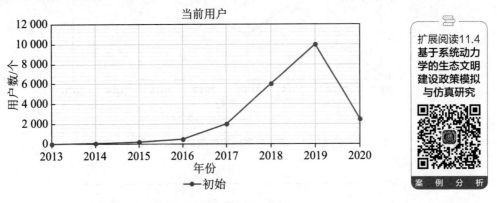

图 11.42　极限测试下的当前用户数量

## 11.5　NetLogo建模实例：突发公共卫生事件模拟

### 11.5.1　问题概要

突发公共卫生事件会对社会的生产生活产生极大的影响。传染病作为一种典型的突发公共卫生事件，具有爆发不确定和传播速度快的特点，因此需要提前制订防控策略。利用系统模拟方法研究传染病在人群中的传播感染模式是一种有效的手段。为此，本文构建一个Agent模型模拟传染病病毒传播过程，并利用NetLogo软件实现针对突发传染病事件防控过程的模拟，针对不同防控策略，探讨采取何种方式能达到更好的防控效果。

### 11.5.2 模拟模型的构建

模拟模型的构建以传染病模型为基础。传染病模型用以研究传染病的传播速度、空间范围、传播途径、动力学机理等问题，以指导对传染病的有效预防和控制。目前，在各种传染病模型中，SEIR模型是一种典型的传染病模型。众多研究者也提出了SEIR模型的各种扩展改进模型。方便起见，本书采用基本SEIR模型探讨突发传染病事件的传播情况与防控效果。

#### 1. 传染病模型的组成要素

在传染病模型中，一般把流行范围内的人群分成如下几类。

（1）S类，易感者（susceptible），指未得病者，但缺乏免疫能力，与感染者接触后容易受到感染。

（2）E类，潜伏者（exposed），指接触过感染者，但暂无能力传染给其他人的人，对潜伏期长的传染病适用。

（3）I类，患病者（infectious），指染上传染病的人，可以传播给S类成员将其变为E类或I类成员。

（4）R类，康复者（recovered），指被隔离或因病愈而具有免疫力的人。如免疫期有限，R类成员可以重新变为S类。

#### 2. SEIR模型

SEIR模型的病患发展模型如图11.43所示，它说明了个人在模型的每个状态中的转化过程，即从"易感者"接触病原体而转化为"潜伏者"，患病后再转化为"患病者"，经过治疗治愈后变成"康复者"。

易感者 —接触→ 潜伏者 —发病→ 患病者 —治愈→ 康复者

图 11.43　SEIR 模型的病患发展模型

SEIR模型包括E类人群，即潜伏阶段的人群，这符合传染病病毒实际传播情况。易感染人群在一开始会经历潜伏期，一段时间之后才出现症状，同时潜伏期的患者也有可能具有传染性，潜伏者按照一定概率转化为患病者。SEIR模型的微分方程如下式所示：

$$\begin{cases} \dfrac{dS}{dt} = -\dfrac{r\beta IS}{N} \\ \dfrac{dE}{dt} = \dfrac{r\beta IS}{N} - \alpha E \\ \dfrac{dI}{dt} = \alpha E - \gamma I \\ \dfrac{dR}{dt} = \gamma I \end{cases}$$

式中，$\alpha$ 对应的是感染概率，$\beta$ 对应的是潜伏者转换为感染者的概率，$\gamma$ 对应的是治愈概率，$r$ 是接触的人数。该方程实质上反映的是易感者 $S(t)$、潜伏者 $E(t)$、感染者 $I(t)$、康复者 $R(t)$ 单位时间变化数量随时间 $t$ 的变化情况，它们之间会相互影响，下面为迭代形式：

$$\begin{cases} S_n = S_{n-1} - \dfrac{r\beta I_{n-1} S_{n-1}}{N} \\ E_n = E_{n-1} + \dfrac{r\beta I_{n-1} S_{n-1}}{N} - \alpha E_{n-1} \\ I_n = I_{n-1} + \alpha E_{n-1} - \gamma I_{n-1} \\ R_n = R_{n-1} + \gamma I_{n-1} \end{cases}$$

### 3. 模型假设

在本案例模型中，突发传染病事件传播和防控的模式，有如下假设。

假设一：本案例中的传染病只有接触传播这一种传播途径。

假设二：为了简化模型，模型假设感染者不会立刻死亡，只会传染其他易感者或者被隔离并治愈。

假设三：模型假设康复者体内含有抗体，不会再感染病毒。

假设四：模型假设潜伏者没有被收治，感染者会被收治，被收治的感染者会一直占用医院隔离区域。

假设五：模型假设被隔离的感染者无法再感染其他人。

假设六：模型假设患者只能通过医院收治再被治愈。

对于传染病传播的防控，本文假设有以下三种不同的应对模式。

模式一：不采取防控隔离措施，即居民可以自由活动。

模式二：采取松散的防控隔离措施，即在实行隔离政策时不严格执行。

模式三：采取严格的隔离防控措施，即居民都进行居家隔离。

构建上述问题的 Agent 模型，针对不同的模式进行模拟，分析对比不同疫情防控措施所产生的效果。

### 4. Agent 设计

根据上述 SEIR 传染病模型，本模型设计四类 Agent，即易感者、潜伏者、患病者和康复者。模型中Agent的参数设置如表11.8所示。

表 11.8 Agent 参数设置

| 参　　数 | 说　　明 | 类　　型 |
| --- | --- | --- |
| population | 总人数 | 整数 |
| hospital-patient-segregation-area | 医院隔离区域 | 整数 |
| human-flow-range | 人们的活动最大范围 | 整数 |
| infection-rate | 感染概率 | 浮点数 |
| transform-rate | 潜伏者转换为患病者的概率 | 浮点数 |
| recovery-rate | 康复概率 | 浮点数 |
| initial-infectious-num | 初始感染人数 | 整数 |
| latent-time | 潜伏期 | 整数 |
| receive-cure-response-time | 开始收治病人的延迟时间 | 整数 |
| receive-rate | 收治率 | 浮点数 |

### 11.5.3 模拟运行及结果分析

**1. NetLogo模拟实验界面**

在NetLogo中，本实验的界面包括参数输入区、模拟对象动态显示区和数据查看区，如图11.44所示。在参数输入区，读者可以自行设置参数的范围并控制模拟实验的开始与停止。在模拟对象动态显示区，随着实验的一步步进行，读者可以观察到健康人群、潜伏者、患病者和康复者的运动位置及健康状态的演变情况。在右侧数据查看区中，读者可以观察到易感者、潜伏者、患病者和康复者实时的比例变化，在下方的折线图中可以动态观察四者的相对变化。

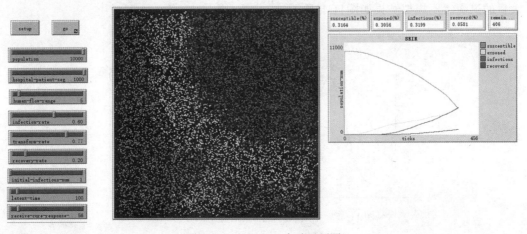

图 11.44　NetLogo 实验界面图

模型的10个参数的取值范围如表11.9所示。

表 11.9　Agent 参数取值范围

| 参　　数 | 最 小 值 | 最 大 值 |
|---|---|---|
| population | 1 000 | 10 000 |
| hospital-patient-segregation-area | 0 | 1 000 |
| human-flow-range | 1 | 50 |
| infection-rate | 0 | 1 |
| transform-rate | 0 | 1 |
| recovery-rate | 0 | 1 |
| initial-infectious-num | 1 | 50 |
| latent-time | 0 | 1 000 |
| receive-cure-response-time | 0 | 500 |
| receive-rate | 0 | 1 |

**2. 模拟结果及分析**

在模拟分析中，对三种不同的模式，通过调整human-flow-range参数来模拟。参数human-flow-range是相对每个人家庭位置的活动范围，防控措施模式一、二、三分别对应human-flow-range的值为50、10、2。其他参数的取值如下：population取值为1 100，hospital-patient-segregation-area取值为1 000，infection-rate取值为0.60，transform-rate取值为0.77，recovery-rate取值为0.20，initial-infectious-num取值为1，latent-time取值为100，receive-cure-response-time取值为56，receive-rate取值为0.12。

下面为在不同的隔离政策下，四类主体人数变化情况。

模式一：在不采取防控隔离措施的情况下，患病者人数会很快升高，群体中会产生大量的患病者，模拟结果如图11.45所示。

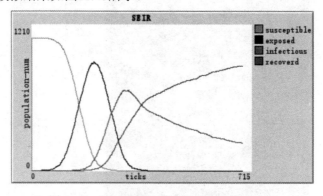

图 11.45　不采取防控隔离措施下的模拟结果

模式二：当采取松散的防控隔离措施时，患病者人数升高相对较慢，群体中经过一段时间的演化也会产生大量的患病者，模拟结果如图11.46所示。

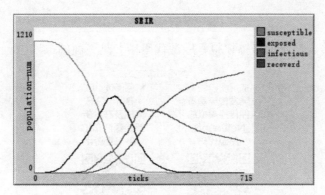

图 11.46 采取松散的防控隔离措施下的模拟结果

模式三：当采取严格的防控隔离措施时，始终只有很少数的人才会感染传染病病毒并成为患病者，绝大部分群体是安全的，如果配合及时的救治，很快会把感染者降到0，模拟结果如图11.47所示。

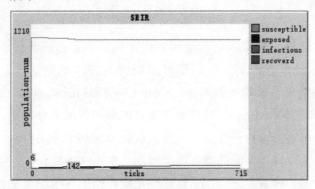

图 11.47 采取严格的防控隔离措施下的模拟结果

通过上述三组对比模拟实验结果，可以发现，人们如果不进行隔离而去接触许多人的话（对应模式一），被感染的人数峰值会大很多而且会提前；如果大家都减少活动范围，自己待在家中，潜伏者和患病者那两条线就几乎消失了（对应模式三）。也就是说，在病毒刚开始蔓延之际，采用自我隔离的方法是控制疫情最有效的措施之一，只有采取严格的居家隔离措施后，才能保证后续的防控手段有效和医疗资源的持续投入。

而当疫情开始时采取放任自留的策略，整个社会很快就会充满患病者，由于医疗资源的限制，会有大量的患病者无法得到救治。当康复者对病毒产生免疫力时，会达到群体免疫状态，但假如康复者对病毒不具有免疫力，则系统中会持续保持高患病者的状态。

因此，通过模拟结果可以看出，采取严防严控策略（对应于模式三）对阻止疫情传播是明显有效的。在现实社会中，当具有较强传染性的传染病有爆发迹象时，当地卫生部门都会采取迅速的隔离和救治行动以避免疾病的大面积传播，这也侧面印证了我们案例模拟结果的科学性。

### 3. 模型代码

本书的突发传染病事件传播模拟程序源代码请参见下面的二维码。

## 本章小结

本章介绍了管理系统模拟的实际应用案例，包括集装箱码头作业系统、汽车零部件生产系统、供应链库存控制系统、新产品销售系统以及突发传染病事件传播系统等领域，采用了离散事件模拟工具Arena、AnyLogic和FlexSim，系统动力学模拟工具Vensim，Agent模拟工具NetLogo。管理系统模拟的应用领域十分广泛，为此，还通过视频、论文等形式的拓展阅读材料介绍了管理系统模拟的其他应用材料，包括自动化码头系统、汽车生产系统、春运期间的旅客流动问题、生态文明建设、新能源汽车扩散等问题。通过本章的学习，读者能进一步了解管理系统模拟的应用领域及各种系统模拟工具的适用性特点。

# 参 考 文 献

[1] 卫强，陈国青. 管理系统模拟[M]. 北京：高等教育出版社，2008.
[2] 胡斌，周明. 管理系统模拟[M]. 北京：清华大学出版社，2008.
[3] 班克斯. 离散事件系统仿真[M]. 肖田元，等译. 4版. 北京：机械工业出版社，2016.
[4] 肖田元，范文慧. 离散事件系统建模与仿真[M]. 北京：电子工业出版社，2011.
[5] 劳. 仿真建模与分析[M]. 范文慧，肖田元，译. 5版. 北京：清华大学出版社，2017.
[6] 肖柳青，周石鹏. 随机模拟方法与应用[M]. 北京：北京大学出版社，2014.
[7] 齐欢，王小平. 系统建模与仿真[M]. 2版. 北京：清华大学出版社，2013.
[8] 胡奇英. 随机运筹学[M]. 北京：清华大学出版社，2012.
[9] 周华任，马亚平. 随机运筹学[M]. 北京：清华大学出版社，2012.
[10] 吴哲辉. Petri网导论[M]. 北京：机械工业出版社，2006.
[11] 钱学森，于景元，戴汝为. 一个科学新领域——开放的复杂巨系统及其方法论[J]. 自然杂志，1990（1）：3-10，64.
[12] 宣慧玉，张发. 复杂系统仿真及应用[M]. 北京：清华大学出版社，2008.
[13] 方美琪，张树人. 复杂系统建模与仿真[M]. 北京：中国人民大学出版社，2011.
[14] 刘兴堂，梁炳成，刘力，等. 复杂系统建模理论、方法和技术[M]. 北京：科学出版社，2008.
[15] 李学伟，吴金培，李雪岩. 实用元胞自动机导论[M]. 北京：北京交通大学出版社，2013.
[16] 段晓东，王存睿，刘向东. 元胞自动机理论研究及其仿真应用[M]. 北京：科学出版社，2012.
[17] MACAL C M, NORTH M J. Tutorial on agent-based modelling and simulation[J]. Journal of simulation，2010, 4（3）：151-162.
[18] JOHN H H. Studying complex adaptive systems[J]. Journal of systems science and complexity, 2006, 19（1）：1-8.
[19] 盛骤，谢式千，潘承毅. 概率论与数理统计[M]. 北京：高等教育出版社，2008.
[20] 杨明，时蓬，刘飞. 重复批均值方法中的置信区间估计[J]. 系统工程与电子技术，2011，33（5）：1162-1166.
[21] 王红卫，谢勇，王小平，等. 物流系统仿真[M]. 2版. 北京：清华大学出版社，2020.
[22] 金淳，高鹏. 集装箱港口作业系统仿真建模与优化[M]. 北京：科学出版社，2020.
[23] 钟永光，贾晓菁，钱颖. 系统动力学[M]. 北京：科学出版社，2013.
[24] 马汉武，贡文伟，陈骏. 设施规划与物流系统设计[M]. 2版. 北京：高等教育出版社，2018.
[25] 冯长利. 物流系统仿真[M]. 北京：科学出版社，2017.
[26] 郑大钟，赵千川. 离散事件动态系统[M]. 北京：清华大学出版社，2000.
[27] 王众托. 系统工程引论[M]. 4版. 北京：电子工业出版社，2012.
[28] 盛昭瀚，徐峰，侯云章，等. 供应链管理计算实验平台研究[M]. 上海：上海三联书店，2013.
[29] 钱世超，李英. 经济管理系统模拟——理论与方法[M]. 北京：化学工业出版社，2008.
[30] 《运筹学》教材编写组. 运筹学[M]. 3版. 北京：清华大学出版社，2005.
[31] 陈彬，杨妹，艾川，等. 基于人工社会的疫情传播风险预测和防控措施评估[J]. 系统仿真学报，2020，32（12）：2507-2514.

# 附录A  $t$ 分布表

| 单侧 | 75% | 80% | 85% | 90% | 95% | 97.5% | 99% | 99.5% | 99.75% | 99.9% | 99.95% |
|---|---|---|---|---|---|---|---|---|---|---|---|
| 双侧 | 50% | 60% | 70% | 80% | 90% | 95% | 98% | 99% | 99.5% | 99.8% | 99.9% |
| $df=1$ | 1.000 | 1.376 | 1.963 | 3.078 | 6.314 | 12.71 | 31.82 | 63.66 | 127.3 | 318.3 | 636.6 |
| 2 | 0.816 | 1.061 | 1.386 | 1.886 | 2.920 | 4.303 | 6.965 | 9.925 | 14.09 | 22.33 | 31.60 |
| 3 | 0.765 | 0.978 | 1.250 | 1.638 | 2.353 | 3.182 | 4.541 | 5.841 | 7.453 | 10.21 | 12.92 |
| 4 | 0.741 | 0.941 | 1.190 | 1.533 | 2.132 | 2.776 | 3.747 | 4.604 | 5.598 | 7.173 | 8.610 |
| 5 | 0.727 | 0.920 | 1.156 | 1.476 | 2.015 | 2.571 | 3.365 | 4.032 | 4.773 | 5.893 | 6.869 |
| 6 | 0.718 | 0.906 | 1.134 | 1.440 | 1.943 | 2.447 | 3.143 | 3.707 | 4.317 | 5.208 | 5.959 |
| 7 | 0.711 | 0.896 | 1.119 | 1.415 | 1.895 | 2.365 | 2.998 | 3.499 | 4.029 | 4.785 | 5.408 |
| 8 | 0.706 | 0.889 | 1.108 | 1.397 | 1.860 | 2.306 | 2.896 | 3.355 | 3.833 | 4.501 | 5.041 |
| 9 | 0.703 | 0.883 | 1.100 | 1.383 | 1.833 | 2.262 | 2.821 | 3.250 | 3.690 | 4.297 | 4.781 |
| 10 | 0.700 | 0.879 | 1.093 | 1.372 | 1.812 | 2.228 | 2.764 | 3.169 | 3.581 | 4.144 | 4.587 |
| 11 | 0.697 | 0.876 | 1.088 | 1.363 | 1.796 | 2.201 | 2.718 | 3.106 | 3.497 | 4.025 | 4.437 |
| 12 | 0.695 | 0.873 | 1.083 | 1.356 | 1.782 | 2.179 | 2.681 | 3.055 | 3.428 | 3.930 | 4.318 |
| 13 | 0.694 | 0.870 | 1.079 | 1.350 | 1.771 | 2.160 | 2.650 | 3.012 | 3.372 | 3.852 | 4.221 |
| 14 | 0.692 | 0.868 | 1.076 | 1.345 | 1.761 | 2.145 | 2.624 | 2.977 | 3.326 | 3.787 | 4.140 |
| 15 | 0.691 | 0.866 | 1.074 | 1.341 | 1.753 | 2.131 | 2.602 | 2.947 | 3.286 | 3.733 | 4.073 |
| 16 | 0.690 | 0.865 | 1.071 | 1.337 | 1.746 | 2.120 | 2.583 | 2.921 | 3.252 | 3.686 | 4.015 |
| 17 | 0.689 | 0.863 | 1.069 | 1.333 | 1.740 | 2.110 | 2.567 | 2.898 | 3.222 | 3.646 | 3.965 |
| 18 | 0.688 | 0.862 | 1.067 | 1.330 | 1.734 | 2.101 | 2.552 | 2.878 | 3.197 | 3.610 | 3.922 |
| 19 | 0.688 | 0.861 | 1.066 | 1.328 | 1.729 | 2.093 | 2.539 | 2.861 | 3.174 | 3.579 | 3.883 |
| 20 | 0.687 | 0.860 | 1.064 | 1.325 | 1.725 | 2.086 | 2.528 | 2.845 | 3.153 | 3.552 | 3.850 |
| 21 | 0.686 | 0.859 | 1.063 | 1.323 | 1.721 | 2.080 | 2.518 | 2.831 | 3.135 | 3.527 | 3.819 |
| 22 | 0.686 | 0.858 | 1.061 | 1.321 | 1.717 | 2.074 | 2.508 | 2.819 | 3.119 | 3.505 | 3.792 |
| 23 | 0.685 | 0.858 | 1.060 | 1.319 | 1.714 | 2.069 | 2.500 | 2.807 | 3.104 | 3.485 | 3.767 |
| 24 | 0.685 | 0.857 | 1.059 | 1.318 | 1.711 | 2.064 | 2.492 | 2.797 | 3.091 | 3.467 | 3.745 |
| 25 | 0.684 | 0.856 | 1.058 | 1.316 | 1.708 | 2.060 | 2.485 | 2.787 | 3.078 | 3.450 | 3.725 |
| 26 | 0.684 | 0.856 | 1.058 | 1.315 | 1.706 | 2.056 | 2.479 | 2.779 | 3.067 | 3.435 | 3.707 |
| 27 | 0.684 | 0.855 | 1.057 | 1.314 | 1.703 | 2.052 | 2.473 | 2.771 | 3.057 | 3.421 | 3.690 |
| 28 | 0.683 | 0.855 | 1.056 | 1.313 | 1.701 | 2.048 | 2.467 | 2.763 | 3.047 | 3.408 | 3.674 |
| 29 | 0.683 | 0.854 | 1.055 | 1.311 | 1.699 | 2.045 | 2.462 | 2.756 | 3.038 | 3.396 | 3.659 |

续表

| 单侧 | 75% | 80% | 85% | 90% | 95% | 97.5% | 99% | 99.5% | 99.75% | 99.9% | 99.95% |
|---|---|---|---|---|---|---|---|---|---|---|---|
| 双侧 | 50% | 60% | 70% | 80% | 90% | 95% | 98% | 99% | 99.5% | 99.8% | 99.9% |
| 30 | 0.683 | 0.854 | 1.055 | 1.310 | 1.697 | 2.042 | 2.457 | 2.750 | 3.030 | 3.385 | 3.646 |
| 40 | 0.681 | 0.851 | 1.050 | 1.303 | 1.684 | 2.021 | 2.423 | 2.704 | 2.971 | 3.307 | 3.551 |
| 50 | 0.679 | 0.849 | 1.047 | 1.299 | 1.676 | 2.009 | 2.403 | 2.678 | 2.937 | 3.261 | 3.496 |
| 60 | 0.679 | 0.848 | 1.045 | 1.296 | 1.671 | 2.000 | 2.390 | 2.660 | 2.915 | 3.232 | 3.460 |
| 80 | 0.678 | 0.846 | 1.043 | 1.292 | 1.664 | 1.990 | 2.374 | 2.639 | 2.887 | 3.195 | 3.416 |
| 100 | 0.677 | 0.845 | 1.042 | 1.290 | 1.660 | 1.984 | 2.364 | 2.626 | 2.871 | 3.174 | 3.390 |
| ∞ | 0.674 | 0.842 | 1.036 | 1.282 | 1.645 | 1.960 | 2.326 | 2.576 | 2.807 | 3.090 | |

说明：

1. 表中的数值表示 $t_{v,\alpha}$（单侧或双侧），其中列 $df$ 是指自由度，行是置信水平，分单侧和双侧两种类型。

2. 例如，求样本数量 $n$=5 时，单侧值为95%（双侧值为90%）的 $t$ 值。首先，自由度 $df$=4，查找表中以4开头的行。该行第5列对应的单侧值为95%（双侧值为90%），表中值为2.132。这也就是说，$t_{4,95\%} = 2.132$。

3. 关于表格最后一行的值：自由度为无限大的 $t$ 分布和正态分布等价。

# 附录B  $\chi^2$ 分布表

| 自由度 | $\alpha$=0.50 | 0.75 | 0.90 | 0.95 | 0.975 | 0.990 |
|---|---|---|---|---|---|---|
| 1 | 0.455 | 1.323 | 2.706 | 3.841 | 5.024 | 6.635 |
| 2 | 1.386 | 2.773 | 4.605 | 5.991 | 7.378 | 9.210 |
| 3 | 2.366 | 4.108 | 6.251 | 7.815 | 9.348 | 11.345 |
| 4 | 3.357 | 5.385 | 7.779 | 9.488 | 11.143 | 13.277 |
| 5 | 4.351 | 6.626 | 9.236 | 11.070 | 12.833 | 15.086 |
| 6 | 5.348 | 7.841 | 10.645 | 12.592 | 14.449 | 16.812 |
| 7 | 6.346 | 9.037 | 12.017 | 14.067 | 16.013 | 18.475 |
| 8 | 7.344 | 10.219 | 13.362 | 15.507 | 17.535 | 20.090 |
| 9 | 8.343 | 11.389 | 14.684 | 16.919 | 19.023 | 21.666 |
| 10 | 9.342 | 12.549 | 15.987 | 18.307 | 20.483 | 23.209 |
| 11 | 10.341 | 13.701 | 17.275 | 19.675 | 21.920 | 24.725 |
| 12 | 11.340 | 14.845 | 18.549 | 21.026 | 23.337 | 26.217 |
| 13 | 12.340 | 15.984 | 19.812 | 22.362 | 24.736 | 27.688 |
| 14 | 13.339 | 17.117 | 21.064 | 23.685 | 26.119 | 29.141 |
| 15 | 14.339 | 18.245 | 22.307 | 24.996 | 27.488 | 30.578 |
| 16 | 15.338 | 19.369 | 23.542 | 26.296 | 28.845 | 32.000 |
| 17 | 16.338 | 20.489 | 24.769 | 27.587 | 30.191 | 33.409 |
| 18 | 17.338 | 21.605 | 25.989 | 28.869 | 31.526 | 34.805 |
| 19 | 18.338 | 22.718 | 27.204 | 30.144 | 32.852 | 36.191 |
| 20 | 19.337 | 23.828 | 28.412 | 31.410 | 34.170 | 37.566 |
| 21 | 20.337 | 24.935 | 29.615 | 32.671 | 35.479 | 38.932 |
| 22 | 21.337 | 26.039 | 30.813 | 33.924 | 36.781 | 40.298 |
| 23 | 22.337 | 27.141 | 32.007 | 35.172 | 38.076 | 41.638 |
| 24 | 23.337 | 28.241 | 33.196 | 36.415 | 39.364 | 42.980 |
| 25 | 24.337 | 29.339 | 34.382 | 37.652 | 40.646 | 44.314 |
| 26 | 25.336 | 30.435 | 35.563 | 38.885 | 41.923 | 45.642 |
| 27 | 26.336 | 31.528 | 36.741 | 40.113 | 43.195 | 46.963 |
| 28 | 27.336 | 32.620 | 37.916 | 41.337 | 44.461 | 48.278 |
| 29 | 28.336 | 33.711 | 39.087 | 42.557 | 45.722 | 49.588 |
| 30 | 29.336 | 34.800 | 40.256 | 43.773 | 46.979 | 50.892 |

续表

| 自由度 | α=0.50 | 0.75 | 0.90 | 0.95 | 0.975 | 0.990 |
|---|---|---|---|---|---|---|
| 40 | 39.335 | 45.616 | 51.805 | 55.758 | 59.342 | 63.691 |
| 50 | 49.335 | 56.334 | 63.167 | 67.505 | 71.420 | 76.154 |
| 75 | 74.334 | 82.858 | 91.061 | 96.217 | 100.839 | 106.393 |
| 100 | 99.334 | 109.141 | 118.498 | 124.342 | 129.561 | 135.807 |

说明：表中的行为置信度水平 $\alpha$，列为自由度 $n$，表中数值为 $\chi_\alpha^2(n)$。

# 附录C  管理系统模拟实验系统

## 1. 软件的目的和用途

本软件《管理系统模拟实验系统》（MSSLAB）是本教材自带的教学辅助软件系统，用于"管理系统模拟"课程及其相关课程的辅助教学及实验平台，目的是提供一个对课程所涉及的各个知识点进行课堂教学演示及课程实验演示的教学平台工具。

MSSLAB软件适用于管理系统模拟领域的教学及与此相关的科学研究，作为"管理系统模拟"课程的辅助教学软件，通过演示系统帮助学生理解课程的内容，如模拟基础、离散模拟原理、连续系统模拟、Agent模拟实例；作为科研辅助软件，帮助科研人员进行管理系统模拟相关的科学研究，如处理模拟数据、进行模型验证与比较等。

本软件的适用者包括：

（1）教师：可以在"管理系统模拟"及相关课程教学中，使用该软件展示相关模拟原理和模拟实例，提升课堂教学及课程实验效果。

（2）学生：可以在"管理系统模拟"及相关课程的学习中，通过实验理解教学内容，深入理解模拟技术原理，也可以通过在实验（如人工生命、热虫系统等）中设定系统模拟的相关参数，观察系统的动态变化。

（3）研究人员：可以利用该软件便捷地生成多种分布的随机变量；对系统输入的数据进行分组处理和参数估计；对实际数据进行模型验证与比较。

## 2. 软件开发情况

软件开发的硬件环境为：处理器Intel I7-9700K、运行内存16 G、硬盘容量200 G。软件环境为：Windows10或MacOS操作系统，软件开发环境：JDK8.0，开发工具：IntelliJ IDEA，编程语言：Java。

## 3. 软件主要功能及与本教材的对应情况

软件主要功能及与本教材的对应情况如下所示。

第2章，概率分布函数展示，投针实验。

第3章，手动M/M/1系统模拟，事件调度法，活动扫描法，三段扫描法，进程交互法，报童模型，生产者－消费者模型。

第4章，一阶微分方程模拟，一阶微分方程组模拟，一阶系统的行为，二阶系统的行为，演化博弈系统模拟。

第5章，人工生命模拟，热虫系统模拟，狼与羊捕食者模拟，疫情传播模拟。

第6章，随机数的生成，随机变量的生成，到达过程的生成。

第7章，输入数据处理，输入数据的相关性分析。

第8章，输出数据处理，模拟运行方式，模型的验证。

第9章，模型的比较，模拟优化方法。

**4. 软件的下载及安装**

1）软件运行环境

软件运行的硬件环境：最低配置：内存容量2 GB RAM，40 G硬盘空间。硬件建议配置：内存容量8 G，硬盘剩余容量200 G以上。

软件运行的软件环境：操作系统：Windows 10操作系统；语言环境：JAVA［软件包自带JRE（Java运行环境），可不用安装JDK］。

2）软件的下载

3）软件的安装

本软件安装包自带JRE运行环境和第三方jar包，安装过程简便。

下载管理系统模拟实验软件安装包解压后，将压缩包"MSSLAB-install-win.zip"解压为"MSSLAB-install-win"文件夹，如附图C.1所示。解压后的文件夹如附图C.2所示，至此软件安装完成。

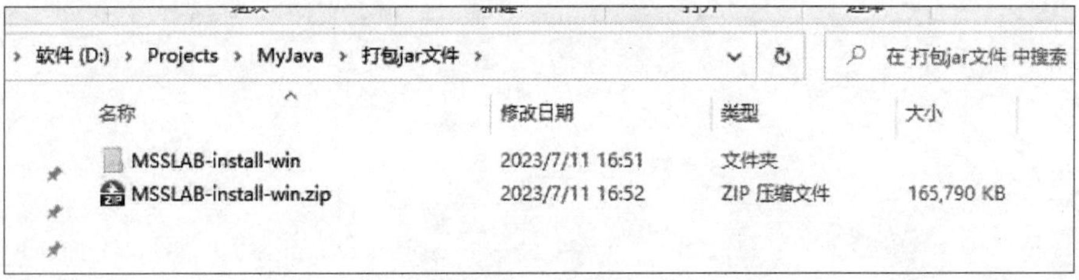

附图 C.1　压缩包解压

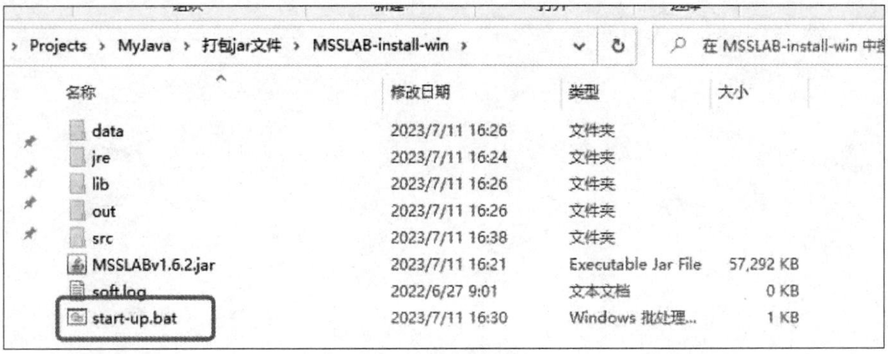

附图 C.2　解压后的"MSSLAB-install-win"文件夹

4）软件的启动

完成本软件的安装后，双击"MSSLAB-install-win"文件夹下的"start-up.bat"文件，即可启动程序。启动程序后，将进入系统的主界面。详细的使用说明参见本系统所带的电子版文档。

## 5. 备注

（1）本软件为2.0版本，后续版本将继续充实更多的内容，丰富软件功能，让用户有更好的使用体验。更新版本的下载方法同上。

（2）本软件只是教学实验系统，只适用于理解技术原理和辅助教学，不作为模拟模型的开发环境，同时也不用于商业目的。

# 教师服务

感谢您选用清华大学出版社的教材！为了更好地服务教学，我们为授课教师提供本书的教学辅助资源，以及本学科重点教材信息。请您扫码获取。

## 教辅获取

本书教辅资源，授课教师扫码获取

## 样书赠送

**管理科学与工程类**重点教材，教师扫码获取样书

 清华大学出版社

E-mail: tupfuwu@163.com
电话：010-83470332 / 83470142
地址：北京市海淀区双清路学研大厦 B 座 509

网址：https://www.tup.com.cn/
传真：8610-83470107
邮编：100084